本书获得以下项目资助：
海南师范大学博士科研启动资金

海南省哲学社会科学博士点建设专项课题：
埃德蒙·威尔逊文学批评研究，HNSK(B)12-39

埃德蒙·威尔逊的城堡

梁建东　章　颜　著

上海三联书店

目　录

序

季　进

　　任何一位熟悉西方现代批评史的人,都会对埃德蒙·威尔逊(Edmund Wilson,1895—1972)心怀敬意。威尔逊作为二十世纪美国最重要的批评家之一,以其独特、庞杂而丰富的论著,在美国文学史与文化史上树立了一个绕不过去的标高。从二十世纪二十年代直到七十年代初,他一直是一位主导美国文学界的批评家,也是一位时代的记录者和敏锐的社会观察者。他视野宽阔,眼光独到,坚守人文理想,既关注文学问题,也关心社会问题,广泛涉及文学、政治、历史、哲学等各个学科,还出版过小说诗歌,甚至考古报告。美国学界对他的赞誉可谓不遗余力,他的老师克里斯汀·高斯(Christian Gauss)称他为整个时代最聪明最具穿透力的评论家;丹尼尔·艾伦(Daniel Aaron)视之为"时代的道德和学术的良心";哈利·列文(Harry Levin)称他为"最后的美国文人";利昂·埃代尔(Leon Edel)盛赞他"以真挚的人道精神和杰出的新闻文体,丰富了美国的政治、文化与社会生活,超越时代和地理局限向世界发言"。2005 年,威尔逊诞辰110 周年之际,《纽约客》杂志特地邀请哈佛大学路易斯·梅纳德(Louis Menand)教授撰写了长篇特稿《埃德蒙·威尔逊与美国文化》,全面评述和高度评价了威尔逊对美国现代文学与文化的巨大贡献。

　　可惜的是,国内对这样一位文化巨人的关注与研究远远不够。大家一窝蜂地去谈论后现代、后殖民、女性主义、解构主义等新潮批评，对威尔逊这样的老派批评家有意无意地遗忘或忽略了。他的著作至今只有三部介绍到汉语世界，也少有人来专门研究威尔逊的批评思想。这与威尔逊对美国和世界文学所作出的贡献以及所获得的声名相比，实在不成比例。以我的观察，国内对威尔逊的忽略，可能与其社会批评的立场和马克思主义的背景有关。其实仔细研读威尔逊的著作，就很容易看出，他并不是毫无选择地接受马克思主义，他认同的是马克思主义的一些基本信仰，把人、文学、文化和历史当作是社会的产物，他明确拒绝辩证法、庸俗的马克思主义和苏联式的意识形态。对威尔逊来说，马克思主义与其说是一种意识形态，不如说是一种文化追求。威尔逊既不是简单的社会批评，更不是庸俗的马克思主义批评，也不同于囿于文本形式的新批评，所以韦勒克才说，"作为大众批评家他主宰了二十世纪初叶，那种掷地有声是任何新批评派人物所无法比拟的"（《近代文学批评史》）。

　　我最早读到的威尔逊著作是 1993 年上海外语教育出版社出版的《爱国者之血：美国南北战争时期的文学》，后来又读到赵一凡的《埃德蒙·威尔逊的俄国之恋》，从此对威尔逊产生了浓厚的兴趣。2004 年哈佛访学一年，in North Quincy 的租住小屋里，兴味盎然地读了一批威尔逊的书信和日记，沉浸于那一代美国文人的心灵世界，无限神往。我搜齐了威尔逊的主要著作，私心里很想好好研究一下威尔逊以及那一代批评家。可惜限于识力和精力，这个计划一直没能进行，成为我心心念念的美好愿望。2005 年，我主编"西方现代批评经典译丛"时，毫不犹豫地将威尔逊的名著《阿克瑟尔的城堡》列入第一批目录，并请到了我的朋友、香港中文大学的黄念欣教授翻译，2006 年由江苏教育出版社出版后，产生了很好的反响，也算略略弥补了心中的遗憾。

　　也是因为我的私心，梁建东与我商量博士论文选题时，我首先就想到了威尔逊研究。建东曾在深圳大学师从张晓红教授，接受了比较好的西方文学理论的训练，对古典哲学和历史学有着浓厚的兴趣，硕士论文研究的就是柏拉图的《理想国》，还翻译过一本历史著作《斯巴达人》。我看得出他有强烈的好古之心，这在今天这个"唯新"的时代可谓难得。我建议他读读埃德蒙·威尔逊，如果可能的话，完全可以把威尔逊作为一个长期的研究对象。我对他说，要想更为深入地研究美国以及西方现代文学批评史，威尔逊是一个很好的切入点，我们可以由此进入美国文学史、批评史的研究，也可以以威尔逊为线索来探寻美国甚至整个西方人文主义传统在二十世纪历史潮流中的漂泊起伏。这一研究无论对于学者个人，还是对于中国批评界，可能都有非常重要的意义。建东读了《阿克瑟尔的城堡》之后，果然爱不释手。威尔逊对文学的关注跳出了狭隘的文学史和学院派文学研究的束缚，从一种"观察人类意念与想象如何被环境模塑的历史"的独特角度来实践一种别具风格的文学批评。建东认为这种新颖的角度更多地关注文学观念的形成，以及文学想象与作家、读者和世界的复杂关系，因而具有一种思想史写作的倾向，这很符合他一直以来对思想史的浓厚兴趣。

　　建东很快就下定决心以"威尔逊研究"作为自己的博士论文选题。他花费了大量的时间和精力，动员各种关系，从海内外的图书馆和学术机构，搜集了与威尔逊有关的各种研究资料，几乎做到了我所要求的"资料见底"，这为他的研究与写作奠定了扎实的基础。他最初的想法是全面论述威尔逊与美国现代文化的关系，可是真正进行起来，却发现这几乎是一个"不可能完成的任务"，于是论文就将论述重心放在了威尔逊二三十年代的文学批评与社会活动上，以《阿克瑟尔的城堡》《伤与弓》《光明的彼岸》《经典与商业作品》以及一些日记、杂记和书信集作为重点论述的对象，探讨二十世纪欧美现代文学的困境与突围、文学与政治的合谋与冲突以及文学写作与社会因素的关系，梳理威尔逊的日记、笔记和书信与威尔逊的个人心灵之间的关系，从而对威尔逊的文学批评的意义和价值给予深入的论述。建东试图以威尔逊的方法来研究威尔逊，即努力去观察这位批评家个人的意念与想象是如何被环境形塑的，希望由此获得对威尔逊文学批评的真切理解。他的博士论文在答辩时获得了答辩委员会老师的一致好评，答辩决议认为："论文以威尔逊前期的文学活动为研究对象，将其置于二十世纪上半叶的美国文学语境中加以系统考察，对威尔逊的批评活动做了尽可能详尽的评述，深入细致地分析了威尔逊批评思想的形成与发展，令人信服地阐述了威尔逊的马克思主义思想背景等重要问题，颇多真知灼见，将埃德蒙·威尔逊研究向前推进了一步。论文充分利用第一手的外文资料，材料丰富，论据充分，引证严谨，具有较高的可信度，显示了作者很好的学术功底和独立科研的能力。"现在，根据博士论文修改充实而成的专著《埃德蒙·威尔逊的城堡》终于出版，作为导师，我感到非常高兴，这是建东个人学术生命的重要起点，也是我们三年彼此切磋、教学相长的良好师生关系的一个见证。

借此机会，我想再谈谈对威尔逊的一些理解和感受。埃德蒙·威尔逊深受英法文学传统的影响，一生写下过大量的著作、日记和报道。一战后他先后在美国著名的刊物，如《名利场》、《新共和》、《纽约客》、《纽约书评》上担任专栏作家，发表了大量深具影响的文章，在二十世纪上半期美国批评界的影响罕有其匹。我特别钦佩的是威尔逊"识英雄于风尘草泽之中，相骐骥于

牝牡骊黄以外"(钱锺书《管锥编》)的敏锐卓识。当年 T.S. 艾略
特的《荒原》刚刚在《日晷》杂志上发表,艾略特还没有出版带有
注释的单行本,威尔逊就写出了美国第一篇关于《荒原》的评论
给予高度评价。二十年代末,当美国人对于欧洲的现代主义文
学和作家(叶芝、瓦莱里、普鲁斯特、乔伊斯、斯泰因、兰波等人)
还在争论或根本不加理会的时候,威尔逊就对《追忆似水年华》、
《尤利西斯》等作品作出了精妙而清晰的分析,后来结集而成的
《阿克瑟尔的城堡》也成为研究西方现代主义的经典之作。威尔
逊写这些评论时,一无依傍,也无从依傍,完全出自作为一个评
论家对文学的敏感,无数有名或无名的作家因为威尔逊的评论
而声名鹊起,如海明威、菲茨杰拉德、艾略特、乔伊斯等人更是成
为二十世纪文学的巨星。这恰恰再次应证了钱锺书的一段话:
"谈艺之特识先觉,策勋初非一途。或于艺事之弘纲要指,未免
人云亦云,而能于历世或并世所视为碌碌众伍之作者中,悟稀赏
独,拔某家而出之,一经标举,物议佥同,别好创见浸成通尚定
论。"(《管锥编》)

　　威尔逊不仅是一位优秀的文学批评家,还是一位卓越的实
践批评家,或者说是萨义德所说的"真正的知识分子"。威尔逊
曾积极参与 20 世纪早期美国的进步主义运动,为了了解当时的
社会状况,他周游美国各地进行了大量的采访,在三十年代更是
前往苏联探寻共产主义之路。他在二十年代创作的小说《我想
起了黛茜》里就提出艺术家应该走出小圈子,去拥抱更大的生活
世界,而三十年代的《阿克塞尔的城堡》和《伤与弓》又对此作了
进一步的阐发,认为艺术是服务于生活的、观念是应该转化为行
动的。在四十年代的《走向芬兰车站》中,他将这一主题与欧洲
社会主义革命联系起来并作了宏大、精彩的阐发。到了五六十
年代,他开始涉猎世界文明研究,并身体力行,远赴加拿大、欧

洲、海地、以色列等地进行田野考查，写下了《死海古卷》、《俄国之窗》、《向易洛魁克人致歉》等著作，获得了广泛赞誉。在长期的文学生涯当中，威尔逊作为一位批评家所作的最为杰出的工作就是坚持将文学与生活联系起来、将生活与历史联系起来。他的批评以其独立和自由的立场而彰显出独特的个性。威尔逊近半个世纪的时间里写下了二十多部著作，记录了他对美国文化各个层面的思考，其中涉及了第一次世界大战后美国传统和价值观的重建，二十年代"镀金时代"下的精神空虚和价值混乱，1929 年后经济大崩溃所带来的社会动荡和普遍百姓尤其是美国工人的悲惨的生活状况，三十年代知识分子对资本主义制度的怀疑和对苏联社会主义革命的向往，四十年代对美国主流社会之外的少数民族的历史和生活图景的描绘，五十年代对基督教起源的怀疑，六十年代对美国霸权的批评以及对美国侵略越南的抨击等等，不一而足。可能正是因为这样，赵一凡非常看重威尔逊对于思想史研究的重要意义，他把威尔逊当作现代美国人的标本和模型，跟踪他的思想万里云游，把握美国知识分子半个世纪来的天路历程，或曰"思想变形记"（《埃德蒙·威尔逊的俄国之恋》）。

当然，威尔逊文学批评与社会批评、思想批评之间的关系是相当复杂的，从根本上来说，他还是一个有着强烈社会关怀的文学批评家。整个三十年代，威尔逊曾经一度放弃纯粹的文学批评，开始对社会批评和历史研究产生强烈的兴趣，这背后折射出面对美国文化传统遭遇历史挑战时威尔逊这一代知识分子的焦灼。正如建东所说，从"阿克瑟尔的城堡"走向广阔的社会，这个过程就像是威尔逊一生的隐喻：只有行动着的人才可能从历史走向未来。但是，威尔逊对社会与历史的兴趣，从来没有影响他对文学的信仰，从来没有放弃为文学的辩护。在他社会历史批评的背后依然活跃着文学的身影，而从社会、历史、政治等不同的角度，对文学所作的社会性意义的阐释，也显然更为深刻，更为丰富。这样的立场使威尔逊的文学批评与众不同，他总是以作家为中心，注重对作家生活的心理和社会层面的分析，"关注作家所处的社会和文学语境、文本对现实的反映、读者的作用和要求以及书籍的生产、流通等情况。社会和文学的语境始终都会摆在评论最为显著的位置，而个人的出身背景、阅历则构成了论述的背景"。他的文学评论透彻、优雅，对文学的臧否成为他追求的核心。正如他在《马克思主义和文学》一文中说的那样："我们必须能够识别优劣，分辨一流与二流。我们否则就根本不是撰写文学批评，而仅仅是文学文本里反映的社会史或政治史，或着眼于过去时代的心理个案记录。"在他的心目中，文学或作家享有至高无尚的地位。他似乎不太关注同时代的理论家，除非他们本身就是作家。他将批评也视为一种文学形式，对那种高头讲章式的著作（无论是文学理论还是社会科学著作）避之唯恐不及，除非这些著作具有文学的或想象的力量，所以他欣赏马克思而不是韦伯，喜欢奥威尔而不是汉娜·阿伦特（《埃德蒙·威尔逊与美国文化》）。威尔逊的批评文字有着难得的可读性，呈现出一种直接、有力而清晰的散文风格。他的写作也带有鲜明的文学品质，常常在不经意中，以生动的故事性叙述，展现作家作品或文学事件所能带给读者的历史和文化的思考。可以说，他是美国文坛少见的既是文章好手又是优秀批评家的一个奇才。

《埃德蒙·威尔逊的城堡》主要关注的是威尔逊从事文学批评最为活跃、成果最为丰硕、声名也最为煊赫的前三十年的文学批评（他后期《爱国者之血》等著作，也因此未能加以讨论），以他每个十年中发表的重要著作为基础，来探寻他在战争、经济、婚

姻和自我的危机中如何始终坚守理性与人文，在浮华、技术和势
利的冲击中如何保持对文学与人性的希望。我们只读威尔逊的
著作，很难想象威尔逊的个人生活几乎是乱七八糟，乏善可陈。
路易斯·梅纳德专门谈到，威尔逊穷困，酗酒，肥胖，气喘，他有
三个孩子，来自三段不同的婚姻，他总是从一个租住地搬到下一
个租住地，疲于应付，陷入困顿。1946 年，以赛亚·伯林第一次
见到威尔逊，那时他已经 51 岁，"体格粗壮，面色红润，大腹便
便，活脱脱一个胡佛总统"。别看威尔逊文思泉涌，笔锋犀利，可
是在课堂上或公开场合，他却是讷讷无言，笨嘴拙舌，动手能力
更不行，甚至不会开车。当然，威尔逊对感情生活倒是无比投
入，性似乎是他唯一感到掌控自如的方面（《埃德蒙·威尔逊与
美国文化》）。可是就是这样一位频频陷于婚姻、经济和生活危
机中的威尔逊，却始终坚守着人文的立场，怀抱着人性的希望，
引领着文学的方向。可以毫不夸张地说，威尔逊的魅力正来自
他对文学和生活的热爱和洞察，这成为支持他终生从事批评的
坚韧的精神力量。他在《文学的历史解释》一文中说，"无论在历
史、哲学还是诗歌上，人类每一次心智的胜利都给我们一种深深
的满足：我们的混乱之痛被治愈了，那些难以理解的事件给我们
的重负也被解脱了"。威尔逊的文学批评所传达的正是这种"解
脱"所带来的快乐。威尔逊是幸运的，早在他开始文学生涯的时
候，西方人文主义传统的"斯文"尚存，他的心灵能够同时受到古
典理性与现代知识的润泽。他承续了一种悠久的传统，也肩负
了与美国知识分子一道应对新世纪挑战的重任。从埃德蒙·威
尔逊身上，我们仿佛能够呼吸到二十世纪美国绵长浓厚的人文
气息。

　　正如书中所言，威尔逊从来都不是一位教条主义者，他的思
想始终坚定而独立，无论是对文学还是政治都是如此。他可以

欣然接受一切新兴的思想,如马克思主义和弗洛伊德的心理分析,只要它们有助于人类理解世界和自身;他也会严厉批评那些正在勃发的新兴理念或运动,如颓废的现代主义和冒进的激进主义,只要它们伤害了个人的自由与责任。同时,他交游广泛,对朋友真诚而天真有时也会幼稚,但这无损于他与二十世纪西方最为杰出的知识头脑的交流与沟通。他与菲茨杰拉德、海明威、纳博科夫、以赛亚·伯林等人的交往更是成为美国甚至西方20 世纪文学史上的佳话。只要阅读他的文章、书信和日记,我们几乎可以一窥过去一个世纪美国乃至欧洲思想风云的激荡起伏。也因为如此,威尔逊在美国知识界至今仍然是一个令人敬畏的存在,他的重要性和影响力不言而喻。他总是以一种学术的真诚和历史的完整性来看待文学研究,同时将文学的阐释和批评加以通俗化。威尔逊的批评风格不是修辞性的而是论述性的,在庞杂而丰富的评论中,以其不可思议的深广与敏锐,寻找各种文学和社会问题的答案。当他以娴熟的技巧深入到各种社会、政治和历史语境中的时候,威尔逊从来不会放弃对文学意义的把握,并避免陷入极端立场的泥淖之中。面对纷繁复杂的社会,威尔逊始终相信表达的力量、文学的力量可以影响世界,而这个世界正建立于深厚的人文主义信仰之上。今天重读埃德蒙·威尔逊,或许也是医治当前文学批评界浮躁之风的一味良药。

　　是为序。

2012 年 6 月 8 日风雨大作,于狮山

前 言

毫无疑问,埃德蒙·威尔逊(Edmund Wilson,1895—1972)是美国历史上最重要的批评家之一,其职业生涯长达半个多世纪。他是一个以传统文士自居的人,从不愿意屈从于各种体制化的生活,年轻的时候曾因社会问题对政治解决的途径发生兴趣,终而对政治现实失望,又回复到他青年时期对纯文学的专注。[①]从二十年代直到七十年代初,他都是一位主导着美国文学界的批评家,除此之外,他还被认为是一位时代的记录者、研究观念和思想的历史学家、敏锐的社会观察者,以至于丹尼尔·艾伦(Daniel Aaron)称他是"时代的道德和学术良心",[②]哈利·勒文(Harry Levin)称他为"最后的美国文人",[③]1955 年美国文学艺术院授予他"评论金奖",盛赞其为"当代的爱默森"。[④]

威尔逊出生在新泽西州的一个名为红岸(Red Bank)的小镇,其家庭有着深厚的新英格兰上流社会背景,父亲老埃德蒙·

---

① 梯姆:《爱德蒙·威尔逊:一位道地 intellectual 的写照》,《读书》,1989 年 07 期,第212 页。

② Daniel Aaron. Introudction, Edmund Wilson. *Letters On Literature and Politics*,*1912 - 1972*. New York: Farrar, Straus and Giroux, 1977, p. XV.

③ Harry Levin. *Memories of the Moderns*. London: Faber&Faber, 1980. p.84;也可参见王佐良:《中楼集》,沈阳:辽宁教育出版社,1995 年,第 25 页。

④ 赵一凡:《美国文化批评集:哈佛读书札记(一)》,北京:生活·读书·新知三联书店,1994 年,第 96 页。

威尔逊是一位颇有成就的律师和法官,曾经担任过新泽西州的司法部长,但却在盛年时期突患严重的精神疾病,抑郁而终。小威尔逊自幼接受过良好的教育,中学就读于美国著名的"希尔学校"(Hill School),师从阿尔弗雷德·罗尔夫(Alfred Rolfe)学习希腊语和希腊文学,这种古典教育对他影响至深。后来他进入了以文化保守著称的普林斯顿大学,师从克里斯汀·高斯(Christian Gauss)学习法国和意大利文学,与天才作家菲茨杰拉德是同学。高斯对他影响很大,也是他终生的良师益友,他们保持着长期的联系和友谊,他的第一本评论文集《阿克瑟尔的城堡》就是献给这位老师的。

大学毕业后,威尔逊于1917年参加了第一次世界大战,返回美国后开始担任一些报刊的文学记者,在二三十年代担任过《名利场》(Vanity Fair)和《新共和》(New Republic)等杂志的编辑,并在1942年之后成为了《纽约客》(The New Yorker)的书评家。威尔逊的一生既关注文学问题,又关心社会问题,写作的题目涉及面极为广泛,文学、政治、历史、哲学,科学几乎无所不包,他写社论、诗歌、长短篇小说,甚至还写过考古报告。威尔逊对材料和文本有着天生的敏感,对于历史、文学文本的解读禀赋很大程度上建立在他青年时代对于欧洲文学的爱好上。他对法国文学尤其挚爱,而他之所以后来成为批评家大概也与此有关,其晚年的一篇回忆性文章似乎可以印证这一点:

> 我想,我最初是在父亲的图书馆里找到了要成为一位文学批评家的动机,我当时大约十五岁……确切地说这个动机是我在那里读到了泰纳的《英国文学史》(History of

English Literature）之后才形成的。①

　　他的写作在一开始明显地受到了美国批评家范怀克·布鲁克斯（Van Wyck Brooks）的影响。布鲁克斯擅长于进行分析性的文学批评，常常在写作中将文学批评跟政治分析结合起来，其目的是为了促进当时美国的进步事业。他始终认为批评家的奋斗目标就是要成为一场更大的事业的一部分，即把美国社会从一种商业利益居于主导地位的文明转变为实现共和国创建时期所宣示的民主和平等的理想文明。② 这非常符合年轻的威尔逊的趣味和追求，他特别称赞布鲁克斯在 1920 年出版的一部重要著作《马克·吐温的考验》（*The Ordeal of Mark Twain*），在此书中布鲁克斯认为马克·吐温一生都未能充分发挥自己的艺术才能，原因就在于他始终留在美国，从而导致其创造力的萎缩。但到 1925 年早期的时候，威尔逊开始意识到布鲁克斯在文学史写作上的一个重要不足是过于关注美国的代表性作家，而忽略了对其他处于边缘地位的作家的研究。③ 几年之后，他将布鲁克斯置于桑克提斯（De Sanctis）和泰纳所代表的大陆历史批评的传统中，而这个传统与阿诺德、森兹伯里和艾略特（T. S. Eliot）所代表的英国批评传统是相对的。④ 威尔逊对英法两种批评传统都非常熟悉，但并不全盘接受，在他看来法国的文学批评传统

---

① Edmund Wilson. *The Bit Between My Teeth：A Literary Chronicle of 1950 – 1965*. New York：Farrar，Straus and Giroux，1965，p.1.

② 范怀克·布鲁克斯：《华盛顿·欧文的世界》，林晓帆译，上海：上海外语教育出版社，1993 年，"中译本序言"，第 3 页。

③ Edmund Wilson. *Letters on Literature and Politics，1912 – 1972*. New York：Farrar，Straus and Giroux，1977，p.60.

④ Edmund Wilson. *The Bit Between My Teeth：A Literary Chronicle of 1950 – 1965*. New York：Farrar，Straus and Giroux，1965，pp.554 – 556.

太过于关注社会和观念,而忽视了文学作品本身,而十九世纪英国的阿诺德式的社会批评则因为其道德功利化的倾向也有值得修正的地方。事实上,威尔逊将他对这两种传统的了解融汇到了自己的文学批评当中,然后在美国更为大众化的批评领域中加以实践:

> 从他的文学素质来剖析,他更属于欧洲大陆的学派,溯其源可以起自古希腊与拉丁语系的经典著作,而文艺修养又多追随法意流派;他在普林斯顿大学所受的这方面薰陶,颇为根深蒂固,致使他养成在美国文坛傲视同辈一切的习性。他评论美国问题时,总离不开以欧洲水准来衡量,但又能突出美国特色而不附和西欧传统。①

除此之外,与威尔逊的文学批评有着紧密联系的就是马克思主义了,他曾专门写过一篇《马克思主义与文学》(*Marxism and Literature*)的文章。尽管他拒绝辩证法、庸俗的马克思主义和苏联式的意识形态,但却从未放弃对马克思主义的基本信仰,始终把人、文学、文化和历史当作是社会运动的产物。对于他而言,马克思主义的吸引力就在于它代表了一种对人类文化的真理的追求,而他后来之所以对弗洛伊德的心理分析产生浓厚兴趣,原因也在于此。

在威尔逊的文学批评事业当中,三十年代是他的创造力最为旺盛的十年。在这个十年开始的时候,他完成了对象征主义的开拓性研究,出版了《阿克瑟尔的城堡》(*Axel's Castle*,1931年出版),这是他的第一部重要的文学批评著作,在此书中他考察

---

① 仲子:《三十年的文学笔记》,载《读书》,1988 年第 1 期,第 142—143 页。

了象征主义对爱尔兰诗人叶芝、法国诗人瓦莱里、英国诗人艾略特、爱尔兰作家詹姆斯·乔伊斯以及其他人物的影响,此书奠定了他作为美国一流的文学批评家的地位;当这个十年即将结束的时候,他完成了他最为出色的另一部著作——《走向芬兰车站》(*To the Finland Station*,1940),此书追述了欧洲的现代心智从唯心主义到科学唯物主义的发展历程,让当时的读者们认识到马克思主义是如何从萌芽发展到成为推动人类历史进步的一种至关重要的力量的。在这十年中,他对美国的经济大萧条的描述也令人印象深刻,出版了《美国人的不安:衰退之年》(*The American Jitters:A Year of the Slump*),他在此书中认为无法抵抗的绝望正在席卷整个美国,美国生活的内在希望与这种生活在三十年代的崩溃形成了巨大的反差。这个时期,他还对美国和苏联社会进行了比较研究,并出版了《旅行在两种民主制度之间》(*Travels in Two Democracies*)一书,以及一部文学批评集《三重思想家》,这部著作同样是他最为杰出的作品之一,另外,他在这十年间还写下了不少诗歌作品以及一部戏剧。

在四十年代开始的时候,威尔逊出版了《伤与弓》(*The Wound and the Bow*,1941),研究作家的情感经历与作品之间的联系。他的《赫卡特回忆录》(*Memoirs of Hecate County*,1946)是一部短篇小说集,曾经因为内容粗俗而被禁。五十年代,威尔逊的文学评论乏善可陈。到六十年代的时候,他开始重新对历史和文学研究产生兴趣,1962 年出版的《爱国者之血:美国南北战争时期的文学》(*Patriotic Gore:Studies in the Literature of the Civil War*)同样也是一部非常优秀的历史和文学著作。他的其他作品还有小说《我想起了黛茜》(*I Thought of Daisy*,1929)、考古报告《死海古卷》(*The Dead Sea Scrolls*,1955),以及一部自传《纽约州北部》(*Upstate:Records and Recollections of Northern*

New York，1971）。他的日记和书信在他去世之后陆续获得了出版，它们分别是《二十年代》（*The Twenties*，1975）、《三十年代》（*The Thirties*，1980）、《四十年代》（*The Forties*，1983）、《五十年代》（*The Fifties*，1986）以及《六十年代》（*The Sixties*，1993）、《文学与政治书信集》（*Letters on Literature and Politics*：1912—1972，1977 年出版）。

威尔逊的文学评论透彻、优雅，特别关注社会、心理的力量如何影响了作家以及他们的文学作品的形成。他的著作常常是以自己已经发表过的评论为基础，然后再将它们一丝一缕地编入一种连续的叙述框架当中，从而形成一种系统、整体的力量。他的写作兼收并蓄，从来都不是一个教条主义者，无论是对文学还是政治都是如此，所以他能欣然包容各种新兴的思想，如马克思主义和弗洛伊德的心理分析，只要它们有助于人类理解世界和自身；他也会严厉地批评一切错误的潮流，如颓废的现代主义和冒进的激进主义，只要它们伤害了个人的自由、行动以及责任。在这几十年中，他在个人方面，无论是其职业还是婚姻从来都是处于动荡不安当中，但他的思想却始终独立而坚定。他交游广泛，对朋友充满诚意，有时也天真、幼稚甚至粗暴，但这无损于他在二十世纪大部分时间里与欧美文化界中最为杰出的精英的交流与沟通。阅读他留下的大量书信与文章，我们基本可以一窥这过去一个世纪中美国乃至欧洲的思想风云是如何激荡起伏的。可以说，在今天重新阅读威尔逊的评论文章，几乎可以让我们呼吸到整个二十世纪西方文化中最为重要而珍贵的一种人文气息。

威尔逊还是二十世纪美国知识最为全面的文学批评家之一，他掌握了近 10 种语言——英、法、德、意、西、俄、匈、拉丁、希腊和希伯来文；晚年还有学习中文的想法，了解从哲学大师怀特海到科学巨人爱因斯坦的各种思想游戏。① 尽管他学识渊博，但从不卖弄，也不加入任何正式的批评流派。王佐良先生对他的评论颇为到位：

> 威尔逊是卓越的实践批评家。他当然不是没有理论，但主要是一个就书论书的批评家。英美文学批评以其实践性见长，许多作家兼写文论，形成一个悠长的传统。这些人从创作实践取得到启发，写起文论来不仅言之有物，而且常有卓见，文笔也优美可读。但是这样的实践批评家是越来越少了，威尔逊却能在担任《纽约人》杂志评论员的漫长岁月里，维持这个传统的标准，写出了有见地又有文采的好书评。②

在文章风格方面，威尔逊主张以自然流畅的叙事体记载文艺和政治大事，务使读者一卷在手如对老友而爱不释手。③ 英国散文作家和评论家德·昆西曾被认为"将新闻体提高成为了一种文学形式"，④这一评价或许也可用来描述威尔逊之于美国文学批评的意义。在美国，早在十九世纪三四十年代，爱伦·坡、库柏与爱默生就开始了真正意义上的批评实践，他们关于诗歌、小说的观点奠定了美国文学批评的基础。⑤ 威尔逊则把美国的散文写作推到了高度成熟的境地，在将文学的批评与阐释

---

① 赵一凡：《美国文化批评集：哈佛读书札记（一）》，北京：生活·读书·新知三联书店，1994年，第88页。
② 王佐良：《中楼集》，沈阳：辽宁教育出版社，1995年，第24页。
③ 仲子：《三十年的文学笔记》，载《读书》，1988年第1期，第142页。
④ 德·昆西：《瘾君子自白》，刘重德译，长沙：湖南文艺出版社，1995年，扉页。
⑤ 张冲 主撰《新编美国文学史·第一卷》，上海：上海外语教育出版社，2000年，《总序》第XI页。

加以通俗化方面,他大概比同时代其他美国作家,甚至二十世纪内的所有美国作家做的都要多。可以说,正是他才真正将美国的文学批评转变成了一种艺术而不是技术,并且自始自终都反对批评的技术化和专门化。[①] 他长期以真挚的人道精神和杰出的新闻文体,丰富了美国的政治、文化与社会生活,超越时代和地理局限向世界发言。[②] 可以说,威尔逊是美国历史上少有的几位名符其实的作家之一。他的作品的重要性和影响力在美国知识界俨然就像一座巨大的城堡,一直是一种令人敬畏的存在。

在 1914 年的时候,他开始用笔记来记叙自己身边发生的各种事情,[③]在他的整个写作生涯当中,他也常常以这些笔记和日记作为自己后来的写作素材。从二十年代到四十年代末期是他从事文学批评最为活跃、成果最为丰硕、声名最为煊赫的时期。到了五十年代的时候,他开始爱胡思乱想,并且脾气乖戾,像一条响尾蛇那样充满攻击性。他不再阅读年轻作家的作品,拒绝缴纳所得税并差一点像他的先辈梭罗那样负罪入狱……同时,他的兴趣也更多地转向历史。因此,本书将主要以他早、中期发表、出版的重要著作如《阿克瑟尔的城堡》、《伤与弓》、《三重思想家》、《经典与商业作品》、《光明的彼岸》以及一些重要的日记和书信为基础,来探寻他在战争、经济、婚姻和自我的危机中如何坚持独立和理性的人文立场,在浮华、激进和技术的浪潮冲击中如何保持对文学与人性的希望。赵一凡先生曾经用一句话来概括他在哈佛求学期间为何会对威尔逊产生兴趣的原因:"我对威尔逊

---

① Christopher Hitchens. "Literary Companion". *Atlantic Monthly* 300, no. 2, 2007, pp. 124 – 128.

② 赵一凡:《美国文化批评集:哈佛读书札记(一)》,北京:生活·读书·新知三联书店, 1994 年,第 88 页。

③ Edmund Wilson. *A Prelude*. New York:Farrar Straus and Giroux, 1967. A Prelude, p. 73.

的兴趣在于把他当作现代美国设计人的标本和模型,跟踪他的
万里思想云游,试着把握美国知识分子半个世纪来的天路历程,
或曰'思想变形记'",[①]而这也正是本书写作的出发点。本书将
尽量在掌握第一手材料,包括威尔逊本人的著作以及相关研究
资料的基础之上,对他早、中期三十年(时间从其早期的创作到
1950年《经典与商业作品》的出版为止)的生活、文学批评进行
细致的梳理和解读。因此,这要求对原始文本进行大量的细读
和分析,并在此过程中结合对社会、历史、文化等因素的综合考
虑,努力将威尔逊的生活与文学批评还原到二十世纪美国历史、
文化语境当中去,尽量减少空洞的总结和评论。

　　在今天,如果一位批评家无法成为另一个威尔逊的话,那么
他至少应该努力像威尔逊那样以一种学术的真诚和历史的完整
性来看待文学研究,这也正是本书所竭力坚持的写作原则之一。

---

① 赵一凡:《美国文化批评集:哈佛读书札记(一)》,北京:生活·读书·新知三联书店,
1994年,第89页。

第一章　批评家的崛起

一　成为文学批评家

威尔逊出生于新泽西州红岸的一个富裕家庭，父亲曾是一位热诚的文学爱好者，也是一位一丝不苟的法律文书的起草人，一位曾经取得过巨大成就的法庭律师，喜爱盘根究底，写得一手好文章，擅长用深入浅出的方式谈论问题，这些都影响了后来的威尔逊关于艺术、文学和政治的看法。用他自己的话讲，他成长的世界在二十世纪四十年代之前就已经几乎消失殆尽了：一个半乡村的社会，居住着大量美国中上阶层的家庭，是一个居于乡间的有教养的绿洲。尽管威尔逊后来常常赞美它的各种优点，但也曾在年轻时对这里不胜其烦，对当时的他而言，这里是美国文化的外缘，狭窄、封闭得让他感到沮丧和焦虑。他在 1921 年写给菲茨杰拉德的信中说：

> 在商业主义和工业主义的后面，除了东海岸的一个十八世纪的阶层之外，没有更古老或更为文明的文明，它给任何努力都强加了一种极大的阻碍：知识和艺术不得不在工厂、办公大楼、公寓和银行的缝隙间挤出一条生路来；这个国家完全不是为它们而建立的，如果它们能苟且偷生的话，那他们得感谢上帝，但最好还是不要认为他们真的是上帝

的选民……因为它们在出生的时候就因为发育不良而变得畸形,在后来为了挣扎着成长的时候又不停地受到猛烈的打击和玷污。①

因此,他在后来的批评作品中往往会认同那些在书中批评美国的作家,如森克莱尔・路易斯、伊迪丝・华顿、门肯、范怀克・布鲁克斯等,部分原因在于他发现他们对美国文化的控诉是确切的,另一部分原因在于他发现这些作家的努力在事实上有让人欢欣鼓舞的理由,正是因为对美国的辛辣批评,才使得这个国家有可能成为上述作家所希望的那样的一个国家。

威尔逊是美国东部受过教育的上流社会的一员,他就读过最好的学校:希尔高中与普林斯顿大学。在 1914 年的时候,他开始用笔记来记叙发生在自己身边的重要或有趣的事情。在他的整个写作生涯当中,他也常常在这些笔记和日记中寻找写作素材,这种做法有点类似美国文艺复兴时期的爱默生和梭罗。1916 年的时候,他成为《纽约太阳报》(*The New York Sun*)②的一名记者。随后,他又加入了军队并远赴欧洲参加第一次世界大战,两年之后返回纽约,成为了《名利场》和《新共和》的编辑并为这两份刊物写稿。二十至三十年代是他的事业开始阶段,他在这一时期积极地参与了美国新一轮的文化复兴运动,并对如何处理他的时代中最为关键的问题提出了不少自己的意见。

美国从十九世纪末至二十世纪初曾面临过重大的社会问题,但这个国家也在这个时期进行了一系列重大的制度建设,其

---

① Wilson to Scott Fitzgerald, 5 July 1921, *Letters*, p.64.
② 《纽约太阳报》(*The New York Sun*)是美国新闻传播史上第一份大众报纸。

现代国家的基础就是在这个时期奠定的。① 美国逐渐成为了全世界最强大的国家之一,被当时无数人誉为人类文明的最大希望。但第一次世界大战的爆发,几乎粉碎了一代美国青年的美梦,留给他们的最大遗产是幻灭与怀疑,从 1917 年威尔逊在法国当兵时写给朋友的信中就可以看到这一点:

> 民族主义的幻觉、政客们的私人利益和大多数正在参与战争的人的无知和愚蠢共同制造了这样一种完美的理想,据说它就是这场战争的目的,可它看上去与之前所有战争中已经被证明是虚伪的理想一样可疑。②

威尔逊的这种对人性和民族主义的怀疑在当时其实是整整一代年轻人的思想缩影。在这场大战结束之后,美国文化也开始进入新旧价值观断裂、混战的"青春骚动期"。威尔逊在 1927 年的时候曾经写过一篇小说《重聚》(Reunion),其中的内容就表现出了这种空虚、幻灭的情绪。小说中,一个人物正与他的普林斯顿的伙伴们坐在一起谈论战争,他们都对人性的完美不再抱有幻想。后来,他喝醉了,想象着一位老同学正坐在自己旁边的扶手椅子上,而此人已经在刚刚结束的战争中被杀害了。最后,故事的叙述者被杜松子酒灌得迷迷糊糊,同时,他身边的朋友也被他关于军国主义的长篇大论而弄得昏昏沉沉……这个时期的年轻人常常表现得狂放不羁,他们不分昼夜地喝酒、嬉闹,同时也热衷于通过各种文学创作来表达自己的想法,活

---

① Stephen Skowronek, *Building A New American State*: *The Expansion of National Administrative Capacity*, 1877 - 1920, Cambridge: Cambridge University Press, 1982.

② Edmund Wilson. *Letters On Literature and Politics*, 1912 - 1972. New York: Farrar, Straus and Giroux, 1977, p.36.

跃的思想和坦率、大胆的言论成为了此时期中的一种独特现实，但豪饮、狂欢以及五花八门的艺术实验都意味着与空虚同行。

海明威、菲茨杰拉德、肯明斯等人就像威尔逊那样都是这一时代的亲历者和见证者，战争使他们的身体或精神遭受了创伤，但他们也因此写出了不少优秀的作品。二十年代的美国在文化上的一个明显吊诡在于文学创作上的繁荣与思想文化上的贫瘠交相辉映。很多人对这个国家并不抱有希望，因此，海明威、菲茨杰拉德等文学青年都纷纷前往欧洲的文化中心巴黎朝圣，但威尔逊没有趋从这股潮流，而是在纽约的《名利场》杂志找到一份记者的差使，专事报道曼哈顿上城区的文化圈的新闻，同时也开始了自己的文学创作。1922 年的时候，他与朋友毕肖普 （Peale Bishop）合作出版了第一本书《殡葬员的花环》（ *The Undertaker's Garland* ），这是他的文学事业的开始，当命运让他的很多同辈作家们筋疲力尽甚至销声匿迹的时候，他仍然在此后近五十年的时间坚持着对文学的热爱。

对于美国来说，二十年代其实也是这个国家的青年们逐渐从种种冲击和震惊中恢复过来的十年，这十年迎来了美国历史上最为浮华的一个时代——"爵士时代"（The Jazz Age）。威尔逊当时住在纽约的格林威治村，所以有很多时间去观看各种演出。此时的他开始表现出了比同时代的大部分批评家们对流行文化的更好理解，对这个时代的节奏的感知，对商业化艺术的清醒理解，使得他获得了批评莺歌燕舞的娱乐业的力量和深度。对二十年代最为流行的商业歌舞剧《富丽秀》 （Follies show ）的犀利批评让他小试牛刀，同时也初步显示出了他深刻、敏锐的眼光。1907 年，"歌舞大王"齐格飞（Florenz Ziegfeld）在纽约制作了著名的歌舞剧《富丽秀》的第一场，其中包含了各种性感的半裸体表演、华丽的舞台布景和喜乐、逗笑的故事情节，这是在纽约百老汇第一次上演的华丽闪亮的歌舞盛宴，此后，他按此固定模式成功地反复演出了二十三年，美国的时俗讽刺剧也因此达到了登峰造极的地步。但在威尔逊看来，《富丽秀》的歌舞表演虽然引人注目，但却没有生命力，表演者在舞台上所展示的速度和精度除了获得观众的程式化的笑声之外，什么都不会留下。而且，观众必须被加以调教后才能对舞台上发出的信号作出反应，事实上，他们的笑声也往往是生硬的。

　　威尔逊还曾在阿拉巴马俱乐部（Club Alabam）观看过黑人爵士演员霍奇斯（Johnny Hudgins）的演出，这种演出却有着一般的粗俗和喧闹的舞台表演所没有的精致和优雅。他认为霍奇斯的表演可以深深地打动人心，具有那个时代少有的"克制和简洁"。相比之下，《富丽秀》尽管有着一定的难度、技巧也相当高明，但内容粗鄙、下流，只有丰满的女孩和各种插科打诨。但在当时，讽刺或滑稽的戏剧演出仍然在大街小巷的各种剧场里以最原始的方式兴旺繁荣。节目尽管已经陈旧，可姑娘们的婀娜身姿依然让观众们神魂颠倒，至于演出的内容究竟是什么并不重要。

　　可以说，威尔逊注意到了美国大众文化的这第一波浪潮，他为美国的剧场只能不断地上演这类热闹的演出而感到悲哀，在他看来，它们与那种天才的个人风格以及电光火闪式的艺术发现实在相距甚远。不久之后，他就厌烦了这种专事报道纽约娱乐业的记者生活，他迫切地寻找着一种更能满足自己精神追求的生活方式。在写给菲茨杰拉德的一封信中，他说："我认真地思考过纽约作为一个文化中心还是非常有希望的；在我看来，在美国正在发生着很多的事情——事实上，美国看上去正在开始用自己的语言来表达自己的思想。"①

　　用威尔逊自己的话说,他是在"美国文艺复兴"(American Renascence)刚刚兴起的时候成长起来的,所以,他相信为美国精神而战斗是值得付出努力的。在著名报人沃尔特·李普曼(Walter Lippmann)的引荐下,1921 年他到《新共和》②周刊担任了书刊编辑。《新共和》是主导当时美国舆论的旗舰性刊物,是"那些最严肃和最富于创见的思想家用英文表达自己观点的论坛",③其主编赫伯特·克罗利(Herbert Croly)④信奉一种追求"美国式生活的希望"的政治哲学,热衷于推出自由知识分子的各种思想言论来影响美国公众,进而介入政治生活。这也正符合威尔逊在当时的追求,他努力地想要成为一位为大众写作的批评家,为大众的生活提供指导。在他看来,多一点支持和认同

---

① Wilson to Scott Fitzgerald, 5 July 1921, *Letters*, p. 64. 这是威尔逊对菲茨杰拉德(Fitzgerald)在 1921 年 5 月给他的信件的回复,菲茨杰拉德在此信中表示他对欧洲不再抱任何幻想。参见 *The Letters of F. Scott Fitzgerald*, ed. Andrew Turnbull, New York: Scribner, 1963, pp. 326 - 7。

② 《新共和周刊》[New Republic, The] W. 斯特雷特于 1914 年创办的评论性周刊。H. D. 克罗利任主编。该刊物是美国长期以来最具影响的自由主义杂志之一。早期反映进步运动,寻求美国政府和社会的改革。二十世纪二十年代自由主义观点不受欢迎,该刊随之衰落,但三十年代再度兴起。起初反对罗斯福的政府,后来又支持他的新政。前副总统 H. A. 华莱士于 1946 年任刊主编后,使《新共和》更向左倾,直到他被迫辞职。二十世纪八十年代初,开始刊登一系列反映美国政界保守主义抬头的评论文章。(参考《大英袖珍百科·中文电子版》[Encyclopædia Britannica, Inc. 2007]相关词条)

③ 罗纳德·斯蒂尔:《李普曼传》,于演、陈小平、谈锋等译,新华出版社,1982 年版,第 121 页。

④ 赫伯特·克罗利(Herbert David Croly, 1869—1930)是一位主张进步的自由主义作家以及美国二十世纪初期新自由主义运动的领导者。他也是《新共和》的主要创办者之一,代表作有《美国生活的希望》(*The Promise of American Life*,中译本已由:江苏人民出版社 2006 年出版;笔者认为此书更恰当的译法应该是《美国式生活的希望》,为避免混乱,本书继续沿用已有译名,不再做更改);他的政治哲学影响了很多人,包括美国总统西奥多·罗斯福(1901—1909)、著名的汉德法官(Judge Learned Hand)以及高级法院法官费利克斯·法兰克福(Felix Frankfurter)。(参考《大英袖珍百科·中文电子版》[Encyclopædia Britannica, Inc. 2007]相关词条)

这个国家的生活是出类拔萃的美国人义不容辞的责任,这也是他立志成为一位为大众写作的批评家的初衷。正如韦勒克所说,"大众批评家"曾经"是二十世纪早期的主流,他们在读者心目中具有一种任何后来的'新批评家'(New Critics)都无法匹敌的共鸣或反响",①因为他们有着一种完全不同的趣味和追求。从此,借助《新共和》的这个平台,威尔逊发表了大量掷地有声的好文章,其中关于现代主义文学的文章构成了他后来出版的《阿克瑟尔的城堡》的基础,而另外的一些重要文章则以文集的形式再次获得了出版,如《光明的彼岸》(*The Shores of Light*：*A Literary Chronicle of the Twenties and Thirties*)。

威尔逊曾在《阿克瑟尔的城堡》中写给老师高斯的"献辞"中对自己的批评方法进行过定义,用他的话说,批评应该为读者提供"一种人类的观念和想象如何被环境模塑的历史"(a history of man's ideas and imaginings in the setting of the conditions which have shaped them)。②除了在《阿克瑟尔的城堡》之外,他的后来的很多文章和著作其实都是对这一观念的实践,换句话说,他准备采取一种较为彻底的历史的批评方法来分析文学史上的很多重要人物的思想是如何持续不断地受到环境的深刻影响的。他认为要研究这种影响就需要批评者从根本上把历史当作阐释的关键并同时具有理性主义者的科学和怀疑精神。

美国文坛在二十年代热闹非凡,在威尔逊的眼中,这个时代

---

① Rene Wellek. "Edmund Wilson (1895 – 1972)". In *History as a Tool in Critical Interpretation*：*A Symposium*, edited by Thomas F. Rugh and Erwin R. Silva. Provo：Brigham Young University Press, 1978, p.89.

② 埃德蒙·威尔逊:《阿克瑟尔的城堡:1870 年至 1930 年的想象文学研究》(以下简称《阿克瑟尔的城堡》),黄念欣译,南京:江苏教育出版社,2006 年,"献辞"。

的文学界就像在当时经常上演的"歌舞杂耍"①一样,各色人等开始纷纷粉墨登场。他用饶有趣味的方式描画了这个时代的几乎所有重要的诗人和作家的个性和风格,如舍伍德·安德森(Sherwood Anderson)的风格是"尴尬的陌生感",既新鲜又纯朴,没有任何诀窍可以轻易地获得它;门肯(H. L. Mencken)是一位伟大的批评家,有着自己独特的风格,其笔下的文章可以影响读者并直达他们的内心;卡尔·桑德堡(Carl Sandburg)的白描式的语言风格在那个精美修辞仍然兴盛的时代里尤其可贵;而庞德、肯明斯和穆尔(Marianne Moore)是制造鲜明意象的专家,但都缺乏宏观的视野。② 莫里斯·迪克斯坦认为此时的威尔逊对自己的文学批评能力已经非常的自信,同时,他性格中固执的一面也开始逐渐地展露了出来:

> 他就像一位专业的讲解员那样直言不讳地评论这些作家,这点后来成为了他的标志,也表明他对自己关于这些作家的评论极为自信。用他此时期最喜欢的一个词来说,这是真正的遭遇战。即使是在他判断错误或是想法尚未成熟的时候,他也会凭着自己的经验和理解力与这些作家交锋,其中一部分作家的作品还是相当晦涩难懂的。③

---

① "歌舞杂耍"(Vaudeville)是从十九世纪后期至二十世纪初期在美国流行的一种轻松娱乐节目。它包括10～15个彼此互不相关的单独表演,其中有魔术、杂技、喜剧、驯兽、耍把戏、歌舞等,它原是小酒馆里常为男顾客表演的一种粗俗甚至色情的节目。

② Edmund Wilson. "The All-Star Literary Vaudeville". In *The Shores of Light*: *A Literary Chronicle of the 1920s and 1930s*. New York: Farrar, Straus and Giroux, 1952, pp. 235 - 239.

③ 莫里斯·迪克斯坦:《途中的镜子:文学与现实世界》,刘玉宇译,上海:上海三联书店, 2008年,第108页,译文有出入;Lewis M. Dabney. ed. *Edmund Wilson: Centennial Reflections*. Princeton: Princeton University Press, 1997, pp. 17 - 18。

威尔逊在二十年代曾写过不少诗歌、小说和戏剧。除了前面的《殡葬员的花环》之外,还在 1926 年出版了戏剧和对话集《不和谐的际遇》(*Discordant Encounters*),但与大学同窗菲茨杰拉德的《了不起的盖兹比》的成功相比相距甚远。1929 年,小说《我想起了黛茜》和诗集《再见,诗人!》(*Poets, Farewell!*)出版。必须承认威尔逊是一位富于创造力的作家,可是他在自己的小说创作中却往往会收敛起丰富的文字表现力,对情节的设计和人物形象的塑造都没有表现出太大的兴趣,试图只想将世俗的生活直接铺陈在纸面上。《我想起了黛茜》读起来让人觉得僵硬、死板,也许他确实缺乏将自己对戏剧性叙事的理解融入到想象性创作中去的能力。他在少年时还曾想过要当一名诗人,但在经历了战争、婚姻与精神的痛苦之后,他终于意识到自己可能永远都无法实现这个目标。《我想起了黛茜》以及《再见,诗人!》其实是向他的年轻岁月的一种告别。在二十年代即将结束的时候,他对自己有了更加清楚的认识——如果不能写出一流的小说,那还不如将自己对文学作品的良好鉴赏力更多地投入到对文学、文化的批评中去。

威尔逊的敏锐的眼光、丰富的想象力和出色的表达力,在其发表于二三十年代的《新共和》上的文章中得到了淋漓尽致的展现。他的批评混合了对历史和社会的分析,再加上简洁、清晰和直率的文风,从而使得他的文章获得了越来越多读者的重视。作为美国文学界的一位不可忽视的批评家,他已经开始成长起来了。

1920 年 4 月 15 日,马萨诸塞州一家鞋厂的出纳及警卫被两名男子抢劫并杀害,三个星期后,两位意大利移民萨科(Sacco)和万泽蒂(Vanzetti)被指控杀人,长达七周的审判后,即使罪证不足这两人仍被宣判谋杀罪以及死刑。1927 年 4 月 9

日,在向麻省所有的法院申诉失败之后,萨科和万泽蒂最终被判处死刑。1927 年 8 月 23 日被处以电刑。人们相信美国司法系统内部的权力纷争以及政府对共产主义运动的恐惧最终导致了这一著名的冤案。

当萨科—万泽蒂案审理得如火如荼的时候,威尔逊正埋头于对普鲁斯特和叶芝的研究当中。可当上述两人在 1927 年 8 月被错误地判处死刑之后,这一事件还是触动了他,并且似乎直接影响了他后来对现代主义先锋文学的一些看法。这一年的 10 月,他说他将对象征主义者的文学激情与行动的生活进行综合分析,以图获得一种对世界更有价值的理解,这种理解最终将能够适应这个处于危机中的社会的需要。①

在威尔逊于 1927 年至 1929 年之间发表在《新共和》的评论和文章当中,他开始声称作家们不应该回避美国生活的现实,并破天荒地第一次评述了美国历史中的一些杰出人物,试图以此来获得观照当前社会的视角。② 在萨科和万泽蒂被处决后的同年 10 月,他投给《新共和》的两篇文章明显地体现了他对文学和社会的双重关注。其中一篇关于普鲁斯特和叶芝的文章顺带地评论了这一案件所引发的政治危机对于文学的影响,另一篇文章是关于这一案件的社论,标题为《一个外国人的国家》(A Nation of Foreigners),他在这篇社论中谴责了作为统治阶级的盎格鲁—撒克逊人对意大利移民所施加的不义。他提醒读者,所有的美国人都是移民,所有受过教育的美国人都有责任和义务,也是他

---

① Edmund Wilson. "Proust and Yeats". *The New Republic*, no. 52 (Oct. 5, 1927), 1927, p. 177.

② Edmund Wilson. "American Heroes: Fremont and Frick." In *The Shores of Light: A Literary Chronicle of the 1920s and 1930s*. New York: Farrar, Straus and Giroux, 1952, pp. 325 – 338.

们的机会,去解决如何从不同的传统中塑造一种新的文明的问题,这同时也是美国的文学批评家们应该研究的问题。①

《一个外国人的国家》这篇文章经常会被后来的文学史家们描述为威尔逊左倾的开端。此时的他也开始意识到自己与主编克罗利的观点有了冲突,后者作为《新共和》的创办者是一位有着坚定信念的反马克思主义者,强调种族和文化之间的冲突,但轻视阶级之间的矛盾。威尔逊非常尊重克罗利,但也确信克罗利所信奉的自由主义在真正的危机到来时将会暴露出越来越多的弊端。他在这篇社论中仔细地论述了萨科—万泽蒂案在美国思想界所造成的严重分歧,他甚至还写了一出短剧来描述统治阶级的破产。② 这在某种意义上暗示了他正在抛弃之前对美国社会的过于乐观的看法。

不久之后,威尔逊写了一篇很长的文章来讨论一位自己在普林斯顿上大学期间最为崇拜的人物——伍德罗·威尔逊。③ 这位威尔逊是一位雄辩家,就像美国历史上的一些著名人物,如爱默生、林肯那样能言善辩,精于演讲,曾经担任过普林斯顿大学的校长,同为校友的埃德蒙·威尔逊在年轻时期对他钦佩有加。他后来还担任过新泽西州州长以及美国的第 28 任总统

① Edmund Wilson. "Proust and Yeats". *The New Republic*, no. 52 (Oct. 5, 1927), 1927, pp. 161 – 162.

② Edmund Wilson. "Lobsters for Supper". *The New Republic*, no. 52 (Sept. 28, 1927), 1927; *The American Earthquake: A Documentary of the Jazz Age, the Great Depression, and the New Deal*. New York: Doubleday & Company, Inc., 1964.

③ 伍德罗·威尔逊是美国第 28 任总统(1913~1921),毕业于普林斯顿大学。1890~1902年回普林斯顿大学教授法学和政治经济学,后任该校校长(1902~1910)。在校长任内,进行多项改革但都未成功,后参加竞选成为新泽西州州长,在该州的政绩受到全国的注意,遂于 1912 年被提名为民主党总统候选人。竞选中提出"新自由"的口号,以压倒共和党总统 T. 罗斯福的"新国家主义"并当选为总统。(参考《大英袖珍百科·中文电子版》[Encyclopædia Britannica, Inc. 2007]相关词条)

（1913～1921 年），以卓越的领导才能带领美国人民取得了第一次世界大战的胜利，但却在最后没能推动美国加入国际联盟（League of Nations）并在公民投票中遭遇重大失败。在威尔逊看来伍德罗·威尔逊在一战后逐渐丧失领导地位以至最后黯然离去，是整个二十年代美国病态的道德风气的一种表现，其根源就在于美国文化中的庸俗和市侩孕育了整个社会对金钱的贪婪与人性的冷漠。伍德罗·威尔逊具有英勇无畏的精神以及杰出的领导才能，但他的一生在事业上却又总是徒劳无功。① 威尔逊从这位总统的长老教会（Presbyterian）的背景中找到了理解此人充满矛盾的一生的钥匙。

长老教会又称长老会，是基督教新教主要派别之一，创立于16 世纪，主要传播地是美国。顾名思义，美国长老教会即属于长老制。教会在牧师的带领下，由会众选举产生的长老组成的长老团共同管理教会事务，牧师是当然的议长。这种"民主集中制"的体制，在尽可能的范围内，既避免主教制所产生的集权偏差，又不至于导致会众制所常见的牧师职权的"架空"。威尔逊认为长老会的牧师们对公开演讲和布道的依赖，以及他们所拥有的自以为是的高尚文化限制了他们的信徒在政治上的作为，另一方面也赋予了这些人以一种道德的力量。伍德罗·威尔逊的失败在于错误地把长老教会的牧师和导师们信奉的理想主义带进了美国的现实政治当中。终其一生，伍德罗·威尔逊都不得不去与身边那些持不同价值观甚至无法理解的人打交道。他在普林斯顿大学任校长期间没有成功地推行自己的改革措施，与他后来没有顺利地推动美国加入国际联盟这两件事之

---

① Edmund Wilson. "Woodrow Wilson: Political Preacher". *The New Republic*, no. 53 (Nov. 30), 1927, p. 42; *The Shores of Light: A Literary Chronicle of the 1920s and 1930s*. New York: Farrar, Straus and Giroux, 1952, p. 324.

间存在着相通之处,这两次失败实际上绘出了他整个政治生涯的轨迹。

这是埃德蒙·威尔逊第一次就个人和社会历史的关系发表自己的看法。他可能夸大了伍德罗·威尔逊的个人因素对于历史事件的影响力,甚至还将这位美国总统与威尼斯的花花公子卡萨诺瓦(Casanova)进行了比较。[①] 诚然后者的身份之一是外交官员,但对于读者而言,这种比较还是令人震惊,其可能的原因大概是因为威尔逊了解到伍德罗·威尔逊在生活中特别风流多情,他的一些风流韵事在当时也是媒体争相报道的内容。[②]

在这之后不久,威尔逊对瓦莱里和法朗士(Anatole France)进行了一番比较,并批评了前者在继承法朗士的法兰西学院的院士席位时所发表的不合适的演讲。瓦莱里,这位骄傲的诗人在演讲中摆出一副屈尊俯就的态度对已故的法朗士进行了含沙射影的攻击,称后者是一位善于妥协的名利狂,然后又假惺惺地为自己的这种不敬行为进行辩护。瓦莱里在本应保持君子风度的场合表现得像一个小人,故而威尔逊对这位自己曾经狂热喜爱的诗人产生了反感。他称赞法朗士"通过文学参与公共生活",代表了一种已经奄奄一息但仍然弥足珍贵的人文传统,而且,这位作家的文体明晰、典雅,而深信只有抽象的概念才能够

①　Edmund Wilson. "Woodrow Wilson: Political Preacher". *The New Republic*, no. 53 (Nov. 30), 1927, p. 42; *The Shores of Light: A Literary Chronicle of the 1920s and 1930s*. New York: Farrar, Straus and Giroux, 1952, p. 323;卡萨诺瓦[Casanova, Giovanni Giacomo](1725.4.2,威尼斯~1798.6.4,波希米亚 达克斯)意大利教士、作家、士兵、间谍和外交官。此人还是威尔逊在《伤与弓》中讨论的一个重要人物,参见本书第三章第一节中的相关内容。

②　保罗·约翰逊:《美国人的历史》(中卷),秦传安译,北京:中央编译出版社,2010 年,第 216 页。

表达深刻思想的瓦莱里,则沉迷于"孤独的努力和真诚的内省",文字"凝结、抽象",难以卒读。①

但威尔逊仍然为《追忆似水年华》(*A La Recherché du Temps Perdu*)这部"孤独的努力和真诚的内省"的不朽之作所深深吸引,他细细地品味着普鲁斯特的这部伟大的小说,认为书中那些令人难忘的化为文字的印象其实都是源自作者本人在人类社会中的经验,而书中的每一个角色和人物都代表着人类行为的各种原则,②作者其实是用一种虚构的文学方式阐释现代物理学对宇宙的理解:

> 现代物理学认为我们对宇宙里的所有一切的观测都是相对的:视乎我们做出观测时所处的位置,以及移动的速度和方向而定——而对象征主义而言,人类在刹那间所有的感知也相对于观测者自身,以及周遭的环境、时刻与情绪而定。③

在 1928 年 2 月写给老师高斯的信中,威尔逊说,"我已经写了一篇关于普鲁斯特的长文……我不是很确定普鲁斯特的最后一卷是不是最重要、最有趣的一卷。这篇文章包含了一些相当深刻的关于现实主义和象征主义等诸如此类的文学运动的批评"。④ 此文其实是他后来在《阿克瑟尔的城堡》中关于这位法

---

① Edmund Wilson. "Anatole France's Successor". *The New Republic*, no. 53 (Dec. 21), 1927, p. 42.

② Edmund Wilson. "Proust and Yeats". *The New Republic*, no. 52 (Oct. 5), 1927, pp. 176 - 177.

③ 埃德蒙·威尔逊:《阿克瑟尔的城堡》,南京:江苏教育出版社,2006 年,第 115 至 116 页。

④ Edmund Wilson. *Letters On Literature and Politics*, 1912 - 1972. New York: Farrar, Straus and Giroux, 1977, pp. 249 - 250.

国小说家所写的相关内容的先声。① 这也是他第一次努力同时
向"普通的读者"和"对此主题有所了解的人"谈论同一部作
品。② 他带领着读者从头至尾地欣赏了普鲁斯特所创造的"交
响乐式的结构",并在其中简要评论了作者在描绘人物的性格尤
其是性格的变化时所采用的技巧;他还评论了行动与反省的顺
序,以及各种复杂的社会场景,同时也稍稍地触及了法国社会虚
伪的一面。

威尔逊关于普鲁斯特的观点对后来的文学研究产生了重要
影响,他让我们了解了普鲁斯特的"核心观点",即爱的悲剧主观
性、把握外在世界的不可能、对逝去的时间的发现以及通过艺术
所获得的自我救赎。他注意到了此书中与神经衰弱或抑郁有关
的内容,称这位小说家是自己最为苛刻的法官,但在作品中却表
现出了自己最为虚弱的一面。

在威尔逊给高斯写了上面那封信不久之后,他在位于美国
东部的特拉华州(Delaware)遇到了桑顿·怀尔德(Thornton
Wilder),并且发现此人也曾仔细地阅读过普鲁斯特的作品。怀
尔德是位有着丰富的国际视野的艺术家,曾随父亲在中国上海
居住并学习过一段时间,对中国文化有所了解,③后返回美国,

① Edmund Wilson. "A Short View of Proust". *The New Republic*, no. 54 (March 21), 1927, pp. 140 - 148.

② Edmund Wilosn. "Paul Valery". *The Dial*, 78 (June), 1925, p. 491.

③ 桑顿·怀尔德(1897—1975),少年时期,也就是 1910 年代早期曾在中国居住过一段时间,他的父亲被任命为美国驻上海的领事,他在一所由英国传教士在山东烟台开办的寄宿学校学校(English China Inland Mission Chefoo School)上学,但在 1912 年的时候因为中国国内政治形势的动荡不安,他随母亲和兄妹们返回了加利福尼亚。怀尔德在自己未出版的于大学时期写的一些文章中经常会谈到自己在中国的个人经历,并一次又一次描绘长江通商口岸的各种场景。1930 年,他在纽约观看了中国著名的京剧艺术家梅兰芳的表演,深受启发,并将中国剧场布置的极简风格引入到了他自己的戏剧作品《小城风光》(*Our Town*)当中,此剧使得他在 1938 年再次获得普利策奖,从而一举成为全美最受欢迎的剧作之一。

毕业于耶鲁大学,然后去意大利的罗马留学,最后又返回美国在新泽西州的劳伦斯威尔中学(Lawrenceville School)教授法语。1926 年,他出版了自己的第一部小说《卡巴拉》(*The Cabala*)。第二年又出版了小说《圣路易斯雷伊桥》(*The Bridge of San Luis Rey*),这部小说取得了商业上的成功,并帮助他获得了 1928 年的普利策奖。这一年的八月,威尔逊在一篇短文中称怀尔德是普鲁斯特的模仿者,但同时也是一位具有原创性的、有头脑的艺术家。[①] 随后,他给这位作者提出了自己的建议:

> 我希望他能够意识到,美利坚合众国是由众多不同的民族(或国家)组成的……怀尔德先生熟悉欧洲,对东方也有所了解;而我们现在需要他好好地来认识一下自己的祖国。我相信这位演奏者的笛子肯定不会只能吹奏一首优美的曲子。[②]

怀尔德后来的发展想必没有让威尔逊感到失望,他的《小城风光》(*Our Town*,1938)再获普利策奖,一举成为全美最受欢迎的剧作家之一,并在 1942 年的时候第三次摘得普利策奖。怀尔德的剧本以演员直接向观众讲话和取消道具、布景的手法使观众更有真实感,而这种手法的使用正是得益于他本人对异国文化的了解。无疑,威尔逊在这里间接地呼应了他之前的一篇文章《一个外国人的国家》(A Nation of Foreigners)中的部分

---

① Edmund Wilson. "Thornton Wilder". *The New Republic*, no. 55 (August 8), 1928, p. 303; *The Shores of Light*: *A Literary Chronicle of the 1920s and 1930s*. New York: Farrar, Straus and Giroux, 1952, p. 385.

② Edmund Wilson. "Woodrow Wilson: Political Preacher". *The New Republic*, no. 53 (Nov. 30), 1927, p. 305; *The Shores of Light*: *A Literary Chronicle of the 1920s and 1930s*. New York: Farrar, Straus and Giroux, 1952, p. 391.

观点。

　　从今天的眼光来看,年轻的威尔逊比晚年更加支持中央集权,对美国的命运也更为乐观。这无疑是当时的《新共和》的核心人物克罗利所期望的,但这并不表示两人的立场完全一致,甚至可以说此时的威尔逊正在悄悄地发生着变化。早在 1928 年 4 月,威尔逊曾经发表了一篇名为《美国英雄:弗里蒙特和弗里克》(American Heroes:Fremont and Frick)的文章,他在文中比较了这两位人物的生平经历以及个性和职业生涯,认为他们分别是美国十九世纪早期和后期的代表性人物。威尔逊本人更为欣赏内战前带有传奇色彩的探险家弗里蒙特,而不是后来的工业资本家弗里克,但这两个人都深深地吸引了他,因为他们都是真正的实干家,是历史中的行动者而不是只知空谈的人。① 也就是在这里,威尔逊开始前所未有地表现出对现代美国的怀疑态度:

　　　　我们生活在洛克菲勒、卡耐基、摩根和弗里克的世界里;美国人民还能充满希望地从他们或他们在白宫与立法院里设置的代理人那里得到什么样的领导或启示呢? 大众为飞行员林德伯格(Charles Lindberg)和伯德(Byrd)欢呼雀跃的事实已经证明,他们已经喜欢上不同的英雄。为了给我们提供英雄和领导者,我们这个国家现在能够在什么样的新领域里培育出什么样的新型美国人呢?②

---

① Edmund Wilson. "American Heroes". *The New Republic*, no. 54 (April 4). p. 36. *The Shores of Light:A Literary Chronicle of the 1920s and 1930s*. New York:Farrar, Straus and Giroux, 1952, p.338.

② Edmund Wilson. "Woodrow Wilson:Political Preacher". *The New Republic*, no. 54 (April 4), 1928, p. 36; *The Shores of Light:A Literary Chronicle of the 1920s and 1930s*. New York:Farrar, Straus and Giroux, 1952, p.338.

　　威尔逊对英雄和领导者的这种期待其实是在间接地回应甚至质疑克罗利在二十年前,也就是 1909 年出版的《美国生活的希望》(*The Promise of American Life*)一书中得出的如下结论:

> 　　普通的市民也可以成为某种圣人或英雄,这并不是基于他自身拥有成为英雄或圣人的几率,而是得益于他对英雄和圣人的真诚而热情的模仿。他是否会这样去做,则依赖于他的非凡的同胞们有没有能力为他提供可以接受的英雄或圣人的榜样。①

　　1929 年 3 月,可能是因为家族性遗传疾病的原因,威尔逊像自己的父亲那样突然不幸遭受精神崩溃,不得不去位于纽约克利夫顿(Clifton Springs)的一处疗养院休养。他的二十年代似乎就这样结束了。但就在这一年的 5 月,克罗利去世了,刚刚康复的威尔逊在为追思这位前辈而写的文章中引用了上面这段文字,其目的是为了说明这位坚定的进步主义者在精神上的超凡脱俗以及非凡的领导才能。② 但此时的威尔逊已经不再对圣人或普通的市民感兴趣了,他也不想效仿克罗利的抽象和冷静。当克罗利终于完全离开了《新共和》的时候,他的同事们开始带领这份刊物走上了更加激进的道路,实际的社会问题成为了他们的最大关注,这正是威尔逊所希望的。此时的他,也基本上完成了在《新共和》上关于象征主义文学研究的连载,并准备将它们集合成册出版,这就是《阿克瑟尔的城堡》最初的雏形。

---

① 克罗利:《美国生活的希望:政府在实现国家目标中的作用》,王军英等译,南京:江苏人民出版社,2006 年,第 373 页;此处译文根据英文原文译出,与中译本有较大出入。

② *The Shores of Light: A Literary Chronicle of the 1920s and 1930s*. New York: Farrar, Straus and Giroux, 1952, pp. 480 – 481.

二　阿克瑟尔的城堡

《阿克瑟尔的城堡:1870 年至 1930 年的想象文学研究》(*Axel's Castle: A Study of Imaginative Literature*,1870 - 1930)基本上是由威尔逊在 1929 至 1930 年间于《新共和》上发表的一系列文章集合、修订而成,①于 1931 年正式出版。就文学批评而言,此书的意义非常重大,因为它第一次向美国读者介绍了与叶芝、瓦莱里、艾略特、普鲁斯特、乔伊斯和斯泰因等现代主义作家的作品。在 1928 年写给柏金斯(Maxwell Perkins)的信中,他解释了自己写作的原因:

> 现在,我认为这些作家中的三位——叶芝、普鲁斯特和乔伊斯——是现代文学当中伟大的文学家,但即便如此,他们还没有得到足够的重视,甚至一半都没有。我认为其他人——甚至格特鲁德·斯泰因,她早期的小说——也是非常好的。而且我认为他们对处于他们之前的作家群体的批评中也有很多合理之处——我认为这样一种反应是不可避免的。②

他告诉珀金斯,他将"对这些作家做一种通俗的论述,以使

---

① Edmund Wilson. "William Butler Yeats". *The New Republic*, no. 60 (Sept. 25), 1929, pp. 141 - 148; "Paul Valery". *The New Republic*, no. 60 (Oct. 9), 1929, pp. 190 - 196; "T. S. Eliot". *The New Republic*, no. 60 (Nov. 13), 1929, pp. 341 - 349; "James Joyce". *The New Republic*, no. 61 (Feb. 12), 1930, pp. 34 - 40; "Axel and Rimbaud". *The New Republic*, no. 62 (March 5), 1930, pp. 69 - 73.

② Edmund Wilson, *Letters on Literature and Politics*, 1912 - 1972, New York: Farrar, Straus and Giroux, 1977, p. 150.

人们相信他们的重要性,并说服读者去阅读他们的作品"。① 中国学者王佐良先生指出威尔逊这一项工作在当时确实具有开拓性的意义:

> 在二十年代之末,当人们对于这些作家还在争论或根本不加理会的时候,威尔逊就能清楚地说出他们作品的优点,比较系统地介绍整个现代主义潮流,而且把欧洲大陆、爱尔兰和美国串起来说,这就表明了他的多方面的知识,他的眼光和历史意识,他的文才。②

事实证明,威尔逊因为《阿克瑟尔的城堡》的出版而在美国的普通读者和年轻的知识分子当中获得了相当高的声誉。理查德·蔡斯(Richard Chase)和沃尔特·杰克逊·巴特(Walter Jackson Bate)这两位批评家都认为这部作品具有长盛不衰的生命力。③

威尔逊在此书中一开始讨论了十九世纪象征主义运动,其中包括了一些诗人及批评家,比如波德莱尔、兰波、古尔蒙(Remy de Gourmont)以及后来的马拉美。他以怀特海(Alfred North Whitehead)的观点为出发点,指出象征主义是对十九世纪的自然主义的一种反动,它类似于早期的浪漫主义对古典主义和机械的科学主义的攻击。事实上,这一运动在浪漫主义中就可以找到前兆,美国作家爱伦·坡就是这一运动的先驱者,法国文化的某些层面也促使这一运动成为了一股革命性的艺术潮

---

① Edmund Wilson, *Letters on Literature and Politics*, 1912 – 1972, New York: Farrar, Straus and Giroux, 1977, p. 150.

② 王佐良:《中楼集》,沈阳:辽宁教育出版社,1995年,第23页。

③ Richard Chase. "Wilson as Critic", *The Nation*, 186:8 (Feb. 22), 1958, p. 164; Walter Jackson Bate. *Preface to Criticism*. Garden City: Doublecay Anchor Books, 1952, p. 218.

流。威尔逊认为象征主义之所以派生于浪漫主义,在于这一流派强调主观真实,以及人类的感觉与无生命的对象在感受上互相依赖的重要性。他说,"浪漫主义诗人利用其朦胧或幻彩多姿的语言以及同情与热情,使自己与周遭的环境融为一体。浪漫主义诗人是对自然全新洞察的先知",①在某种意义上宣告了人类在二十世纪对相对性的理解的到来。

艺术潮流的发展看上去是由行动与反动来推进的。浪漫主义酝酿并产生了自然主义,后者认为人类的行动是客观的,可以计量的,完全由遗传和环境决定。象征主义是运动中的钟摆的回荡,它生长于法国文学的土壤当中,且原则上只限于诗歌,在法国之外,它的影响却还没有获得充分的认识。"当由象征主义中诞生的法国作家如瓦莱里与普鲁斯特广为法国文学评论界所理解与欣赏之时,英国评论家却往往不知道该如何面对艾略特与乔伊斯这样的作家。"②

威尔逊关于叶芝、瓦莱里、艾略特和乔伊斯的文章先后发表于 1929 年的 9 月至 12 月之间的《新共和》上。其中关于叶芝和乔伊斯的文章与后来正式出版的图书在内容上没有多少出入,但他对某些作家的评价还是随着时势的变化而发生了改变,其中的深层原因将在本章的最后两节作详细的分析。关于叶芝的文章包含了他在 1925 年已经表达过的对这位诗人的赞赏,以及后来对《幻象》(A Vision)和《自传三部》(Autobiographies)的评论,并且还注意到了叶芝新近发表的诗歌。威尔逊最为关注的是这位伟大的诗人与现代世界之间的不确定性关系。在早期的时候,叶芝是一位沉溺在诗歌的仙界中逃避现实的诗人:

① 埃德蒙·威尔逊:《阿克瑟尔的城堡》,南京:江苏教育出版社,2006 年,第6页。
② 同上书,第 17 页。

[他]大部分时间留在他的仙境之中，与炼金神殿中的舞者在一起。他甚至把自己人性的爱与欲望，寄托在那不朽世界的氛围里。在那里可以不受丑恶的事物干扰，美丽的事物亦永远常青。①

威尔逊不禁反问，"为美而活到底会产生怎样的后果?"他自己的回答是，"我们将注定找寻不到生活的真谛——我们将身陷困境，难以自拔。"②

到了晚年的时候，叶芝尽管已经"比之前任何时候都要更贴近现实世界"，③担任了爱尔兰国会议员，主持各种社交仪式，参与各种公共活动，他不再傲岸不群、漠视世情，但却仍然坚持在他的重要作品《幻象》(A Vision)中通过阐释一套包含了诸如"魔鬼"(daimons)、"酊剂"(tinctures)、"圆锥体"(cones)、"回旋体"(gyres)、"外壳"(husks)、"热情体"(passionate bodies)，或"面具"(Mask)、"命运的身体"(Body of Fate)等奇怪而陌生的概念的理论体系来与工业、政治和科学的现实保持着距离：

当叶芝在生命的重要时刻决定远离他的仙境，当他发现自己不满于幻彩的白日梦，当他重新创造自己的风格，使之变得实在、朴拙与准确，一改从前闪烁而过于粉饰的作风时，新的艺术和思想习惯却没有去除让自己远离现实的顾

---

① 埃德蒙·威尔逊:《阿克瑟尔的城堡》，南京:江苏教育出版社，2006年，第27页。

② 同上书，第27页，引处译文根据英文原文译出，与中译本有出入。原译文为"我们会和现实严重脱节，承受绝不轻微的惩罚"。

③ Edmund Wilson. "William Butler Yeats". *The New Republic*，no.60（Sept.25），1929，p.147;埃德蒙·威尔逊:《阿克瑟尔的城堡》，南京:江苏教育出版社，2006年，第46页。

虑,完全沉浸于纯粹想象世界的需要——就算这想象只是占去他部分的精神或部分的时间。①

在以极大的耐心和技巧解释完叶芝同样以极大的耐心和技巧得出的这套理论之后,威尔逊和读者一样都感到不胜其烦。同时,他还认为叶芝之所以热衷于建构这样一个详尽的神秘主义兼形而上的系统,源自诗人对占星术的狂热爱好甚至迷信,因而对这种反启蒙主义倾向颇为反感。

威尔逊关于乔伊斯的论述,可以让我们了解他用来激发普通读者对一本书产生兴趣的方式。在简要地介绍了乔伊斯的创作生涯后,他还概述了《尤利西斯》的内容是如何与《荷马史诗》形成平行对应关系的,对这两部作品的对读是这一节内容中最为精彩的部分,充分体现了他对现代主义作品的高超的阅读能力和阐释功夫。他对如何理解这部作品投入了极大的热忱,而他在这个过程中所体现出的理性和独立判断的品质令人印象深刻。为了全面地理解和评价《尤利西斯》这部无比复杂的小说,他不得不对它进行了缩写,在这一方面他的确拥有相当突出的才能,很多的读者最初就是通过他的故事复述才得以理解了这部小说。

威尔逊肯定了乔伊斯在文学创作上所体现出的大师级的卓越才华,乔伊斯用自己的写作证明了诗歌和散文并不是相互排斥的,而且象征主义与自然主义的结合同样可以取得和谐的艺术效果:

---

① Edmund Wilson. "William Butler Yeats". *The New Republic*, no. 60 (Sept. 25), 1929, p. 147;埃德蒙·威尔逊:《阿克瑟尔的城堡》,南京:江苏教育出版社,2006 年,第 44 页。

乔伊斯把我们直接引向他的人物的意识之中，为此他运用了福楼拜从没想过的方法——象征主义的手法。他在《尤利西斯》里一举开发了象征主义与自然主义两种技巧，从来没有作家这样做过。……乔伊斯紧抓住他的客观世界，不容有失：他的作品坚实地建立在自然主义的基础之上。……《尤利西斯》按照逻辑而构思，对最微小的小节也做得十分准确……但当我们真正走入他们的思想时，就会发现一个复杂与特别的世界，一个时而奇幻、时而迷糊的世界，就像象征主义诗人的一样——一个以相近语言组成的世界。①

威尔逊声称《尤利西斯》正是象征主义与自然主义的融合所铸成的一部伟大作品，并有可能带来一场新的解放想象力和思想的文学革命，从而让艺术与科学统合为一。但他也认为《尤利西斯》存在着繁缛、琐碎的毛病，其中的插叙虽然巧妙、仿文虽然诙谐却与此同时牺牲了作品的故事性，即使如此，这部长篇小说仍然是关于理想和现实的鸿篇巨制。小说中的生活虽然肮脏而乏味，但同时也似乎在努力地超越自身，在摩莉（Molly）的谈话和布卢姆（Bloom）的性格中，读者正如《一个青年艺术家的肖像》（*Portrait of the Artist*）中的斯蒂芬·迪达勒斯（Stephen Dedalus）那样感受到了某种神圣的天启，事物的本质突然显露了出来。

威尔逊对瓦莱里和艾略特的评价就没有他给予叶芝和乔伊斯的评价那么高。他虽然称赞了这两位诗人的诗歌成就，并对他们发表过的文学杂文表达了敬意，但并不喜欢他们试图为了

---

① 埃德蒙·威尔逊：《阿克瑟尔的城堡》，南京：江苏教育出版社，2006年，第147页。

弥补自己晚期贫乏的诗歌灵感而随意、武断地发表各种文学评论。《阿克瑟尔的城堡》中关于瓦莱里的内容既包含了之前对这位诗人的赞赏，也包含了对他在法兰西学院就任院士时摆臭架子的抨击，同时还对这位诗人的作品与数学之间的形而上学的相似关系作了更加详实的论述。威尔逊认为瓦莱里对技术拥有一种现代的理解，这种理解是有益的，尽管"我们可能并不太愿意听他说这些"。①

威尔逊最初关于艾略特的文章和成书后的章节在内容上有不少出入，前者有他对艾略特的作品及其个人的评论，后者则添加了一些保留意见。在他看来，艾略特继承了最先由特里斯坦·科比埃尔（Tristan Corbière）和儒勒·拉弗格（Jules Laforgue）发展出来的象征主义中的"对话式反讽"（conversation-ironic）②风格：

> 科比埃尔与拉弗格的影子几乎时刻都在艾略特早期的诗歌中出现。科比埃尔写得特别机智的那些四行诗，以及当中突然滑入温柔或悲怆的特质，都可以在艾略特的讽刺诗里找到痕迹。③

威尔逊甚至发现艾略特的《普鲁弗洛克先生》（*Mr. Prufrock*）几乎就是在逐句地模仿拉弗格的《传说》（*Lé gende*）一诗的不规则格律，除此之外，两诗在主题和情感方面也非常相似。当然，这不是说艾略特没有原创性或者不及之前那些大师

---

① Edmund Wilson. "Paul Valery". *The New Republic*, no. 60 (Oct. 9), 1929, p. 196.
② 或译为"对话的反讽"，可参见埃德蒙·威尔逊：《阿克瑟尔的城堡》，南京：江苏教育出版社，2006 年，第 73 页。
③ 埃德蒙·威尔逊：《阿克瑟尔的城堡》，南京：江苏教育出版社，2006 年，第 73 页。

的成就,因此,他接着说道:

> 我们不能因为艾略特在某些地方明显地忠于拉弗格就
> 称他为抄袭者,因为他在某些方面是更为出色的艺术家。
> 他比拉弗格成熟,他的技艺几近完美,这也是科比埃尔与拉
> 弗格很偶然才能达到的高度。正如克莱夫·贝尔(Clive
> Bell)所言,艾略特的特色在于"措辞"。拉弗格的意象经
> 常是牵强和不适宜的怪诞的:他在这方面的问题与英国
> 的玄学派诗人十分相似,但艾略特的品位却是绝对值得
> 肯定的——他的意象永远精准而正确。艾略特的诗歌予
> 人的印象是鲜明、活跃和难忘的,即使最早期的作品也不
> 例外。①

艾略特对法国作家福楼拜非常崇拜,后者常常发表的各
种今非昔比的感慨也影响到了前者,在这一点上,来自美国的
艾略特还受到了美国作家霍桑(Hawthorne)、亨利·詹姆斯、
伊迪丝·华顿的影响,因为他和这些作家们一样,常常在作品
中表现出"对未作探知的情境的悔恨,或是对情感压制的怨
愤"。②

具体到《荒原》(The Waste Land)这部作品,威尔逊认为它对
清教徒之间的具体冲突的改写促使后来的诗人们开始纷纷致力
于从事更为宏大的主题性写作。他评论了艾略特用来表现"思
想的变化,感觉和反思之间的相互影响"时采用的技巧,以及诗
中的多层次借用所取得的成功,尽管这种成功有些令他感到不

---

① 埃德蒙·威尔逊:《阿克瑟尔的城堡》,南京:江苏教育出版社,2006 年,第76 页。
② 同上书,第78 页。

解，但他仍然称艾略特在这首诗中所体现出的想象力在本质上具有一种"戏剧特质"，从而使得它在被朗读时特别具有感染力。与此同时，他也指出艾略特所获得的越来越大的影响力正在产生负面效果，因为《荒原》"迷醉和摧毁了整整一个时代"，后起的诗人们会纷纷效尤，其结果是历史和冷僻的意象在诗坛大肆风靡，最终，不过是新的陈腔滥调代替了旧的陈腔滥调，"年轻的诗人们未老先衰了"。①

艾略特曾在 1928 年出版的《献给兰斯洛特·安德鲁斯》（*For Lancelot Andrewes*）的序言中自称为"文学的古典主义者、宗教上的盎格鲁天主教徒、政治上的保皇党"，威尔逊认为诗人的这种口头表述与他本人的真正信念之间其实存在着矛盾，而正是这种矛盾构成了其诗歌的内在张力并影响了后来的英语诗歌的发展：

> 艾略特变得更加的偏见、更加的无趣、更加的残酷也更加的清醒。他有他个人的魅力，但用某种话来说，他是变得愈发严峻、双唇紧咬。他的身上还有些清教徒的影子［同时又自称天主教徒］②，这种紧张，可能在某种程度上使他的诗歌枯萎，无法自由地涌出，在我看来，这同时也有可能是形成它的张力和丰富性的原因之一。这股水流，因为通道狭窄，反而可以深深地流入了这片荒原，品尝起来也格外的甘甜。③

---

① 埃德蒙·威尔逊：《阿克瑟尔的城堡》，南京：江苏教育出版社，2006 年，第 86 页。

② 方括号中的内容为笔者所加。

③ Edmund Wilson. "T. S. Eliot". *The New Republic*, no. 60（Nov. 13），1929，p. 349；埃德蒙·威尔逊：《阿克瑟尔的城堡》，南京：江苏教育出版社，2006 年，第 93 至 94 页。

　　然而,当这篇关于艾略特的文章发表的时候,他却在写给高斯的信中说自己受够了"正在阅读的那些早期和近代的象征主义作品"。在他后来将这篇文章加以修订和扩展之后,他又催促朋友们去阅读它并补充道:

　　　　这些作品除了让我疲惫不堪之外,也让我几乎对所有这类以自我为中心的文学作品感到恶心。我有一种感觉,那就是这类文学该结束了,我期望它在心理和语言上的探索能够被某种不同的趋势或旨趣所替代。①

　　在《阿克瑟尔的城堡》中,威尔逊还讨论了艾略特的《圣灰星期三》(*Ash Wednesday*),并告诫读者注意,"诗歌具有一种不同于散文的人为的特殊性",而"让美学价值独立于其他所有价值的尝试是不可能成功的"。他说《圣灰星期三》的用词虽然经过了仔细推敲,韵律也精湛、巧妙,但仍然严重依赖于老套的文学意象,艾略特自称"成熟的雄鹰"显然并不令人信服,因为他伸展的双翅上承载的过重负担已经让他筋疲力尽了。在这部分内容的最后,威尔逊还是恭维了艾略特一番,只是语气中带着挖苦的弦外之音:

　　　　最重要的是那"展示人类灵魂本质上的弊病或优点"的"特有的诚实",这些词句曾经是艾略特用来形容布莱克的,对他自己而言,即使在他心境最为糟糕且他拯救自己的方法又最难引起同情的时候,仍能永远让他在我们的印象的

---

① Edmund Wilson, *Letters on Literature and Politics*, 1912 – 1972, New York: Farrar, Straus and Giroux, 1977, p.177.

最深刻之处,在我们最感兴趣的字句与音韵之中占有一席之地。①

把艾略特的作品放置在一个公正的立场来加以观察,对于威尔逊而言,似乎并不比对瓦莱里要容易些。

或许是因为他本人刚刚经历过精神崩溃的缘故,威尔逊花费了更大的精力来探讨法国作家普鲁斯特所遭遇过的心理困境以及从这种困境中拯救自己的方式。《普鲁斯特的个性》(*The Personality of Proust*)一文发表于 1930 年的 2 月,威尔逊用了近三十页的篇幅来介绍《追忆似水年华》的重要内容,这是此书中所论及的其他任何作品都无法比拟的,他还详细地描述了这位小说家的忧郁症和虚弱的身体。他发现《追忆似水年华》中的淡漠与沮丧在普鲁斯特的早期作品和私人生活中早已有所表露:

> 我们在这里不无惊讶和不安地发现,我们曾经认为幻灭和体弱多病至少是在灵魂经受了一种由幼稚走向成熟的艰难历程之后才会出现的,并且这个过程还是非常痛苦的,但在现实当中,它们已经以一种充分发展的形式在这个天才的、生活优裕的年轻人才十几岁的时候就表现出来了。②

另一方面,威尔逊又赞扬了普鲁斯特通过艺术来实践自己的意志的做法,他描述了这位小说家在临终前口述作品中另一

---

① Edmund Wilson. *Axel's Castle*:*A study in the Imaginative Literature of 1870 - 1930*. New York:Charles Scribner's Sons, 1969, pp.130 - 131;埃德蒙·威尔逊:《阿克瑟尔的城堡》,南京:江苏教育出版社,2006 年,第 97 页。

② Edmund Wilson. "The Personality of Proust". *The New Republic*, no.61 (Feb.12), 1930, p.317.

位小说家贝戈特（Bergotte）死亡时的情景，并认为这是《追忆似水年华》中最为崇高的部分：

> 普鲁斯特的叙事者在这里重新肯定了责任的真实性，以及最终作家要尽力写好作品的责任。这责任"建基于德性、严谨和牺牲"，仿佛来自另一个世界，而非充满怀疑和自私的人世间——"我们遵循那些法则，因为我们就在自身之内带着它的至理，却不知是谁把它铭刻在那里——那些法则是通过我们智能的每一次深刻的实践，才能加以体现，而只有傻子才对它们视而不见"。①

普鲁斯特在自己身体极度虚弱时仍抱病修订小说，以至造成肺部的脓肿破裂，当死亡迫近的时候，这位伟大的小说家都没有放弃自己的责任。

威尔逊转而开始论述作家写作时的社会背景，他称普鲁斯特可能是"最后一位伟大的描写了十九世纪文化中的知识阶级的'伤心之家'②的历史学家"，③但其结论部分却十分的矛盾："如果他受到了不知不觉加剧的疾病的折磨的话，我们不要对此感到疑惑，也不要抱怨。"④威尔逊还将普鲁斯特没完没了地讲述人类的不幸命运与里奥柏狄（Leopardi）对此主题所做的一些

---

① 埃德蒙·威尔逊：《阿克瑟尔的城堡》，南京：江苏教育出版社，2006年，第133页，此处翻译根据英文原文译出，与中译本有出入。

② 语出自萧伯纳的《伤心之家》，这是一部具有象征性的著名剧作，它模仿了契诃夫风格，副标题"俄国风格英国主题的狂想曲"。剧本描写战时一群消极颓废，空虚无聊的人聚集在老船长肖特非家里，每个人都希望获得什么，但谁也得不到自己所追求的东西，于是伤心绝望，盼望生活早点结束，甚至想从毁灭中寻找出路。

③ 埃德蒙·威尔逊：《阿克瑟尔的城堡》，南京：江苏教育出版社，2006年，第135页。译文此处有修改。

④ 同上书，第321页。

谈话进行了比较:

> 我们最后气馁地发现,里奥柏狄是个病人,即使他有过人的智力,有精准、仔细、冷静的古典气质,他的思想仍是病态的。正如普鲁斯特,我们不得不承认他身心的疾病对他的意念和想象之影响远比我们所知的要大。①

在威尔逊看来,疾病与作家的精神、气质之间存在着巨大的关联,在他后来的著作如《伤与弓》中,"神经官能症"、"疾病"以及诸如"古典气质"这类词语还会被屡屡提及。

威尔逊在《阿克瑟尔的城堡》的最后一章加上了一些之前没有在刊物上连载过的内容,他讨论了美国作家格特鲁德·斯泰因(Gertrude Stein)和语言的逻辑问题。1923 年的时候,威尔逊在《名利场》上曾发表了一篇介绍斯泰因的文章,但并没有对她予以足够的重视。他回顾了她从《三生》(Three Lives,1909 年)发表以来的一些主要作品,在他看来这位女作家最初对人性有着精妙的把握,但到了后来却陷入了"令人昏昏入睡的胡言乱语"当中,尽管有趣,但毫无意义。② 他关于语言的"意义"和"无意义"的讲解使得细心的读者无法轻易地对此问题做出结论。从现代哲学的角度而言,"意义"和"无意义"之间其实并不存在着绝对的界限。当威尔逊在《阿克瑟尔的城堡》的这一章的最后部分中补充说"达达主义"(Dadaism)是"系统化的滑稽和胡言

---

① Edmund Wilson. Axel's Castle: A study in the Imaginative Literature of 1870 – 1930. New York:Charles Scribner's Sons, 1969, p.165;埃德蒙·威尔逊:《阿克瑟尔的城堡》,南京:江苏教育出版社,2006 年,第 120—121 页。

② 埃德蒙·威尔逊:《阿克瑟尔的城堡》,南京:江苏教育出版社,2006 年,第 170 页。

乱语"，并认为这种创作"直接得力于象征主义传统"时，[①]他的这一观点显然弱化了他之前关于现代主义先锋文学的论述力度。

"阿克瑟尔与兰波"（Axel and Rimbaud）是威尔逊已经发表过的连载评论文章中的最后一部分，也是此书的最后一章，在这里，他不再谈论与之前的"主观文学"（subjective literature）有关的问题了。他认为他之前所论及的那些作家在不同程度上都具有不良气质，这些人无法成为讽刺作家或社会主义者，因此就不得不在文学创作中反顾到自我的内心里去。法国的象征主义诗人在拒绝融入一个庸俗社会的态度和立场方面，向来是走在时代的前面，其中的代表人物就是阿克瑟尔和兰波。阿克瑟尔是维里耶（Villiers de l'Isle-Adam）创作的戏剧《阿克瑟尔》中的一位逃避现实的贵族，年轻时期的叶芝据说曾经"像对待一部神圣的书那样缓慢而又努力地"阅读过这部作品。戏中的主人公放弃了他的城堡中秘密收藏的金银财宝，甚至还说服了一位纯洁的少女与他一起彻底抛弃俗世的生活，他说："生活？不，我们的仆人将会为我们做好与之有关的所有事务……"，[②]然后他们一起饮鸩自杀。除了这样一种直接而决绝地逃离生活的方式之外，另外一种生活的选择是由兰波作出的。兰波在早期曾写下过不少谜一般的象征主义诗篇，到后来转而反对象征主义并且开始了一种积极行动的生活，他离开了法国去非洲冒险，走私鸦片、贩卖军火，甚至还发现过原始的地域和部落，他从事过多种职业，沉醉于多变的人生，执着地尝试着各种生活的可能性，却不愿在任何地方有过多的停留。

① Edmund Wilson. *Axel's Castle*: *A study in the Imaginative Literature of* 1870－1930. New York: Charles Scribner's Sons, 1969, pp. 253－254.

② Ibid., p. 70.

通过生动地讲述阿克瑟尔的故事和兰波的人生经历,威尔逊为象征主义这种曾经占据过他的心灵的文学设置了某种人文背景;他解释了这些人物在精神上的错乱和异化,但同时又表达了不同意见。幼稚的阿克瑟尔以死亡来逃避现实,其理由并不令人感到信服,但他可被视为现代主义先锋文学逃避现实的一个典型标志。在威尔逊看来,"象征主义"已经从某种文学技巧,如写作中的暗示的运用,转变为了一种人生观,即一种关于作者与现实的关系的观念。"象征主义"对于他而言,意味着对现实的厌恶、对自我意识的强调、把艺术当作宗教加以膜拜……他在《阿克瑟尔》中找到了象征这种状况的恰当比喻——城堡,它本是厌世者为逃离现实生活而营造的避难所。《阿克瑟尔的城堡》一书的标题以及文中关于艺术脱离社会的观点显然都是受到了此诗剧的启发;但是,真正让他感到烦恼的是在自己的时代中,仍然还有很多人在顽固地坚持着这种美学思想。[1]

战争带来的幻灭感最终促使象征主义的继承者们如叶芝、瓦莱里、乔伊斯和普鲁斯特等人,对萧伯纳和法朗士所提倡的改革主义传统产生了怀疑和排斥。他们对公益事务不再感兴趣,决心只为文学而活,并为此制造了大量新的艺术和文学话语。因此,在一战结束之后,他们就像"英雄和领导者"一样脱颖而出并逐渐为大众所熟知。[2] 借助阿克瑟尔与兰波的故事,威尔逊在全书的最后对象征主义给出了自己的评价:

---

[1] James W. Tuttleton. "The Vexations of Modernism Edmund Wilson'S Axel'S Castle". *American Scholar* 57, no. 2, 1988, p. 267.

[2] Edmund Wilson. "Axel and Rimbaud". *The New Republic*, no. 62 (Feb. 26), 1930, p. 35.

　　虽然他们似乎过分强调个人的重要性，也经常沉迷于
内省以至于接近疯狂的程度，尽力妨碍读者采取政治甚或
任何其他形式的行动——但他们却成功地进行了一场文学
革命，就像同时代的科学与哲学上的革命：他们打破了旧有
的机械化规条，拆解陈旧的唯物主义，令想象更有弹性与
自由。①

　　威尔逊在文学领域中驰骋自如，读者们也都乐于去看他如
何评论一部作品并精彩地呈现他的整个阅读世界。但他当然也
会有选择性，他在《阿克瑟尔的城堡》中忽略了吴尔夫（Woolf）、
庞德（Pound）、福特（Ford）、劳伦斯（Lawrence）以及其他很多作
家。他把精力集中于一处，就像使用攻城锤那样，直接撞向最令
人生畏的那段城墙，也就是他那个时代中最为神秘、玄奥的文学
作品。他提出了各种杰出的假设，即使是后来的评论家们提出
了各种与之针锋相对的主张，也不会折损他在这里所取得的重
要成就。他把握住了二十世纪二十年代的现代主义者们错综复
杂的主观世界。②
　　在最初潜心研究现代主义文学潮流中的象征主义文学时，
威尔逊主要是想要将这一潮流中的一些重要作家和作品介绍到
美国来，因此其主要观点相对来说比较保守，并认同象征主义文
学的基本观点，但当他准备把之前发表的文章加以修订并结集
出版的时候，萨科—万泽蒂案的审判以及经济危机的突然爆发，
使得他的知识兴趣和对社会的认知开始发生不少变化。他认识
到新的历史语境的变化，使得文学应该更加积极地回应社会的

---

① 埃德蒙·威尔逊:《阿克瑟尔的城堡》，南京:江苏教育出版社，2006 年，第 119 至 120
　　页。
② Sven Birkerts. "Modernism and Mastery". *American Scholar* 73，no.4.2004，p.163.

需要。可是,近一个世纪以来,现代主义作家和艺术家们则处处以"为艺术而艺术"的观念为借口,断开了他们自己和他们的作品与政治、社会以及外在世界的联系,这让他感到非常不满。

三 威尔逊与现代主义

在文学史上,"现代主义"(modernism)这个词语简直成了一个巨大的"黑洞",可以把很多完全不同的文学、文化潮流或运动,比如印象主义、唯美主义、波希米亚主义、象征主义、未来主义、超现实主义、达达主义、旋涡主义、未来主义以及先锋派等都统统收归其中。[①] 我们不得不承认这样一种非常复杂的状况,我们也只有把这一运动放置在具体的历史语境当中加以重新审视,才能为"现代主义"与威尔逊的关系寻找到一种较为接近实际的理解。

对于今天的研究者来说,现代主义潮流中激进的美学革命与保守的文化、政治观念之间的复杂关系常常是让人感到吊诡的地方。威尔逊对于我们要讨论的这个问题来说,是一个再合适不过的出发点了。《阿克瑟尔的城堡》是第一部旨在让读者对现代主义作家的目标、意图和方法产生兴趣的专著。威尔逊所研究的叶芝、瓦莱里、艾略特、普鲁斯特、乔伊斯和格特鲁德·斯泰因这些作家的作品,在事实上构成了现代主义文学中最为重要的一部分。为读者提供对这些现代主义作品的深刻理解,是威尔逊解读它们的主要目标和意图,而他在事实上差不多通过这部专著教导了整整一代美国人该如何去阅读上述作家的作

---

① Frederick R. Karl. *Modern and Modernism: The Sovereignty of the Artist* 1885 – 1925. New York: Atheneum, 1985, p.4.

品。① 然而,他在此书中对现代主义的态度并不明朗甚至自相矛盾,因而在读者当中造成了相当大的混乱。有人认为他是现代主义运动的一位不合格的支持者,但这种观点与那种把他视为现代主义的坚定拥护者的观点一样都不够到位,而参照他在此书出版前后写作的日记、笔记或发表的作品的相关内容,我们或许可以对上述两种观点都加以重新修正。

　　要分析威尔逊与现代主义的关系,首先我们就得了解他在《阿克瑟尔的城堡》成书之前的一些重要的个人经历。他曾经在希尔学校接受过古典教育,在普林斯顿大学主攻法国的现代文学,在大学期间甚至大学毕业之后都与教授法国文学的老师高斯保持着良好的个人关系;二十年代在《名利场》和《新共和》这两份重要的刊物担任过编辑,这使得他能够与现代主义文学潮流中的一些参与者进行直接的接触、交流;这十年当中美国国内政治形势的变化,特别是萨科和万泽蒂的审判以及美国股市的大崩溃,都曾深深地影响了他的政治观点。所有这些个人的经历,尤其是他日益增长的政治激进主义立场在他写作《阿克瑟尔的城堡》的过程中具有决定性的作用,这些个人经历同样在他后来转而反对现代主义的过程中产生了重要影响。

　　1922 年,威尔逊 27 岁,已经是《名利场》的主编,这年的 8 月 1 号他给普林斯顿的同学,诗人毕肖普(John Peale Bishop)写了这样一封信:

　　　　我发现了打开解读现代主义运动之门的钥匙,我不会

---

① James W. Tuttleton. "The Vexations of Modernism Edmund Wilson'S Axel'S Castle". *American Scholar* 57, no.2, 1988, p.264.

在这里向您揭开这个谜底,因为我正处于撰写一篇关于这场运动的文章的节骨眼上,它将是一篇绝妙的文章。①

这位宣称发现了"解读现代主义运动之门的钥匙"的年轻人为何会如此自信?其根本原因在于他认为,要想真正理解叶芝、瓦莱里、乔伊斯、艾略特、普鲁斯特以及斯泰因,就必须认定这些人的文学事业的根基是那场在上一辈法国艺术家当中已经发生过的象征主义革命。早期象征主义诗人马拉美、兰波、瓦莱里和维里耶是十九世纪早期浪漫主义的第二波浪潮,并且在实际上还是浪漫主义的一种退化,甚至堕落。而现代主义又只是浪漫主义在当代的另一次回摆。

威尔逊对古典文学以及古典的理性、秩序、平衡以及清晰等价值的热爱,使得他认为法国的颓废派艺术家、象征主义者、超现实主义者以及达达主义者身上那种标志性的非理性思想会对理性产生伤害。象征主义和现代主义文学都刻意隐藏意义,用故弄玄虚来遮掩自己,甚至有意地要形成一种隐晦的风格,从而妨害了读者对文学的理解。在根本的意义上说,这是因为象征主义这样一种文学革命是一种极端个人化的艺术潮流,它的标签性的创作技巧,比如"通感"(synesthesia)——把不同感官的感觉沟通起来,借联想引起感觉转移,以感觉写感觉——其实破坏了文学艺术的正式规则:

> 不同感官的感觉之间的混合造成了虚构与真实之间的混淆,一方面是我们的感觉与想象之间的混淆,另一方面是

---

① Edmund Wilson, *Letters on Literature and Politics*, 1912 - 1972, New York: Farrar, Straus and Giroux, 1977, pp.91 - 92.

我们实际的行动与观念之间的混淆。①

威尔逊认为只有诉诸现代科学思想中的革命性概念,如怀特海的新思想才能剖析文学领域中出现的这种趋势,因为这位科学思想家曾经表示现代科学的发展在事实上颠覆了传统观念中的二元对立关系:

> 外界的湖光山色与个人的感情之间,根本不存在二元对立的关系:人类的感情与无生命的外物始终是互相关联并且一同发展的;传统的因果关系、概念与实物,以至肉体与灵魂等诸种对立都不能解释这种关系。②

为了更好地表述这种关于人与自然的新颖观点,象征主义诗人们就像以前的浪漫主义诗人华兹华斯那样,必须去寻找、发明一种特殊语言,即一种唯一能够表达艺术家的个性与感受的语言。"这样一种语言,"威尔逊写道,"必须使用象征,因为这种独特的、转瞬即逝而又朦胧的感受是无法直接用语言来加以说明或描述的,只能通过一连串的言词和意象来向读者进行暗示。"③

因此,可以说象征主义的最重要特点是暗示事物,而不是用明白通晓的方式把它们说出来,诗中的各种暗喻的混合表现了观念之间的错综复杂的关系,并传达出一种独特的个人感受。象征主义者们向人类的理解提出了一个更深层的问题,他们不

---

① Edmund Wilson, *Letters on Literature and Politics*, 1912 - 1972, New York: Farrar, Straus and Giroux, 1977, p.10.
② 埃德蒙·威尔逊:《阿克瑟尔的城堡》,南京:江苏教育出版社,2006 年,第 6 页。
③ 同上书,第 15 页。

去表现中产阶级的,实际上也是缺乏想象力的客观世界中的人和事,他们的诗歌只反映诗人特定的主观精神状态,但写诗因此成了一件非常私人的事情,这就使得诗人逐渐自我封闭,始终无法与读者建立起有效的沟通。

在理解了象征主义这场发生在法国的文学实验的本质以及它所可能基于的科学观念之后,威尔逊开始把注意力转向了与自己同时代的现代主义者们——叶芝、瓦莱里、艾略特、普鲁斯特、乔伊斯以及斯泰因等人,其目的是要说明象征主义如何影响了这些构成了现代主义运动主流的重要作家。他首先详细地解释了叶芝对幻想中的精灵、城堡的兴趣,佩特(Pater)的《文艺复兴史研究》(*Renaissance*)的美学影响,以及叶芝在诸如自动写作、通神术、千里眼、占星术和巫术上的各种尝试。除了是一位抒情诗的大师之外,威尔逊对这位诗人的其他身份都很不耐烦,并对《幻象》(*A Vision*)中使用的那套由"精灵"、"酊剂"、"圆锥体"、"回旋体"、"外壳"以及"热情体"等陌生概念构成的神秘的隐喻系统进行了抨击。他说叶芝不但"拒绝现代科学的方法",而且"沉迷于一种古怪的方式,完全不理会他那个时代中已经得到普遍认可的启蒙思想"。①

接着,威尔逊拿叶芝的《幻象》与萧伯纳的《知识女性的社会主义与资本主义指南》(*The Intelligent Woman's Guide to Socialism and Capitalism*)进行了比照,他认为萧伯纳的作品像叶芝一样爱用比喻作修辞,但读起来不但富于文采,而且毫不晦涩难懂,因此,他指出所有好的写作其实都可以使用暗示,而并不仅仅只有象征主义或现代主义的作品才能如此。叶芝是一位诗人,他想要"远离普通的生活,只想呆在想象当中"。威

---

① 埃德蒙·威尔逊:《阿克瑟尔的城堡》,南京:江苏教育出版社,2006年,第37、38页。

尔逊不得不告诫我们,如果仅仅只为美或想象而生活的话,
"我们将注定找寻不到生活的真谛——我们将身陷困境,难
以自拔。"①可是,困境究竟是什么,他在这里并没有具体指
出来。

瓦莱里曾经表示"散文(prose)只能处理'观念'而不能使
用暗示,诗歌则不能用来传达'观念',也就是'任何明确的概
念'",②他把诗歌等同于数字,认为这二者都无法应用于现实,
威尔逊认为这种观点非常荒谬。他说,在文风上,瓦莱里"凝
结、抽象",法朗士"明白、晓畅",正因为如此,当前者固步自封
的时候,后者却与读者建立起了真正的智慧与观念上的沟通。
就像对待瓦莱里一样,威尔逊同样积极地反对艾略特关于文
学的一些看法,他说这位诗人想要"强加给我们一种诗歌观
念,即诗歌是一种纯粹的、稀有的美学精华,与实际的人生没
有什么关系,只有散文的技巧才适用于这一点,但为何如此,
却没有给出什么解释"。这两位诗人都试图使美学价值独立
于其他所有价值,但这是不可能的,威尔逊不禁质疑:"诗人难
道就不可能成为一个有创见的思想者吗? 诗人在成为一个十
分成功的艺术家的同时,为何又不能说服人们接受他的观
点呢?"③

普鲁斯特在《追忆似水年华》中以一种迂回曲折的叙述方
式向精神世界掘进,而威尔逊所掘进的是一个与现实或"现实
性"直接对立的世界。威尔逊称此书是象征主义小说中的第
一个现代典范,因为作者在这部小说中引入了柏格森式的时
间观念,换句话说是一种主观化的时间。记忆是小说中是最

---

① 埃德蒙·威尔逊:《阿克瑟尔的城堡》,南京:江苏教育出版社,2006 年,第 27 页。
② 同上书,第 62 页。
③ 同上书,第 89 页。

为重要的内容,线性的时间在记忆中失去了作用,像流水一样的时间突破各种界限,随着作者思维的跳跃四处流溢。记忆的这种特性贯穿了整部小说,从而把写作转变为一种脱离了机械性时间的内在体验。威尔逊认为普鲁斯特的这种写作偏好悖逆于常识,其原因只有从作家的身体和心理上的疾病才能获得解释。

接下来,威尔逊批评乔伊斯在《尤利西斯》(*Ulysses*)中借鉴和采用的那种与神话模式相对应的写作技法破坏了故事情节的完整性,他说自己经常不得不跳出正在阅读的内容,"为的是去弄明白究竟发生了什么"。他还指责斯泰因在语言格律上的实验"毫无节制、拖沓、冗长,最后几乎成为了某种催眠术",她在二十年代写的那些作品,即使对于较有耐性的读者而言都是绝对难以理解的。另外,这位美国女作家把文字作为一种纯粹暗示性的工具,在这一点上较诸任何一位象征主义者有过之而无不及——她做得那么彻底,以至于她甚至不再需要暗示了。[1]

因此,威尔逊悲观地认为象征主义与现代主义的这种缺陷最终将表现为对沟通、明晰、可理解性、积极参与人类事务的全盘拒绝,而这正是他的同代人,如达达主义的代表人物特里斯坦·查拉(Tristan Tzara)所热衷的。威尔逊在担任《名利场》的主编时,曾将查拉的"达达主义回忆录"一文加以重印,并且在后来还将这份古怪的文档放在《阿克瑟尔的城堡》的附录当中,尽管他自始至终都没有对此发表任何评论,但可以想象在他的心目中这份"回忆录"显然成了堕落的浪漫主义的最好明证。

事实上,对于好古如威尔逊这样的人来说,以象征主义诗人

---

[1] 埃德蒙·威尔逊:《阿克瑟尔的城堡》,南京:江苏教育出版社,2006年,第173页。

和现代主义作家所代表的这种不可交流的艺术，与明晰、严谨、秩序的古典精神是相对立的。在威尔逊开始对现代主义运动开展研究的时候，他也曾经在 1922 年 9 月 5 日写给毕肖普的信中承认，他对现代主义作品开始感到厌倦了，并希望能从这类自我沉溺的主观性艺术中缓口气：

> 我现在最大的野心就是去乡村买一栋小房，这样我就可以去那里休息休息，然后通过重新阅读古典文学作品来恢复力量，而且也可以不受任何干扰地想想自己的东西。①

尽管内心有不满，但威尔逊还是会尽量保持着一种公正持平的批评态度。通读《阿克瑟尔的城堡》全书，我们不但能够感受到他在学问上的广博以及评判他人时的盛气凌人，我们还能了解到他是如何把一种精神上的运动加以综合并赋予其意义，然后再清楚地表述出来。即使是这部他的早期著作也展现出了一种难得的稳健，这是他的显著特征，他从来不强行用一些尖锐、狭隘的见解来支持自己的观点。② 比如在批评了叶芝虚构的精灵以及在自动写作上的错误尝试之后，他也找到了不少理由来称赞这位诗人。叶芝后来竟然进入了爱尔兰的参议院并把大部分精力都奉献给了国家事务，于是，威尔逊的态度随之就出现了很大的变化：

> ［叶芝］花费了更多的时间在政治和社会事务上，对日常人生多所反省，但他终其一生的智慧与经验，使他的热情

---

① Edmund Wilson, *Letters on Literature and Politics*，*1912 - 1972*，New York：Farrar, Straus and Giroux, 1977, p.95.

② Sven Birkerts. "Modernism and Mastery." *American Scholar* 73，no.4.2004，p.163.

经年不减。现在他的诗歌既有伟大抒情诗人的感情,又能够深刻而微妙地对人生加以批判。这一点我在讨论他的散文时曾经提及过。①

威尔逊在批评艾略特的同时也承认《荒原》是杰出的,因为这位诗人拥有一种"完整的文学品格",②并发展出了新的写作技巧,以简明、快捷、准确的方式表现思想的变化以及感知与反思之间的相互影响,从而为英语诗歌写下了"任何其他英语诗人都无法与之比拟的一页"。③

在之前,普鲁斯特曾被威尔逊当作是精神分析的对象并有所批评,但他也引用了《追忆似水年华》中的一段文字来称赞这位小说家,据说普鲁斯特在临终前曾经反复修订过这一段文字:

> 我们遵循那些法则,因为我们就在自身之内带着它的至理,却不知是谁把它铭刻在那里——那些法则是通过我们智能的每一次深刻的实践,才能加以体现,而只有傻子才对它们视而不见。④

在威尔逊看来,普鲁斯特通过故事的叙事者重新肯定了一种责任,那就是作家最终要尽力写好作品的责任。而且,这责任须"建基于德性、严谨和牺牲,仿佛来自另一个世界,而非充满怀

---

① 埃德蒙·威尔逊:《阿克瑟尔的城堡》,南京:江苏教育出版社,2006 年,第 46 页。
② 同上书,第 84 页。
③ 同上书,第 82、84 页。
④ 同上书,第 82、133 页。

疑和自私的人世间……"①事实上,普鲁斯特还被后来的学者认
为是"我们这个时代的最伟大的社会小说家",②威尔逊也是认
同这一点的。

　　诚然,他承认这些现代主义者的伟大之处,但是,这种不偏
不倚不可能维持太久,因为当《阿克瑟尔的城堡》的写作延续到
1931年的时候,他的政治立场开始逐渐左右他的文学判断。
他认可现代主义者身上所拥有的力量,但真正让他感到亲近
的还是更早期的知识分子,如勒南、泰纳、法朗士、本涅特、萧
伯纳以及威尔士等人,此时的他更加青睐一种关注同时代的
社会问题的文学,如进步主义文学。他在给珀金斯的信中这
样说道:

　　　　这两代人——萧伯纳和法朗士是一代,而叶芝和瓦莱
　　里是一代——之间存在着差异,正如我已经说过的,更早的
　　那群作家曾深深地受到过唯物主义和科学机械思想的影
　　响,而且,在一定程度上成为了这种思想的一部分,他们以
　　一种他们的继任者不屑的方式致力于参与各种公共事务。
　　而现代的这一代人自战争之后开始追求甚至习惯于内省:
　　他们研究他们自己,而不是其他人,在他们看来,最重要的
　　事情应该是孤独的苦思冥想,而不是千方百计地去解决现
　　实生活中的问题。
　　　　……
　　　　他们每个人都强调苦思冥想,重视个体的灵魂……就
　　整个世界而言,这导致了一种退避主义,事实上,相对于叶

① 埃德蒙·威尔逊:《阿克瑟尔的城堡》,南京:江苏教育出版社,2006年,第82、133页。
② Frederick R. Karl. *Modern and Modernism*: *The Sovereignty of the Artist 1885 - 1925.*
　　New York: Atheneum, 1985, p.297.

芝经常会说的意志上的沮丧或灰心而言也是如此（我的意思是说他实际上主张打消任何意志，为的是去培养一种孤独的沉思）。这些作家们笔下的主人公们从来不会按照他人的想法去行动，也不想对他人施加什么影响，他们的思想从来不会转变为行动。[①]

显然，威尔逊认为作家应该具有积极的社会参与意识、能够反思资本主义社会的现实状况，并致力于甚至参与到公共的行动和政治当中去，而不是把文学写作当作一种主动放弃责任、毫不作为的借口。现代主义者的时代应该结束了，而且应该有一种直接参与美国的社会与政治现实的文学来取代它。高斯在1929 年向威尔逊暗示他应该书写一部类似于法国作家缪塞的《一个世纪儿的忏悔》的书，他回复道：

> 我恐怕永远都不会写一本像《一个世纪儿的忏悔》那样的书。我真的很讨厌那类玩意，而且我期望自己变得越来越客观，而不是越来越个人。顺便说一下，象征主义的作品，无论是早期还是后期的，我最近都已经好好地读过了，它们除了让我疲惫不堪之外，也让我几乎对所有这类以自我为中心的文学作品感到恶心。我有一种感觉，那就是这类文学该结束了，我期望它在心理和语言上的探索能够被某种不同的趋势或旨趣所替代。[②]

这种不同的趋势当然是指一种具有政治参与性的文学，威

---

① Frederick R. Karl. *Modern and Modernism*: *The Sovereignty of the Artist 1885 - 1925*. New York: Atheneum, 1985, pp.150 - 151.

② Ibid., p.177.

尔逊甚至希望将文学转化为一种政治力量,以适应正处于急剧变化中的社会的需要。因此,美国的本土文学不应该对现代主义作家们不加选择地崇拜、模仿:

> 　　我相信任何倾向于麻痹意志、阻止文学成为行动的运动都存在着一个非常严重的缺点;而且我认为现在是时候来反对这种运动了。当代欧洲文学中的幻灭与退却主要是战争所带来的精神枯竭的后果;我们在美国,虽然没有遭受过欧洲人曾经经历过的痛苦……但我们的文学标准和技巧却深受欧洲的影响……大量的文学观点和技巧涌了进来,在我看来它们与美国生活的现实其实一点关系也没有,而且大体上对我们而言是不相宜的。①

　　现代主义者对内心生活的关注使得威尔逊对这种文学感到厌烦,他转而对那些具有社会性的小说产生了极大的兴趣,他相信这样的小说才可以更加直接地反映外在的社会状况。他想要结束现代主义文学对意志的麻痹,而且希望这种结束能从美国开始,"在一代人或两代之后,我们可能会在知识上领导这个世界。我感觉欧洲很快就要被我们所领导,可我们却仍然处处毕恭毕敬地接受他们的指点"。② 他认为欧洲的现代心智已经不再能够对美国的艺术和社会发展提供什么有价值的指导了,但他也没有明确地表示要否定那些现代主义大师们的成就。

　　在另一方面,威尔逊对现代主义的这种模糊态度反而使得

---

① Edmund Wilson, *Letters on Literature and Politics*, 1912 – 1972, New York: Farrar, Straus and Giroux, 1977, p.151.

② Ibid.

我们现在有可能对他的局限性有了更加深刻的了解。他在成长环境和教育中所形成的无神主义、对科学的信仰、对宗教的敌视，以及把内心生活简化为一种心理学或精神病理学问题的做法，使得他无法完全理解一些现代主义者，如叶芝和艾略特对宗教的灵性要求，这种要求与他现世的理性主义显然是不一致的，同时，他所采用的历史批评方法也不能充分地解释现代主义者们对灵性经验的表达。

此外，威尔逊之所以对现代主义有如此批评，是因为他认为这样的文学与客观现实没有什么关系。但是，他的这种观点显然忽视了这类文学同样有可能产生政治性的后果，同时也贬低了读者的领悟力以及判断力。安托瓦纳·贡巴尼翁从法国左倾革命的语境出发，认为现代主义的保守姿态其实是对激进革命的一种平衡：

> 文学即便不是右的，至少是抵抗左的，正如蒂博代所看到的，美学上的右平衡着 19 和 20 世纪法国的左，尤其是第三共和国、人文科学、教授们的政治和议会生活的左。①

显然，威尔逊对待文学功能的顽固看法，使得他对现代主义的处理并没有做到不偏不倚。他的想法其实是与古典的文学观点相一致的，即文学应该是愉悦的且具有教导意义，尤其要做到寓教于乐。他的这一古典立场实际上是在挑战十九世纪所发生的美学革命，即作为一种对维多利亚时期功利主义的一种必要的矫正，新的美学思想主张一种绝对自主的艺术创作，这一立场

---

① 安托瓦纳·贡巴尼翁：《反现代派：从约瑟夫·德·迈斯特到罗兰·巴特》，北京：生活·读书·新知三联书店，2009 年，第 6 页。

在一定程度上成为了二十世纪的"新批评"的理论基础,也使得现代主义运动获得了合法性。①

威尔逊在批评现代主义时表现出的前后矛盾的复杂态度,在某种程度上也正好反映了现代主义本身所具有的双重性,即美学的激进与政治的保守,这是现代主义的自反现代性的体现。"真正的现代主义是反现代的",②三十年代的威尔逊似乎还没有完全意识到这一点。

叶芝、艾略特、普鲁斯特这些现代派的诗人和作家的写作可以被理解为一种对第一次世界大战的反动,这场大战确实造成了一种对现代世界的普遍厌恶。因此,现代主义者的表现在事实上具有了一定的政治性含义,但是,在威尔逊看来,这不是他们可以脱离现实并成为不切实际的人的合理理由,他曾经在写给泰特的信中谈及自己对一战前后文学的看法:

> 在《阿克瑟尔的城堡》中……我回顾了萧伯纳、威尔士、本涅特、法朗士、福楼拜、陀思妥耶夫斯基、易卜生、勒南等人。你称呼其中一些人是传道者,假使你所说的传道是指散布由政府或党派等诸如此类的机构或团体推出的思想或主张的话,那我不知道在你读过他们的作品之后是否还会继续这样看,但我敢打赌你之前并没有读过他们的书;另一方面,如果你所说的传道仅仅只是试图去说服人们去接受某人的观点或某种独特的看待事物的方法的话,那么,每一

---

① James W. Tuttleton. "The Vexations of Modernism Edmund Wilson'S Axel'S Castle". *American Scholar* 57, no. 2, 1988, p. 270.
② 安托瓦纳·贡巴尼翁:《反现代派:从约瑟夫·德·迈斯特到罗兰·巴特》,北京:生活·读书·新知三联书店,2009年,第8页。

个作家都是一位传道者。①

他在这里把文学简化为一种说服的修辞术,即仅仅从功能上把它定义为一种工具或技巧,就像科学那样是用来解释经验并为我们提供慰藉和解除疑虑,并教诲我们该如何生存,从而促进社会的进步。这种观点是以艺术的最典型的功能——"文以载道"——为基础的,此时的威尔逊主张文学是一种有说服力的传道,而且文学就像其他行当一样是一种"有用的手艺",这些观点其实都显示出一种将文学庸俗化的倾向,从而使我们想起了萧伯纳、威尔士、法朗士以及其他具有社会主义倾向的反象征主义者,很明显,他与这些人是同气相求的。②

诚然,艺术具有某种政治或道德的教化作用,但这种作用只有艺术作品在感觉、情绪、情感中产生了直接效果,并被人脑所具有的反思性思维带入思想当中之后才会显现出来。威尔逊作为一个现代主义的批评家所犯的主要错误是没有充分、准确地描述那些发生在情感层面的不可言喻的、神秘的或超验性的感受。就像阿波罗式的理性所具有的价值一样,在艺术中同样蕴含着一种狄奥尼修斯式的能量,这是一种惊人的能够激发人的创造力的能量,正是它赋予了艺术以生命并不可分割地与艺术的形式缠绕在一起。这是一种难以言喻的神秘力量,它能够逃脱任何理性的解释,它是超越经验的。我们在舞蹈、音乐、抽象的表现主义绘画中都可以非常清楚地体会到这一点,在这些艺术形式当中,即在一种直接的、无中介的前理性的体验中可以找

---

① 安托瓦纳·贡巴尼翁:《反现代派:从约瑟夫·德·迈斯特到罗兰·巴特》,北京:生活·读书·新知三联书店,2009 年,第 8 页。

② James W. Tuttleton. "The Vexations of Modernism Edmund Wilson'S Axel'S Castle". *American Scholar* 57, no.2, 1988, p.271.

到这种原始的能量。这是艺术的一种特性,它超出了认识和理性分析的范畴。在事实上,任何试图解释艺术的努力本身是一种把非理性变换为理性的行为,到最后都只能不了了之。威尔逊对这个问题其实也表现出了敏锐的洞察力——他在评论瓦莱里时说:"如果想要把他诗中的意义完全弄清楚,就肯定会导致过犹不及。"①然而,总的来说,他并不愿意完全承认这一点,或者他认为承认这一点对读者理解艺术没有多少帮助。

　　到了最后,威尔逊试图诉诸心理分析和左派的政治观来驯服现代主义者。叶芝对幻想经验的向往、普鲁斯特关于意识无限性的理解、乔伊斯认为现在处于神话回归的周期当中、艾略特的神圣显灵所揭示的永恒瞬间——所有这些都在威尔逊的简单化的历史分析面前变得没有多大价值,统统成了心理学和政治学的问题。显然,他在把握自己所处时代的文学潮流、运动和类型等方面不是一位最完美的读者,但至少在分析那些令他的大多数同代人迷惑不解的作品时,是一位头脑清醒的分析者。而且,他总是能够让读者读到他的批评时感到赏心悦目,并对那些伟大而保守的现代主义大师们的重要性做出到位的评价。他有这样一种能力,而且也从不害怕发表自己独到的意见。

---

① 埃德蒙·威尔逊:《阿克瑟尔的城堡》,南京:江苏教育出版社,2006 年,第59 页。

第二章 行动的批评家

一 从自由到激进

从三十至四十年代,威尔逊开始步入中年。因为经济危机的缘故以及苏联的暂时成功,整个世界又重新开始对马克思主义向往之至。素来以理性的共和精神著称的美国知识分子,也禁不住这种思想上的诱惑,开始越来越多地倾向于对共产主义的认同。回顾历史,在十九世纪的美国,像废奴运动那样把斯托夫人这样的作家带入政治斗争中心的事件并不少见。但是直至二十世纪初,激进的思想才真正开始在这个国家出现,之前那些仅仅只针对具体议题的政治批评,已经逐渐让位于一股对整个社会体系进行彻底批判的浪潮。在二十世纪的最初三十年间,从杰克・伦敦(Jack London)的《铁蹄》(*The Iron Heel*)、厄普顿・辛克莱(Upton Sinclair)的《屠场》(*The Jungle*)到约翰・李特(John Reed)①的《震惊世界的十天》(*Ten Days that Shook the World*),从左派刊物《群众》(*The Mass*)的出版,再到"约翰・李

---

① 约翰・李特(John Silas Reed, 1887—1920),美国记者、诗人以及共产主义活动家,二十年代初期,因为向往共产主义,于是千方百计跑到十月革命之后的苏俄体验生活,追求理想的政治国。他为世人留下了关于苏联布尔什维克革命的第一手记录,即《震惊世界的十天》(*Ten Days that Shook the World*)。

特俱乐部"(John Reed Club)①的建立,尽管政治形势在不断发生改变,作家们的政治动机和诉求也有显著的不同,但美国文坛中的左派对资本主义人道危机的反思,以及通过发动一场意义深远的革命来建立一个新型社会的渴望,却从来都没有如此强烈过。

美国在第一次世界大战之后进入经济高速发展期,二十年代更被称为是"镀金年代",被后人誉为"他所在的时代中最为杰出的美国文人"的威尔逊②也正是在此时开始崭露头角。威尔逊在《阿克瑟尔的城堡》中宣称文学史上的一个时代正在结束,"尽管我们会继续称赞他们(普鲁斯特、瓦莱里、乔伊斯、艾略特和斯特恩)是文学大师,但他们已经不能再胜任为我们未来的引导者了"。③ 然而,当这个时代真的即将结束的时候,威尔逊的个人生活和这个国家几乎同时陷入了震荡不安之中。1929 年,美国遭遇到前所未有的经济危机,威尔逊则忙于与妻子玛丽(Mary)办理离婚手续,并决定立即迎娶玛格丽特·坎比(Margaret Canby)。同时他还把这一决定告诉了自己的情妇——安娜(Anna),一位普遍的劳动妇女。安娜与他的惜别之语被记录在了他写于二十年代的日记当中,"好吧,"她伤感地说道,"我得去寻找另外一位爱人了!"安娜忠告他不要再欺骗自己的新婚妻子,"再见吧,对玛格丽特好点"。安娜的脾气其实非常暴躁,甚至乖戾,威尔逊在分手不久之后发现她还把淋病传染给了他,"自从我与她分手并发现自己感染了淋病之后,她曾经给

---

① 约翰·李特俱乐部(The John Reed Club, JRC)是在 1929 年 10 月由美国左派刊物《新群众》(*The New Masses*)的成员组建的,目的是支持左派分子以及信仰马克思主义的艺术家和作家。

② Sherman Paul, *A Study of Literary Vocation in Our Time*, Urbana: University of Illinois Press, 1965, p.1.

③ Edmund Wilson, *Axel's Castle: A Study in the Imaginative Literature of* 1870 *to* 1930, New York: Charles Scribner's Sons, 1931, p.292.

我留下的美好印象都开始暗淡了,越来越淡,最后消失在了冬天灰色的人行道上,与污秽混在了一起。"①

　　二十世纪最初的几十年间,美国工人阶级的生存状况非常糟糕,钢铁工人和煤矿工人曾经在 1901 年和 1902 年发动过几次大规模的罢工。但在当时的美国知识分子看来,工人阶级并不好接近,他们几乎消隐在都市生活的背后,即使好不容易接近了他们,也反而可能会令人感到害怕或后悔。1932年在肯塔基州的派恩维尔(Pineville),威尔逊曾经加入过一个文化界的代表团,以试图通过自己的努力来让公众注意到当地正在参加罢工的矿工们的生存境况。② 但事后,他却在日记中写道,抗议集会中发生的那些事情"令人感到沮丧,甚至厌恶"。他觉得自己"并不了解这些人,而且很不喜欢他们"。③ 自小就在封闭的私立学校接受教育,然后又去普林斯顿获得大学学位的威尔逊几乎从来就没有与"群众"发生过什么实质性的接触,即便是在他大学毕业之后去军队服役的时候,也是一点心理准备都没有:

　　　　你不知道该怎么办,真的,在这里你会变得孤独和内向,你只能用毫无意义的话来应付周围的人,他们的习惯和举止是你憎恶至极的,与他们共处时所需要的素质和能力正是你一辈子都不想拥有的……。并不是因为我身上缺乏

---

① Edmund Wilson. *The Twenties*: *From Notebooks and Diaries of the Period*, ed. Leon Edel, New York: Farrar, Straus And Giroux, 1975, p.535.

② Edmund Wilson. *The Thirties*: *From Notebooks and Diaries of the Period*, ed. Leon Edel, New York: Farrar, Straus And Giroux, 1980, pp.160 - 191.

③ Ibid., p.174.

仁慈和宽厚，这些仅仅只是一种知性上的反应。[1]

　　当我们试图追述三十年代的威尔逊在政治立场上是如何发生转变的时候，会发现上述的成见或情感其实一直都保留在他的思想当中。显然，他并不是一位天生的民主主义者，也不是从一开始就亲近左派。1932 年，正是他被很多人视为马克思主义者的时候，有一天他乘车经过纽约市的布鲁克林区（Brooklyn），看到了"连绵几英里密集、肮脏的房顶"，并且"有那么一会儿被眼前那种巨大、无名的生活场景所震撼"。[2] 这一年他完成了一本在矿山、工厂的采访集——《美国人的不安：衰退之年》。他当时的身份是"文学记者"（literary journalist），这是在一个对文学充满热情和期望的时代才会有的职业。这部作品进一步奠定了他作为一位著名评论家与记者的地位，但他的雄心却不止于此。

　　普罗温斯敦（Provincetown）是位于美国东海岸的一个半岛，风景优美，也是威尔逊最喜爱的休闲胜地，整个二三十年代，每年的夏天他几乎都会去那里避暑。1934 年的夏天，他在那里非常勤奋地阅读了与社会主义和苏联有关的书籍，可是当他从普罗温斯敦返回纽约的时候，却如此描述自己的感受，"街上的人看上去都像是凶神恶煞——我几乎是害怕他们，不安地斜视着他们，好像他们随时都有可能会扑上来咬我一口或猛击一拳似的"。[3] 中国学者赵一凡对威尔逊的这种精神上的矛盾有着自己独到的分析：

---

[1] Edmund Wilson. *Letters On Literature and Politics*, 1912 - 1972. New York: Farrar, Straus and Giroux, 1977, p.31.

[2] Ibid., p.316

[3] Ibid., pp.401 - 402.

在严厉管教下长大的小威尔逊，自童年起就处在狄更斯式的矛盾精神状态。他聪颖好学，敏感内向。既鄙薄资产阶级暴发户，同情劳苦大众；又深深地崇敬文明与传统，怀有天真的人道主义进步理想。贵族公学的刻板与势利，普林斯顿大学静寂神圣的求知环境，纽约报馆的世俗纷扰和激动，这一切合力造就了他处于"老派托利党改良主义与下层激进主义之间"的边缘世界观。[1]

赵一凡的归纳基本符合威尔逊当时的实际政治立场，即刻意地保持一种边缘、旁观的状态，但他是否与"老派托利党改良主义"存在着关联则并不明确。托利党（Troy）是英国历史上的一个政党，产生于十七世纪末，参加过 1688 年的"光荣革命"。十八世纪中叶，托利党成为以土地贵族和上层英国国教徒为核心的政治派别，在产业革命结束之后，开始逐渐向资产阶级保守主义转变，这主要也是为了适应当时的政治经济发展的需要，但在教会和国家关系、保护关税政策和反对天主教问题上仍然保持旧偏见。到了十九世纪中叶，托利党发展成为保守党。事实上，我们并不清楚威尔逊是否受到过"老派托利党改良主义"的影响，我们不能因为他的母亲的祖上是"五月花"的一员，以及他自小接受过保守教育而认为他必然与英国的传统政治思想有着某种联系。因为大概没有一种思想是可以通过血脉遗传的，而且在他的各种著作中我们似乎也很难找到与"老派托利党改良主义"有关的具体表述。总的来说，此时的威尔逊确实还处于政治上的摇摆期。

---

[1] 赵一凡．《美国文化批评集：哈佛读书札记（一）》，北京：生活·读书·新知三联书店，1994 年，第 90 页。

但 1935 年的一次旅游改变了威尔逊,这一年的夏天他只身前往苏联访问,回国后开始着手写作《走向芬兰车站》(*To the Finland Station*),他想要写一部反映"法国大革命"与"俄国革命"的思想史。此时,他对欧洲社会主义与共产主义运动,尤其是其中涌现出的杰出人物,如法国历史学家朱勒·米什莱(Jules Michelet)和俄国革命家列宁的推崇达到了顶峰,更是把后者塑造成了一位行动的知识分子的典范。真正的知识分子应该是行动的,而这正是此书的副标题——"关于历史中的行动与写作的研究"(A Study in the Writing and Acting of History)——想要传达的意思。在威尔逊众多的作品当中,《走向芬兰车站》之所以格外令人注目,是因为"他在个人行为与社会力量之间,成功地把历史展现为这两者的相互作用"。[①]

威尔逊在进行文学批评和政治批评的同时,也进行文学创作,在他看来,不能进行文学创作的批评家不是真正的批评家。他先后出版过好几部小说,尽管声誉都不太高,甚至个别作品还被当局基于道德的理由禁止发行过,但这些小说的内容因为多少带有些自传的成分,反而成为了后人研究威尔逊的生活经历、思想发展的重要材料。"金发公主"是威尔逊的长篇小说《赫卡特回忆录》中的一章,他在其中间接地描述了自己与安娜的暧昧关系。故事的叙述者本来很讨厌女主角的粗野性格,但因为这个女人是"无产阶级的有机生活"的代表,并且她把自己曾经做女侍者时所经历的一些事情都告诉了他,从而促使他对马克思的《资本论》有了更加深刻的理解。[②] 而且,他认为她帮助他摆

---

① Louis Menand, "The Historical Romance: Edmund Wilson's Adventure with Communism", *The New Yorker*, (24 March), 2003, pp. 82 - 83.

② Eric Homberger, *American Writers and Radical Politics*, *1900 - 1939*, New York: St. Martin's Press, 1986, p. 142.

脱了阶级的束缚，"正是安娜让我有了重建真实的可能；她告诉我居住在纽约曼哈顿西区以及布鲁克林的人的生活状况，除了养家糊口，他们的生活没有方向……"①或许，正是安娜才使得威尔逊能够在《走向芬兰车站》一书中，如此感同身受地去描述恩格斯与他的爱尔兰情妇玛丽·伯恩斯（Mary Burns）——也是一位普遍劳动妇女——的关系。

到了二十年代末期，根据威尔逊的记叙，有好几位美国作家开始着手要为人民的生活指出方向。他赞扬约翰·杜斯·帕索斯（John Dos Passos）"对社会有机体论（social organism）给予了严肃的关注"。② 1930年，威尔逊完成了《阿克塞尔的城堡》。就在那年夏天，他在普罗温斯敦通过书信与帕索斯不停地谈论美国的政治形势。他们一致认为，应该"采用美国的宣传方式来说服美国人民，使他们相信共产主义"。③ 1931年，帕索斯在写给威尔逊的信中再三强调美国的共产主义运动的"首要的问题是找到一种新的表达方式，我们应当精通它，并用它来表达现在正在发生的一切……"，④而这种观点正是约翰·李特在多年之前就已经主张过的。

威尔逊对爱德华·达赫伯格（Edward Dahlberg）的小说

① Edmund Wilson, *Memoirs of Hecate County*, New York: Doubleday and Co., 1946. pp. 274 - 275；曼哈顿西区是纽约著名的贫民区，布鲁克林则曾是黑人等少数民族的聚居区，也曾是美国犯罪率最高的地区，因而被一些人视为混乱、肮脏和罪恶之地。

② Edmund Wilson, "Dos Passos and the Social Revolution", *New Republic*, LVIII (17 April), 1929, pp. 256 - 257, 再版于 *The Shores of Light: A Literary Chronicle of the Twenties and Thirties*, New York: Farrar, Straus And Giroux, 1952, pp. 429 - 435；社会有机体论，即把人类社会等同于生物有机体的社会理论；马克思的社会有机体理论是马克思主义社会发展理论的组成部分，是历史唯物主义的重要内容。

③ Edmund Wilson. *Letters On Literature and Politics, 1912 - 1972*. New York: Farrar, Straus and Giroux, 1977, p. 199.

④ Dos Passos to Wilson, January 1931, *The Fourteenth Chronicle: Letters and Diaries of John Dos Passos*, ed. Townsend Ludington, Winston Salem: Gambit Inc. 1973, p. 398.

《倒霉蛋》(*Bottom Dogs*)给予了高度评价。这是一部关于美国中西部的无产阶级的小说,故事发生在孤儿院、理发店、面包房和舞厅。他很喜欢达赫伯格的语言,形容他的文风"坚硬、生动、准确、明快,就像街上的路灯一样,散发着一股奇特的迷人魅力"。此外,达赫伯格还把"最原始、最常见、最平凡的美国人的素材"转变为虚构的故事,也给他留下了非常深刻的印象。1917年的那些曾经让他感到厌恶的人,也就是那些"平凡的美国人"在1930年的他的心中似乎发生了改变,他已经开始有兴趣去了解这些人了。他还声称达赫伯格的小说与美国所面临的危机对于知识分子而言,都有着更为宽泛的意义:

> 知识分子的任务并不仅仅是去研究日常的生活,而是要去把他的思想和信念变得看上去与这种生活是相关的——也就是说,要按照真实的美国人的生活来表达思想和信念,同时既不要把它们变得粗俗,也不要让它们显得索然无味。①

是让"思想和信念"与生活相关,还是"看上去"相关,这对知识分子而言其实是意味着两种不同的角色。他在这里可能是想说,作家应该根据日常生活来表达自己的思想和信念,"知识分子"应该聪明地调整自己的方式和风格,但不是真的要向艺术家或知识分子在资产阶级社会中所担任的角色发起挑战。无论如何,对于威尔逊或对于他那一代知识分子而言,这种观点的新意在于他们终于

---

① Edmund Wilson, "Dahlberg, Dos Passos and Wilder", *New Republic*, LXII (26 March), 1930, pp. 56 – 58; *The Shores of Light: A Literary Chronicle of the 1920s and 1930s.* New York: Farrar, Straus and Giroux, 1952, pp. 442 – 450.

意识到了应该去把握和理解"美国人的真实生活"。[①] 正如《阿克瑟尔的城堡》在接近结尾时的一句话,"与世隔绝的私人想象要尽力去探索和开发当代生活的可能性"。[②]

从大学毕业之后,威尔逊就一直坚定地拒绝进入大学内的纯学术批评圈,他的文学研究以及后来的政治、文化批评从来都没有离开过公共媒体。三十年代对于美国的政治性报刊、杂志和新闻游记而言都是一个不可多得的黄金时期,但报道的主题却往往是阴暗的:衰退、失业、罢工以及苦难。这段时间,美国的社会主义者对边远小镇的生活以及少数民族亚文化做了大量详实的调查研究。纪录片、摄影、社会现实主义的油画和壁画以及各种各样的"无产阶级小说"开始大量出现,都显示了美国知识分子对现实进行观察和记录的高昂热情。威尔逊在 1932 年出版的《美国人的不安:衰退之年》,其实是部分地为这一十年间的最主要的政治—美学风格的形成铺平了道路。[③] 在整个三十年代,他随身都会携带着笔记本,在火车上、汽车上,在每一段外出的旅程中都要详细地记下自己在各地的所见所闻。他不知疲倦地记录下了大量重大的或琐碎的事件、对话,并生动形象地再现了当时美国各地的地形地貌、风土人情以及城市风景。他是一个对自己所处的时代始终保持着充分关注并热情投入的人,在他一生的大部分时间里,他都是如此。

---

① Eric Homberger, *American Writers and Radical Politics*, 1900 - 1939, New York: St. Martin's Press, 1986, p.143.

② Edmund Wilson, *Axel's Castle: A study in the Imaginative Literature of 1870 - 1930*. New York: Charles Scribner's Sons, 1969, p.292;中译本可参见埃德蒙·威尔逊:《阿克瑟尔的城堡》,黄念欣译,南京:江苏教育出版社,2006 年,第 207 页,此处译文与黄念欣的有出入。

③ Eric Homberger, *American Writers and Radical Politics*, 1900 - 1939, New York: St. Martin's Press, 1986, pp.143 - 144.

如前所述,威尔逊的家庭环境以及自小接受的教育使得他顺理成章地成为了一位背负深厚传统的人文主义知识分子,首先,他信仰自由。[1] 众所周知,美国的自由主义在历史上与清教传统密切相关,同时又富含深刻的理性思想,从而使得这个民族在整个独立战争中都保持了清醒的头脑,并对不久之后发生在法国的革命没有盲从。[2] 这种自由主义传统对美国知识分子影响尤为深远,威尔逊正是在这样一种传统影响下成长起来的典型文人。在二十年代,他对于文学研究极为投入,但也相当冷静,以致根本就无法认同当时一些作家,如"垮掉一代"的代表同时又是他好友菲茨杰拉德在文化上的迷惘甚至绝望的情绪。他满怀希望地认为纽约即将成为一个新的"文化中心","在我看来,美国的知识分子现在[1921 年]还有很多事情可做——事实上,美国人看上去正在开始用自己的语言表达自己的思想"。[3] 至 1929 年,尽管他赞扬了帕索斯在研究"社会有机论"上所做的努力,但他还是觉得这位朋友过于悲观,对美国现实的描述有点耸人听闻甚至是带有偏见的。在他看来,一些更为重要的事情超越了政治,"在财富的分配上确实存在着不公,但人们仍然拥有快乐、爱与热情——甚至正直和勇气"。[4] 1929 年,当"约翰·

---

[1] David Castronove, *Edmund Wilson Revisited*, New York: Twayne Publishers, 1998, p. 20.

[2] 沃伦·路易·帕灵顿:《美国思想史》,陈永国、李增等译,长春:吉林人民出版社,2002年,第 671 页。

[3] Edmund Wilson. *Letters On Literature and Politics*, *1912 – 1972*. New York: Farrar, Straus and Giroux, 1977, p. 64. 这是威尔逊对菲茨杰拉德(Fitzgerald)在 1921 年 5 月给他的信件的回复,菲茨杰拉德在此信中表示他对欧洲不再抱任何幻想。参见 *The Letters of F. Scott Fitzgerald*, ed. Andrew Turnbull, New York: Scribner, 1963, pp. 326 – 327.

[4] Edmund Wilson. *The Shores of Light*: *A Literary Chronicle of the* 1920*s and* 1930*s*. New York: Farrar, Straus and Giroux, 1952, p. 433.

李特俱乐部"在纽约准备筹建的时候,威尔逊对于任何主张激进的政治改革方案都仍然是不屑一顾,直至股市崩盘并导致美国经济开始全面衰退之后,他的这种态度才开始发生改变。[1]

突如其来的经济危机使得威尔逊目睹了一个曾经看似不可摧毁的社会体系是如何迅速地滑入了崩溃边缘的,民众的生活变得困顿,每况愈下,资本主义制度的弊端所酿造的现实悲剧每天都在不断上演。他开始逐渐认同社会主义,并相信只有彻底地改革社会才能为群众提供更好的生活,而传统的自由主义显然已经不合时宜了。几年之后,他对这一时期进行了回顾,他说在自己对自由主义的彻底失望源于两起重要的事件,即 1927 年 8 月,萨科和万泽蒂被判处死刑,以及自由主义者在 1929 年的加斯托尼亚(Gastonia)和北卡罗莱纳州发生惨烈的劳工冲突之前的无能表现。而在十九世纪的社会运动中,自由主义作家和知识分子往往是作为民众利益的维护者或上升中的美帝国主义的批评者这样的身份出现的,比如斯托夫人。

当然,危机有时并不总是坏事。对于威尔逊而言,1929 年的危机反而使他获得了非常好的出场机会,因为他工作的自由派权威杂志《新共和》的核心人物克罗利不再干预该刊物的政治导向了,从而使得他可以在这份刊物上放开手脚谈论政治问题。克罗利在 1930 年 5 月去世之后,《新共和》的编辑部甚至允许他自由地发表对美国生活的各种不满。"在政治上,我正越来越倾向于左派",他在 1930 年写给艾伦·泰特(Allen Tate)的信上如

---

[1] Edmund Wilson. "The Literary Consequences of the Crash", *The Shores of Light*, pp. 492 – 499.

此说道,"有一些时候我还想努力投身于美国的共产主义运动……"①

威尔逊并没有把自己对社会的不满只发泄在朋友间的私下交流当中,他是一个相信行动的人。1931 年 1 月 14 日,他在《新共和》上发表了一篇名为《向进步分子呼吁》(*An Appeal to Progressives*)的文章,这是他第一次高姿态地主动介入美国人的政治生活。他认为正在爆发的经济灾难使得自由主义者和进步人士以前所持有的——资本主义可以为社会带来全民福利——的观点破灭了。他说:"我们曾经把希望都投注在资本主义之上",却输得一无所有,"今天的美国已经陷入绝望,而它的未来却还是一片空白,有待填写……"但在当时的美国,即使是政治激进分子和进步人士都拒绝接受马克思主义者的刻板教条以及共产党的阶级斗争策略。美共在当时还经常采取武装暴力的形式来阻止其他左派的聚会,从而引起了左倾知识分子的普遍不满。于是,威尔逊主张应该"把共产主义从共产主义者手中夺走,并使它不再带有任何歧义性"。②

美国的自由主义者向来拒绝认可马克思主义者所持有的日益加剧的阶级斗争将最终解决资本主义危机的观点。克罗利曾经代表着美国自由主义思想的最高峰,但即使是在他去世之后,自由主义也并没有在知识分子当中完全失去影响力。信奉自由主义的总统胡佛(Hoover)在经济危机出现时,竟然毫无办法,只能反复地宣称美国人民只需"满怀信心"就能重新站立起来。他所鼓吹的效率、事业心、机会、个人主义、自由、个人成功和物

---

① Edmund Wilson. *Letters On Literature and Politics*, *1912 - 1972*. New York: Farrar, Straus and Giroux, 1977, p. 196.

② Edmund Wilson, 'An Appeal to Progressives', *New Republic*, LXV (14 January), 1931, pp. 234 - 238; *The Shores of Light*, pp. 518 - 533.

质福利对于从十九世纪到二十世纪前三十年间的大多数美国人来说具有不可抗拒的吸引力，但在 1929 年之后反而变得可恨甚至可笑了。[①] 1932 年夏天，在"补偿金大军"（Bonus Marchers）被野蛮地逐出华盛顿之后，[②]威尔逊对胡佛总统的厌恶达到了顶点，同时也得出一个结论：这个国家需要一些更为激烈的举措来加以改革。

　　在这段时间里，尽管他开始重视社会调控与经济计划的必要性，可其思考的角度仍然还是自由主义。但显然，不是所有的自由主义者都会赞同他的观点，有人开始批评他。在 1931 年至 1932 年的寒冬之际，他阅读了马克思的部分著作，然后再次撰文陈述了自己对社会主义的看法：

　　　　今天，还有哪一位左派人士会乐观地相信资本主义有能力改过自新呢？除了建立社会主义社会之外，还有谁会期待当前这种混乱不堪的局面能产生什么良好的结果呢？有人说美国与俄罗斯是不一样的，在美国实现社会主义怎么可能呢？诚然，美国不是俄罗斯，但是在有一点上它与俄

---

① 理查德·霍夫施塔特：《美国的政治传统及其缔造者》，崔永禄、王忠和译，北京：商务印书馆，1994 年，第 284 页。

② 美国政府曾经 1924 年承诺给予参加过第一次世界大战的士兵一定的补偿金，但到了 1932 年，全美因经济危机已经有将近 1.2 万家企业倒闭，失业率飙升至 25%，全国大约四分之一的家庭无人养家糊口，而补偿金的费用达到了 24 亿美元，联邦政府在经过激烈争吵之后，决定把这笔补偿金推迟到 1945 年发放。1932 年夏天，大约 2.5 万名世界大战退伍兵，携家带口、身无分文地来到华盛顿，要求政府立即发给他们"补偿金"。"补偿金大军"在国会大厦前安营并举行示威。美国军方情报部门向白宫报告说共产党已经渗透进这些退伍兵中，阴谋推翻政府。时任陆军总参谋长的道格拉斯·麦克阿瑟在违抗胡佛总统不许冲击抗议者营地命令的前提下，率领艾森豪威尔少校及巴顿少校等现役军人对退役军人进行血腥镇压，造成数百人伤亡。此事件是美国历史上的一道"伤疤"。更详细情况可参见威廉·曼彻斯特：《光荣与梦想》，朱协译，海口：海南出版社、三环出版社，2006 年第 2 版，第 1—13 页。

罗斯是一致的：整个社会的目标应该是废除所有的社会阶级，以及那些以获取私人利益为目的的私人企业。①

事实上，威尔逊即使是在强烈要求进行激进改革的时候，也从来都没有忘记美国与俄罗斯之间存在着的不同。从这种意义上说，他并不像当时某些激进的左派知识分子那样幼稚。无论形势在当时看起来多么严峻，他仍然努力让自己不要忽视这两种社会之间存在着的诸多意义深远的差异。相信马克思主义，往往通常就意味着要强调各种社会之间的同一性与普遍性，这种强调有些时候甚至到了夸张的地步；但威尔逊一直与这种一厢情愿的想法保持着距离，始终努力根据历史经验来做出自己的判断。②

1932 年 5 月，威尔逊从肯塔基返回纽约之后，与杜斯·帕索斯、路易斯·门福德（Lewis Mumford）、沃尔多·弗兰克（Waldo Frank）以及舍伍德·安德森一起拟稿，向美国作家发表了一个宣言。其主要观点是——建立"一个新的社会—经济秩序"，经济竞争、私人利益都将被禁止；现在的统治阶级不得再拥有权力；作家、工人和农民在根本利益上是一致的；要废除基于私人财产之上的阶级，就需要建立临时的工人阶级专政；革命的最终目标是要建立"一个新的基于共同占有物质财富之上的人类文明"。③ 同年夏天，在美国新一轮的总统选举中，他发表声

---

① Edmund Wilson. *Letters On Literature and Politics*, *1912 - 1972*. New York: Farrar, Straus and Giroux, 1977, p.211; Edmund Wilson, "What Do Liberals Hope For? *New Republic* LXIX (10 February), 1932, pp.345 - 348.

② Eric Homberger, *American Writers and Radical Politics*, *1900 - 1939*, New York: St. Martin's Press, 1986, p.147.

③ Edmund Wilson. *Letters On Literature and Politics*, 1912 - 1972. New York: Farrar, Straus and Giroux, 1977, pp.222 - 223.

明支持共产党候选人——威廉·泽布伦·福斯特(William Z. Foster)。

在另一方面,他对作家和知识分子能否参与政治其实有着清醒的认识,他怀疑知识分子能否成为管理人员、技术专家和活动家,部分原因是因为他认为绝大多数作家和艺术家性情变幻无常不适合从事专业性强的社会工作。"我认为政治对你有害无益",在 1938 年写给马尔科姆·考利(Malcolm Cowley)的信中他如此说道,"因为它对你而言是不真实的,你真正实践的不是政治而是文学"。[1] 此外,另一部分原因也是因为他认为参与实际的政治活动会与知识分子所渴望实现的自治相抵触,"一旦你开始讨论这些已经印在书报上的问题或事件,你就会发现自己已经被推进了一些政治团体当中……现在,我不准备去参加任何政治运动,而是让自己去追求一种内在自省",在 1935 年的时候,他向多斯·帕索斯作了如此表示。[2]

回顾从二十世纪二十年代末到三十年代初的这几年间,威尔逊逐渐放弃了纯粹的文学批评,开始对社会与历史产生强烈的兴趣,并从一个传统的自由主义者转变为认同马克思列宁主义的进步作家,在发生这种重大的思想转向的背后,展开的正是美国历史中最为激烈和动荡的一幕。他的选择固然有其个人的动机或目的,但时代之于他的召唤,也同样体现在所有像他这样既肩负光荣传统又不满现象,同时又憧憬革命未来的美国知识分子身上。他个人的历程,其实是整个美国文化传统在遭遇新的历史挑战时的一个缩影。从"阿克瑟尔的城堡"走向广阔的社会,从一位普通的文学记者转变为一位至关重要的批评家,这个

① Edmund Wilson. *Letters On Literature and Politics*, 1912 - 1972. New York: Farrar, Straus and Giroux, 1977, p.310.

② Ibid., pp.267 - 268.

过程也充分印证了他自己的观点——只有行动着的人才可能从
历史走向未来。

二　三重思想家

威尔逊在《阿克瑟尔的城堡》的结尾部分有这样一段话：

> 现在西欧已经从战火的消耗与绝望中慢慢恢复过来
> 了；美国则享受着所谓的美式繁荣，欧洲的文学作品在战后
> 丧失了勇气并变得驯从起来，美国人为此一度十分自满，可
> 现在却又突然陷入不安的情绪之中。美国人和欧洲人正变
> 得越来越关注俄国，它是这样一个国家，它的一种核心的社
> 会政治理想已经能够像对待工程师那样利用和启发艺术家
> 的才能。①

尽管到写作此文时为止，他还从未去过苏联也没有深入地
研读过马克思主义的经典著作，但在另外一位批评家韦勒克看
来，"威尔逊已经皈依了马克思主义"。② 对于威尔逊以及他那
个时代的很多西方知识分子来说，苏联是自法国革命以后最为
重要的历史机遇，在它之中孕育着人类的未来，一个真正完善的
人类社会。三十年代的最初几年，美国的社会关系极度紧张，当
威尔逊在各地旅行并把所见所闻记录在《美国人的不安：衰退之
年》的时候，对于他而言，西方世界的经济危机具有某种鲜明的

---

① Edmund Wilson. *Axel's Castle*：*A study in the Imaginative Literature of 1870 –1930*. New York：Charles Scribner's Sons, 1969，p. 293. 中译本译者黄念欣漏译了此段中最后一句至关重要的话。

② 雷纳·韦勒克：《近代文学批评史》(中文修订版·第 6 卷)，杨自伍译，上海：上海译文出版社，2009 年，第 199 页。

象征意味。1931 年,他给高斯写信,说自己"正在阅读比尔德(Beard)的《美国文明的兴起》(*The Rise of American Civilization*,1927)"①,而比尔德是向来主张经济冲突和变化在社会发展过程中起着推动作用的。第二年,他又告诉自己的老师,说他"最近在重新阅读米什莱的历史著作"。② 一年以后,他在塔尔科塔维(Talcottville)开始阅读赫登(Herndon)的《林肯传》(*Life of Lincoln*),③这些历史书籍都深深地吸引了他。然而,他最为关心的还是马克思主义,在此后的近十年的时间里,他一直致力于写下自己对现代欧洲、美国以及马克思和社会主义的历史思考,1940 年出版的《走向芬兰车站》(*To the Finland Station*)一书便是这一思考历程的顶点。在这之前,他对革命和变革的热诚已经清晰地体现在了《阿克瑟尔的城堡》的末尾部分,以及他在三十年代初期所做的大量的社会报道当中。1935 年,他带着强烈的向往之情远赴苏联,然后把自己对这个社会主义国家的拥护写在了《旅行在两种民主制度之间》(1936 年)一书之中。

事实上,《走向芬兰车站》是在美国左派失去对苏联的政治制度的热情之后的 1940 年才出版的。此时,严酷的"肃反"④和令人世人不齿的《苏德互不侵犯条约》(Stalin-Ribbentrop Pact)

---

① Edmund Wilson, *Letters on Literature and Politics*, *1912 - 1972*, New York: Farrar, Straus and Giroux, 1977, p.210.

② Ibid., p.229.

③ Edmund Wilson. *The Triple Thinkers*: *Twelve Essays On Literary Subjects*. New York: Oxford University Press, 1948, p.372.

④ 二十世纪三十年代在苏联发生的一场大规模的清洗运动。三十年代初,以斯大林为首的联共(布)中央夸大了阶级斗争的严重性,以 1934 年 12 月 1 日发生的基洛夫遇刺事件为导火线,展开了大规模的肃反运动。肃反运动使许多无辜者遭到逮捕和杀害,出现了大量冤、假、错案,它严重地破坏了社会主义法制,给苏联党、国家和人民造成了巨大的损失。(参见 Sandle, Mark. *A Short History of Soviet Socialism*. London: University College London(UCL) Press, 1999, p.126)

都已成为历史,苏维埃共和国在过去二十多年里建立起来的巨大的理想和道义资本正在逐渐地丧失。威尔逊不得不为自己早期的支持立场进行了辩解,并对顽固的教条化的马克思主义进行了严厉的批评。从许多方面来说,《走向芬兰车站》的出版证明了他长期以来都坚持不懈地想要理解和把握社会主义和共产主义思想的发展脉络,即使这一工作在当时已经丧失了历史的紧迫性。

在整个三十年代,威尔逊最初在《阿克瑟尔的城堡》的结尾对俄罗斯所表达的热情洋溢的赞扬,到他写作《到芬兰站去》时已经发展成了真正的实地考察。但即使是对激进的改革最为心向神往的时候,马克思主义也从来没有真正动摇过他对文学艺术的信仰。他在这十年中仍然发表了大量与文学有关的论文,虽然他的个人兴趣基本上都集中于历史和社会的议题上,并且比以往要做得更加专业,但同时也依然为文学进行着辩护。他从历史、政治、社会等不同的角度出发对作家和作品的社会性意义进行阐释,问题因此变得更加复杂,更难以把握,但得出的结论也更加深刻。

威尔逊的另一部重要文集《三重思想家》中的大部分文章基本上也是在这一时期完成的,展现了他的思想或写作的另一个维度,即对公共生活与文学之间的关系的密切关注。威尔逊喜欢用蕴含象征意义的名字来做书名,"三重思想家"的称谓就是来自于福楼拜写给诗人、小说家同时也是其情人的路易丝·科莱(Louise Colet)的信中的一段话:

> 福楼拜认为艺术家应该是三重的(到达了极致的程度之后才能实现),他还是一位思想家,是他所在时代中最为伟大的心灵之一,并且还是一位富有想象力的作家,在工作

中能够直接地处理具象而不是观念。[①]

在威尔逊的心目中,艺术家除了是艺术家之外,还应该是思想家和作家。换言之,真正的思想家也应该同时是一位优秀的作家和艺术家。

《三重思想家》中的每一篇文章几乎都在以不同的方式对文学进行着辩护,但在侧重点上与《阿克瑟尔的城堡》有了很大的不同。这些文章中的大部分是在三十年代撰写和发表的,关于巴特勒(Samuel Butler)的文章发表在 1933 年《新共和》上;《格律诗是一种正在死亡的技巧吗》(*Is Verse a Dying Technique?*)发表在 1934 年的《大西洋月刊》(*Atlantic Monthly*)上;关于亨利·詹姆斯的文章同年发表在《猎狗与号角》(*Hound & Horn*)上;关于普希金的文章的第一部分,《叶甫盖尼·奥涅金》(*Evgeni Onegin*)是于 1936 年在《新共和》上发表的,而第二部分关于普希金的《青铜骑士》(*The Bronze Horseman*)的内容直至 1938 年初才在《新共和》上发表;在 1937 年,关于查普曼(Chapman)和《马克思主义与文学》(*Marxism and Literature*)的文章发表于《大西洋月刊》上,关于豪斯曼(A. E. Housman)和保罗·艾尔默·莫尔(Paul Elmer More)的文章发表在《新共和》,而关于福楼拜(Flaubert)的文章发表在《党派评论》(*Partisan Review*)上;关于萧伯纳(Shaw)的文章于 1938 年发表在《大西洋月刊》上。《三重思想家》在 1938 年的第一版中包含了这最初的十篇文章,而此书在 1948 年进行修订和扩充之后撤掉了其中关于巴特勒的文章,增加了威尔逊于 1940 年在普林斯顿大学所做的一次演讲

---

① Edmund Wilson. *The Triple Thinkers*: *Twelve Essays On Literary Subjects*. New York: Oxford University Press, 1948, p.74.

的整理稿——《文学的历史解释》（*The Historical Interpretation of Literature*），以及 1943 年《大西洋月刊》上发表的回忆自己的古典学老师的文章——《罗尔夫先生》（Mr. Rolfe），最后还有 1948 年在《纽约客》(New Yorker)上发表的一篇关于本·琼森(Ben Jonson)的文章。

韦勒克曾对威尔逊在诗歌和小说批评上的成就有过一次全面的评价，他注意到威尔逊对《叶甫盖尼·奥涅金》的推崇备至"几乎超过了任何其他的文学作品……"。①威尔逊的这种高度褒奖从他一开始阅读普希金的作品时就表现得非常明显。他在 1935 年 5 月乘坐"伯伦加莉亚"(Berengaria)号轮船前往伦敦，然后再换船前往列宁格勒的途中，给路易斯·博根（Louise Bogan)写过一封信，说自己已经阅读了莫斯基(D. S. Mirsky)关于普希金的著作，这本书让他觉得"普希金似乎就是那个时代中最为有趣的诗人，我渴望去学习俄语并阅读他的作品"。②

次年 7 月，他返回纽约，又给博根写信并说，"我已经阅读了很多普希金的作品并认定他是十九世纪最伟大的诗人"。在这个月较晚的时候，他正好读完了多斯·帕索斯的《美国三部曲》中最后一部《赚大钱》（*The Big Money*），并认为此书最为成功之处在于作者在书中以不动声色的方式把潜在而重要的意义传递给了读者，很少有作家能做到这一点，而这正是普希金最重要的写作特色——"明晰"(transparent)。③

1937 年 5 月 16 日，他给自己在《新共和》的继任编辑马

---

① 雷纳·韦勒克：《近代文学批评史》（中文修订版·第 6 卷），杨自伍译，上海：上海译文出版社，2009 年，第 217 页。

② Edmund Wilson. *Letters On Literature and Politics*，*1912 – 1972*. New York：Farrar, Straus and Giroux，1977，p. 271.

③ Ibid. , p. 279.

尔科姆·考利①写信,提出要给普希金写一篇文章,他说:
"当我在俄罗斯阅读《叶甫盖尼·奥涅金》时对此书就有不少
想法,我很想为它写点东西……"②9 月 14 日,他再次给考利
写信:

> 我现在深信他[普希金]是十九世纪最伟大的诗人,而
> 英语国家的人竟然对他完全一无所知——尽管我们通过其
> 他俄罗斯的歌剧和小说间接地意识到了他的影响力……我
> 们之所以要称颂他就是为促进文化之间的"真诚理解"
> [entente cordiale]③。现在是他去世之后的第二个世纪,他
> 们[指苏联作家]已经开展了很多的庆祝活动了。④

1937 年是普希金逝世百周年,他觉得应该为这位伟大的文
学家写点什么,尤其是诗人的著名诗篇《叶甫盖尼·奥涅金》
(*Evgeni Onegin*)。他为阿诺德、卡莱尔(Carlyle)、福楼拜
(Flaubert)、勒南(Renan)甚至艾略特等人没有充分认识到普希
金的重要性而感到非常遗憾。因此,他觉得非常有必要告诉那

---

① 威尔逊离开《新共和》之后,马尔科姆·考利成为了继任者,他也是《流放者的归
来:二十年代的文学流浪生涯》一书的作者(上海:上海外语教育出版社,1986
年)。

② Edmund Wilson, *Letters on Literature and Politics*, *1912 - 1972*, New York: Farrar,
Straus and Giroux, 1977, p.276.

③ Entente Cordiale,原意为"真诚理解",在历史上是指 1904 年 4 月 8 日英国和法国签订
的一系列协定,它标志着两国停止关于争夺海外殖民地的冲突而开始合作对抗新崛
起的德国的威胁。在协定中,双方就一系列国家和地区的控制权达成了一致,包括埃
及、摩洛哥、马达加斯加、中西非洲、暹罗(泰国)等地。谅解条约同时也对两国在第一
次世界大战中的政治和军事合作奠定了基础。(参考《大英袖珍百科·中文电子版》
[Encyclopædia Britannica, Inc. 2007]相关词条)

④ Edmund Wilson. *Letters On Literature and Politics*, *1912 - 1972*. New York: Farrar,
Straus and Giroux, 1977, p.277.

些对普希金更感陌生的美国读者们这位诗人的重要价值，他在这方面做得很成功。

布莱克默曾经将威尔逊与兰塞姆做过比较，他称威尔逊是"一位富于想象力的散文作家"，而兰塞姆只是"一位文学批评家"。[①] 在文学批评上他们都具有相当高超的水准，但前者更倾向于在社会、历史和政治的语境中讨论文学。布莱克默说："这并不是说威尔逊先生没有批评的价值，而只是这种价值存在于其他什么地方……"[②]这种说法有点令人费解，在他看来威尔逊的批评尽管与一般的文学批评不同，但仍然还是有价值的，显然他更加青睐兰塞姆代表的"新批评"对文本的修辞层面的研究。这或许是他对威尔逊的一种苛责，其实威尔逊在多年前（1931年）就回应过他提出的此类问题，"谢谢您对我的文章的评价。就象征主义而言……您是否曾经读过其他法国批评家的评论？法国的象征主义其实就牵涉到了我所说的所有元素"。[③] 他暗讽布莱克默在认识上的浅薄，尽管显得不那么谦逊，但的确是无可争辩的。

威尔逊非常注重对文学史中的各种运动、潮流、组织、团体以及陈规、传统等问题的研究，尽管他也研究作家和作品与其他社会和历史中的决定性力量的关系，但他的社会性批评仍然具有一种文学的力量。我们在后面将对他的这种批评方法再作详细的论述。为了更好地介绍普希金，他首先概述了西方诗歌从贺拉斯（Horace）、但丁（Dante）、莎士比亚（Shakespeare）和弥尔顿（Milton）

---

① Blackmur ,R. P. "In Our Ends Are Our Beginnings". Rev. of The Triple Thinkers, by Wilson, and The World's Body, by John Crowe Ransom. Virginia Quarterly Review 14,1938, p.449.

② Ibid, pp.449 – 450

③ Edmund Wilson. *Letters On Literature and Politics*, *1912 – 1972*. New York: Farrar, Straus and Giroux, 1977, p.205.

到克雷布(Crabbe)发展。在他看来,一些现代的文学大家,如福楼拜,也是"诗人",他们用散文(prose)而不是格律诗(verse)书写了自己时代的史诗;而普希金与歌德(Goethe)、雨果(Hugo)这些诗人则"放弃了陈旧的贵族的诗歌语言……当死亡临近之时,他们都在训练自己去写作散文。"[①]

有一点非常清楚,普希金这位贵族后裔和现代诗人一样,与"那个时代中正在上升的资产阶级"保持着距离。为了突显普希金在十九世纪诗人当中的卓越地位,威尔逊强调了诗人要表达的社会主题,如个人与现代的中央集权国家的关系,以及文学家、文学作品与社会的相互影响。他之前对诗歌史的概述就是一个很好的出发点,不但借此归纳了《叶甫盖尼·奥涅金》的文学价值,而且,也同时提供了一种理解这部作品的社会和政治含义的新视角。拜伦(Byron)、济慈(Keats)、朗费罗(Longfellow)、丁尼生(Tennyson)、波德莱尔(Baudelaire)、勃朗宁(Browning)、奥斯汀(Austen)、福楼拜、斯丹达尔(Stendhal)、莱蒙托夫(Lermontov)、托尔斯泰(Tolstoy)以及陀思妥耶夫斯基(Dostoevsky)都被用来与普希金进行了比较。在威尔逊看来,写作了《叶甫盖尼·奥涅金》和《青铜骑士》(*The Bronze Horseman*)的普希金是位书写现代的爱与人性的天才,其最高的文学价值在于诗人用凝练和客观的笔触刻画社会现实时所体现出来的伟大力量。

普希金的现实主义描写中具有一定的自传成分,他生活中曾经发生过的一些事件出现在了他笔下的男主角身上。威尔逊对他的分析并不主要是为了挖掘其生平经历中的原始材料,更

---

① Edmund Wilson. *The Triple Thinkers*: *Twelve Essays On Literary Subjects*. New York: Oxford University Press, 1948, p.47.

多地是为了分析历史力量对作家与作品的影响：

> 尽管普希金已经取得了像拜伦这样的艺术家都从未取得过的成就，在另一方面，他的命运比那位在米索朗基城[Missolonghi]死去的男人要更具悲剧性……①好像在那些时代里，即使是在封建的俄国——一位诗人都是不可能生存下来的。这样一位富有想象力和道德激情的人基本上无法适应于这个社会……②

在谈到普希金的另一部作品《青铜骑士》(*The Bronze Horseman*)时，威尔逊说："新的叶甫盖尼·奥涅金是一个曾经辉煌的旧贵族家庭的后代……这种情形是对普希金自己的一种讽刺。因为他本人就是贵族的后代。"③普希金采用了一种相对比较新颖的方式来刻画角色，"他在为我们表现叶甫盖尼·奥涅金时，既不用不合常理的传奇方式来拔高他，也不把他推到传统的道义面前控诉他的软弱。"④

威尔逊认为普希金的诗歌就像济慈的那样，富含视觉和听觉的美妙意象，"但他的范围更加广大……"，济慈的诗歌有些"不切实际"，有点像在"说故事"，而在《叶甫盖尼·奥涅金》当中，"每一件事情都是清晰和真实的"。⑤ 此外，无论是丁尼生还是波德莱尔都没有在"使诗歌具有古典式的精确，即如实地表现

---

① 1823 年，拜伦离开意大利前往希腊，但是第二年，他由于热心独立运动而劳累过度，染上了风湿病，终于在米索朗基城去世，成为希腊人所悼念的一位英雄。

② Edmund Wilson. *The Triple Thinkers*: *Twelve Essays On Literary Subjects*. New York: Oxford University Press, 1948, pp.33 - 34.

③ Ibid., pp.48 - 49.

④ Ibid., p.37.

⑤ Ibid., p.35.

他们所观察到的世界"这一点上高人一筹。普希金则以一种平静但又带有戏剧性的笔调"集中地描写了人类关系的复杂性",[①]拜伦做不到这一点。

　　威尔逊花费了非常多的笔墨来讨论普希金的作品的社会客观性和真实性,甚至有好几次还试图从心理学的角度来描述诗人如何通过意象、隐喻和象征将个人的主观印象转变成具体对象的过程。他接下来比较了普希金与奥斯汀的相似性,并认为前者笔下的角色更加积极地"跳出"了文本,而且"处理的是为更为激烈的思想情感"。最后,他甚至还非常巧妙地将普希金与莎士比亚进行了比较,在他看来"叶甫盖尼·奥涅金"是"一个真实的创造",已经可以与"英语文学中的哈姆雷特"平起平坐了,普希金"擦亮了又亮又圆的镜片",使得自己可以面对一个"莎士比亚式的戏剧化的世界",并在赋予"客观的创造"以形体的过程中展现出"这一时代的潮流"。同样,在诗人的《青铜骑士》中,人物"脱离了作者"并以一种"纯粹客观的方式"获得戏剧性的再现,这个故事中的斗争其实反映了十九世纪俄国最为重大的文学主题,即个人与社会的斗争。

　　威尔逊特别称赞了普希金在描写达吉雅娜第一次给叶甫盖尼写信时所采用的现实主义手法:

　　　　这一章中有达吉雅娜写信的情节,诗人对初恋的描写给人以深刻的印象,在文学史上具有极为重要的地位。普希金为我们对它做了新的书写……那一时刻的所有心酸与狂热,年轻人的情感的力量第一次通过另外一个人获得了

① Edmund Wilson. *The Triple Thinkers*: *Twelve Essays On Literary Subjects*. New York: Oxford University Press, 1948, p.35.

释放和体现。①

威尔逊说普希金看待达吉雅娜的目光感伤而又略带讽意，这种微妙即使是早期的莎士比亚在描写朱丽叶（Juliet）时也做不到；在叶甫盖尼与连斯基（Lensky）的决斗中，连斯基被杀了，普希金诗意地再现了这个死亡的时刻：活着的身体"带着一种异样的微笑，显得特别的真实"；普希金还对达吉雅娜在莫斯科的第一天的经历有着生动的描述，称"这是《战争与和平》中的社会场景的先导"。他因此而得出一个结论，"列宁就像托尔斯泰一样，只可能在一个由达吉雅娜的自然人性与叶甫盖尼的社会价值观形成了对比的世界中出现……普希金对此有着敏锐的感知"。② 普希金的这种现实主义描写对俄罗斯文学甚至世界文学的发展都产生了非常深远的影响，而后来的托尔斯泰和陀思妥耶夫斯基也都继承了他所开创的一个重要主题，即自然的俄罗斯与现代的西方文明的接触，以及纯朴的俄罗斯人民对西方文明的渴望与追求。③ 普希金将自己对俄罗斯民间艺术的了解融入到了笔下的世界当中，用无限的同情和不偏不倚的态度记录下了俄罗斯的社会特色和风土文化，在很多年之后它们仍然会给读者留下深刻的印象。

此外，他的诗歌传递出了一种"敏感但纯真的俄罗斯精神"，并把它们完美地注入到了人物的个性之中，而且没有损坏它们或将它们转化为抽象的概念，这既是威尔逊对这位诗人的诗歌的一种重要的文学品质的认可，也同时提出了他对社会和

---

① Edmund Wilson. *The Triple Thinkers*: *Twelve Essays On Literary Subjects*. New York: Oxford University Press, 1948, p. 39.

② Ibid., p. 47.

③ Ibid., p. 45.

文学之间的相互指涉关系的看法。《叶甫盖尼·奥涅金》非常明显地体现了普希金对人类满怀温柔的仁爱,同时又执著地尊重现实。威尔逊仔细地打量着故事中的角色,然后从另一种特殊的思想史视角来评论他们:

> 叶甫盖尼代表着一种正在变得世故和干瘪的拜伦精神;连斯基代表的是一种席勒和康德式的思考,即德国的浪漫唯心主义;达吉雅娜,有着卢梭一样的禀性……说一种新的语言并主张一种新的权力……他们可以被认为分别代表着那个时代的三种知识的潮流……①

在他看来,普希金逐渐地把抒情诗发展成"一种更为客观的艺术",尽管他后来的作品以故事性的散文为主,而他写散文目的是要为成为"一名社会的学生",因为他认为散文是"社会的语言"。②

威尔逊还把《青铜骑士》中的大量内容翻译成英语"韵文",着实体现了他的语言天才,据哈利·勒文(Harry Levin)说,"连纳博科夫都对此表示赞赏"③。他关于普希金的论述的基础是文学,但同时也将触角伸展到了其他一些问题上,如普希金的生活、十九世纪诗人的地位、普遍人的政治地位、文学界的知识分子潮流、历史和哲学的力量,以及列宁和斯大林管理下的俄罗斯。威尔逊说在《青铜骑士》中,普希金把自己投射到新的叶甫盖尼身上,诗人因此创造了一个伟大主题,即普通人与统治

---

① Edmund Wilson. *The Triple Thinkers: Twelve Essays On Literary Subjects*. New York: Oxford University Press, 1948, pp. 44 - 45.

② Ibid., pp. 46 - 47.

③ Harry Levin, *Memories of the Moderns*. London: Faber&Merlin Press, 1963, pp. 212 - 213.

集团、上等人和社会偶像的关系；《叶甫盖尼·奥涅金》则戏剧性地表现了诗人与祖制的旧秩序以及正在升起的现代社会之间的冲突，诗人决心要"研究社会事务"，尽管对此可能会遇到的问题有所预期，但自己仍然没有活到它们获得解决的那一天。

可见，普希金身为贵族阶层的一员，却仍以一种独特的意识形态视角介入到了俄罗斯社会的肌理当中，这是一位无家可归的诗人，以最为精湛、熟练的手法发展了一些重要的主题，并以完美的内容和形式反映了社会的实际状况，体现出了极为高超的大师水准。就社会与文学的关系而言，文学同样反过来影响了俄罗斯的知识分子、社会和政治。威尔逊对这种"相互作用"的关系做了非常好的论述，他提到了恩格斯的理论，即社会—经济基础对"法律、政治、哲学、宗教和艺术这些上层建筑"的复杂影响，以及这些专门行业之间"可能会相互直接影响，甚至反过来影响社会—经济基础"。①

文学艺术家该如何采用特殊的方式来处理自己与政治的关系？对于这个问题，此时的威尔逊表现出比以往更为敏锐的观察。他已经不再满意自己之前对文学和社会的诊断，开始关注更为复杂的情况，开始分析作者的心理、文学的结构以及作家与作品、读者的关系。总的来说，他在二十世纪三十年代这一特殊的历史阶段中所从事的这项工作是有指导意义的，因为此时的西方作家在思想和创作上正呈现出与以往很不一样的政治倾向，而这种倾向又与法国作家福楼拜的政治立场存在着非常相似的地方。

---

① Edmund Wilson. *To the Finland Staion：A Study in the Writing and Acting of History*. New York：Farrar，Straus and Giroux，1972，p.215.

　　1853 年,福楼拜在给他的情人科莱的信中还说,"我相信一个思想家既不应该相信宗教也不应该相信祖国,更不应该相信社会。"①显然,他对那个时代的宗教、国家和社会都没有什么好感,甚至还是拒绝和否定的,当然也就说不上什么忠诚了。在威尔逊看来,福楼拜这位当时如日中天的小说家对政治有着一种特别的,也可以说是大胆的观念,而这种观念是以其本人对历史和人类的特殊经验的理解为基础的。

　　关于福楼拜,存在着这样一种流行的看法,即他的"禁欲主义、虚无主义,以及对词汇的精确用法[Le mot juste]的不懈追求"。② 在今天,这已经成为了读者对他的一种刻板印象,但威尔逊却试图让我们以一种新的眼光来重新审视这位小说家以及他的"政治观",正如现在的读者该如何阅读《情感教育》(L'Education sentimentale)那样:

　　　　除了欣赏这部著作之外,人们必须花点时间去了解作者生活中的一些事情,并要对这些在风格上不同于个人传记的社会和政治性戏剧有一定的兴趣。如果我们在中年的时候再重读它的话,会发现作者的腔调听起来似乎并不完全是那么的尖刻……③

　　威尔逊还发现很多曾经一度被认为与政治无涉的事情,实际上与政治有着千丝万缕的关联。"与政治没有任何关系"其实也是一种政治立场,就此而言,也可以认为《包法利夫人》

---

① Edmund Wilson. *The Triple Thinkers*: *Twelve Essays On Literary Subjects*. New York: Oxford University Press, 1948, pp. 73 – 74.

② Ibid. , p. 72.

③ Ibid. , p. 81.

(*Madame Bovary*)具有一定的政治性。

　　威尔逊在三十年代发展并完善了自己对文学艺术家和他们的作品与社会、政治的关系的理解。他采用了一种传记的方法来探讨《情感教育》和《布瓦尔和佩居谢》(*Bouvard et Pécuchet*)，并以此为基础来理解福楼拜的政治观,他说这位法国作家对历史有着自己的理解并对作者与历史的关系抱有一种特殊的信念。福楼拜拒绝接受一种狭隘的政治观,这可以从他写给乔治·桑(George Sand)的信中看出来,他说:"那些支持或反对帝国或共和国的公民们,与那些辩论'有效的优雅'(efficacious grace)和'有能力的优雅'(efficient grace)的人没有什么两样。"[1]威尔逊因此认为福楼拜的思考面向的是人类的未来,届时人的潜力将会获得真正的解放。然而,福楼拜反对社会主义者,因为这些人只会说教并主张绝对地服从权力,他青睐像米什莱、雨果和桑这样支持进步的个人,同时也质疑大众化教育的效果并反对人人都拥有选举权;他还反对隐含在泰纳和圣伯夫等人的文学观念中的社会决定论,把它们视为一种对神性灵感理论的极端反动。他还认为艺术是个体的意志和历史力量的共同产物,"真理"就位于这"两个极端之间"。[2]

　　威尔逊刻画了福楼拜的政治观和艺术观的复杂性,以及他与当时占统治地位的意识形态的特殊关系,并通过对这位作家的一生中的不同阶段的描写,表达了他对不同时代精神的理解:

　　　　从1820年至1881年,在福楼拜所生活的这个时期的

---

① Edmund Wilson. *The Triple Thinkers: Twelve Essays On Literary Subjects*. New York: Oxford University Press, 1948, p.74.

② Ibid., p.72.

法国,共和制和君主专政、假冒的君王和失败的革命者,轮番登场、好不热闹,此时的政治观念也正处于混乱状态。启蒙运动是一个革命的传统,深受这一传统影响的法国历史学家们正在逐渐地消失;而相当多的小说家和诗人团体则完全不把政治和社会问题放在眼里,坚持认为艺术本身才是他们所从事的事业的最终目的,他们对自己与社会的关系的理解体现在他们对资产阶级的诅咒上。资产阶级确定了整个世界的性质,可他们的艺术则是对这个世界的一种挑战和蔑视。①

福楼拜当然是这个小说家和诗人团体的一位杰出代表,但威尔逊发现他其实"基本上是一位理想主义者",因为他还认为"在人性中有一种伟大的力量",而且"本能和情感是他的艺术世界中最重要的原动力"。② 福楼拜与他那个时代中的政治现象和政治人物的复杂关系、他对艺术过程的历史性看法以及人与人之间相互影响关系的想象,确立了他在《情感教育》和《布瓦尔和佩居谢》以及其他作品中的特殊政治观。

那么,福楼拜的历史观与他的作品之间到底存在着什么样的关联呢? 威尔逊说,"他认为人类历史上的三次伟大革命是:异教信仰(paganisme)、基督教(christianisme)、灾难(mucker),而当时的欧洲正处于其中的第三个阶段",而福楼拜的作品就反映了这样一种历史观念。有人指责威尔逊的这种描述存在着问题,马丁·特勒(Martin Turnell)完全不同意在福楼拜的小说中

---

① Edmund Wilson. *The Triple Thinkers*: *Twelve Essays On Literary Subjects*. New York: Oxford University Press, 1948, p. 73.

② Ibid., p. 74.

存在着这样一种统一的历史主题,[①]因为"福楼拜并不具有成为伟大的社会批评家的洞察力和性情"。[②] 韦勒克则指出威尔逊是在受到了马克思主义影响之后才写作这篇文章的,他注意到了威尔逊对《包法利夫人》的结局和《情感教育》中罗莎里特(Rosanette)与弗雷德里克(Frédéric)的关系的评论,他说"威尔逊有时会将马克思主义做讽寓化的阐释"。[③] 然而,他得出的结论却是,"这篇文章是个例外"。[④] 显然,他的意思是说这篇文章就讽寓而言是个例外。相当有趣的是,特勒也曾经质疑过威尔逊对罗莎里特与弗雷德里克的关系的阐释,他说:

> 丹布瑞斯夫人(Mme. Dambreuse)与罗莎里特之间的拉锯战,象征着一个垂死的社会与弗雷德里克自己创造的真实而又充满活力的世界之间的冲突。[⑤]

他的阐释下还有这样一条注释,"这里可以参照埃德蒙·威尔逊先生有趣的评论:'她与弗雷德里克的私通象征着卡尔·马克思在此之前已经说过的无产阶级与资产阶级之间的灾难性的无法持久的联合'"。[⑥] 或许这才是韦勒克所说的对马克思主义

---

① Martin Turnell. "Flaubert". *Scrutiny* 13,1945, p.201.

② Ibid. , p.214.

③ 所谓的讽寓(allegory),即一个文本表面是一层意思,其真正的意义却是另外一层。在作品字面意义之外找出另一层精神、道德、政治或别的非字面意义,这就是所谓的讽寓解释(allegorical interpretation)。(张隆溪:《比较文学研究入门》,复旦大学出版社,2009 年,第 60—61 页)

④ Rene Wellek. "Edmund Wilson (1895 – 1972)". In *History as a Tool in Critical Interpretation：A Symposium*, edited by Thomas F. Rugh and Erwin R. Silva. Provo：Brigham Young University Press, 1978, pp.74 – 75.

⑤ Martin Turnell. "Flaubert". Scrutiny 13,1945, p.217.

⑥ Ibid, p.217.

的讽喻处理。

威尔逊在《三重思想家》的 1948 年版的"前言"中说他的"目的始终是要贡献出新的东西来",而且他"打算要么介绍一些不太为人所知的文学家,要么提醒读者们注意一些已为人所知的文学家的不为人所知的某些方面"。像《情感教育》这样的书,他承认用这样一种方式重读它们就像有意对它们的缺点视而不见一样,"但有时候,我们可以用这种方式来理解作者试图要在书中表达的思想"。福楼拜的这部小说的最大不足是主人公弗雷德里克的思想缺乏深度而且对人类的发展也不了解,简直就像是一个社会的绝缘体。因此,如果这种缺点可以被忽略的话,那么"人们可以破天荒头一遭地仔细审视这块由福楼拜赋予了生命力的画布,但对于它的历史和美学价值而言,这是一个确凿无疑的严重错误"。①

威尔逊还试图去详细地说明内在于福楼拜的虚构性作品中的社会和政治的品质,他将福楼拜与马克思进行了非常精彩的比较,并提醒读者关注这些作品中的"不为人所知的某些方面",同时他认为理解作者的意图是一个更为重要和关键的问题。这在事实上就导向了对所谓的"马克思主义的讽寓",即"她[罗莎里特]与弗雷德里克的通奸象征着无产阶级与资产阶级之间灾难性的无法持久的联合"的讨论。"对现代生活的描述表现了人类价值观的复杂性,同时也是对社会进程的一种分析",考虑到这些,"马克思主义的讽寓"就是合理的了,而且这种批评方法并不必然会把文学价值排除在外。

考虑到《情感教育》与马克思的《路易·波拿巴的雾月十八

---

① Edmund Wilson. *The Triple Thinkers*: *Twelve Essays On Literary Subjects*. New York: Oxford University Press, 1948, p. vii.

日》(*The Eighteenth Brumaire of Louis Napoleon*)①对同一事件所采用的分析方法存在着惊人的相似,威尔逊就决定拿福楼拜与马克思进行比较,并做出了"福楼拜对社会的解释非常接近于社会主义理论"的结论。事实上,他从来没有详细地阐述过他对"社会现实主义"的理解或与此有关的某种文学理论。在这里,他把福楼拜与马克思加以比较既不会把福楼拜抬高到"一位伟大的社会批评家"的程度,也不是对马克思的一种怠慢或贬低。但福楼拜在《情感教育》中对社会发表的批评,显然无法与马克思在《共产党宣言》(*Communist Manifesto*)当中对自己的时代所做的判断和评价相比较。

　　此外,值得注意的是威尔逊对《路易·波拿巴的雾月十八日》的文学价值的肯定。在此文中,马克思表达了对无产者的同情并强调了经济因素在政治变革中所发挥的重要作用,尽管这些内容现在对普通的读者已经不再有多大的吸引力,但他在论述的过程中充分地展示了其语言上的才华。比如他在此文最后所做的总结,行文流畅、条理分明、幽默辛辣却不尖酸,有着令人愉悦的感受:

　　　　波拿巴既被他的处境的自相矛盾的要求所折磨,并且他作为一个魔术家不得不以日新月异的意外花样吸引观众把他看作拿破仑的替身,换句话说,就是不得不每天举行小型的政变,于是他就使整个资产阶级经济陷于全盘混乱状态,侵犯一切在 1848 年革命中看来是不可侵犯的东西,使

---

① 所谓"雾月十八日",是指 1799 年 11 月 9 日,那一天拿破仑第一次发动政变,结束了法国大革命后的共和体制,改行帝制。而半个世纪后,1851 年 12 月 2 日,他的侄子路易·波拿巴发动政变,复辟帝制,号称拿破仑第三,而后者才是《路易·波拿巴的雾月十八日》这本书论述的对象。

一些人对革命表示冷淡而使另一些人奋起进行革命,以奠定秩序为名而造成真正的无政府状态,同时使整个国家机器失去圣光,渎犯它,使它成为可厌而又可笑的东西。他模仿礼拜特利尔教堂中的圣衣的仪式在巴黎布置礼拜拿破仑皇袍的仪式。但是,如果皇袍终于落在路易·波拿巴身上,拿破仑的铜像就将从汪东圆柱顶上被推翻下来。①

总的来说,马克思在这里论述的是历史,但其重要性并不仅仅在于让读者了解历史,而在于让读者产生了解历史的兴趣。马克思在表达自己的政治观点时展现出了高超的文学才能,威尔逊在他后来的《走向芬兰车站》中也展示了这种才华。

同样,威尔逊称赞《情感教育》具有一种特别的美学品质,人们在阅读它时就像是"在聆听一场无声的交响乐,其变化多端的演奏方式、富有特色的节奏以及忧郁的响度在以前是很难被感觉得到的"。显然,福楼拜作为一位文学艺术家是伟大的,但威尔逊也强调了他在政治上所表现出来的现实主义态度,"福楼拜提醒读者注意到了一个马克思未曾意识到的危险",因为他通过描述塞内卡尔(Sénécal)从"一名社会主义者到一名迫害无产阶级的警察"的发展历程来论述了"独裁主义"的危害,同时借助艺术家的想象力——这是成为三重思想家的最重要的必要条件——而不是"对社会的坚定信念",对各种政治管理方式做出了马克思式的评价。威尔逊认为在《情感教育》和 1848 年间发生的政治事件之间存在着相对应的关系,福楼拜用文学的方式刻画了社会的权力结构中正在发生的重要变化。

---

① 《马克思恩格斯全集·第八卷》,第二版,中共中央马克思恩格斯列宁斯大林著作编译局编译,北京:人民出版社,1985 年,第 227 页。

通过对普希金、福楼拜的分析,威尔逊获得了对欧洲的文学艺术家与政治的特殊关系的认识,并把这种心得融入到了他对三十年代的美国文学界,特别是同时代的美国文人罗尔夫(Rolf)、高斯、查普曼和莫尔等人的理解当中。这些人都被威尔逊描绘成自己的文学前辈和良师益友,他尤其对查普曼有着高度的认同并对此人一生的悲惨境遇有着深深的同情。查普曼在哈佛大学毕业后从事了近十年的法律工作,积极地为美国人民争取平等的社会权利,是一位热情而诚恳的政治评论家,同时还从事散文写作。不幸的是,他后来曾经一度陷入精神分裂甚至用火烧伤了自己的手。

韦勒克说威尔逊之所以认同查普曼这样的作家,是想要"维护文学这个职业在美国所具有的高贵之处",①但他并不完全认同威尔逊的做法,"当我们考虑到他[查普曼]的缺点时,会发现威尔逊的这种同情有时似乎太不分青红皂白……因为查普曼是个行为古怪的人"。② 韦勒克在这里显然没有完全理解威尔逊究竟想要做什么。事实上,威尔逊是试图以一种较含蓄的方式赋予美国的文学生活以一种更为广泛而深远的意义,其笔下的查普曼是一位爱默生式的"有代表性的人物",哈佛大学的高材生,"精通并且憎恶法律",但"对政治又充满热情";他也是一位强硬的清教徒,像梭罗一样对社会毫不妥协③;同时,他还是一

---

① Rene Wellek. "Edmund Wilson (1895 – 1972)". In *History as a Tool in Critical Interpretation: A Symposium*, edited by Thomas F. Rugh and Erwin R. Silva. Provo: Brigham Young University Press, 1978, p. 89.

② Ibid..

③ 在这一点上威尔逊的晚年更像是梭罗,他晚年拒绝缴纳所得税,与税务部门打了多年的官司,他的理由是他并不同意将个人的收入交给一个他不信任的政府,这一点与梭罗拒绝缴税非常相似,只是他没有遭到监禁,后者却被正式关押过。威尔逊的这种怨恨可以在他晚年出版的《冷战与所得税》中读到。

位"非社会主义的政治激进分子",《政治园地》(The Political Nursery)的编辑,《原因与后果》(Causes and Consequences,1898年)和《实际的骚动》(Practical Agitation,1900年)等著作的作者,他在这些著作中所采用的心理分析法也正是威尔逊在《伤与弓》中采用的。查普曼确实曾经用火烧伤了自己的手,但威尔逊认为正是此人的天才才导致了他的精神分裂,其激昂的英雄气质伤害了他自己。

威尔逊是在创作小说《我想起了黛茜》的时候开始认识到查普曼的重要性的,他当时一心想要弄懂文学家与社会的关系究竟是什么。在1927年写给苏厄德·毕肖普·柯林斯(Seward Bishop Collins)的信中,他说:"我已经寻获的一个伟大的文学发现就是约翰·杰伊·查普曼"。他兴奋地对柯林斯说查普曼有可能是美国最好的文人,同时也是他那个时代里最有智慧的美国人。《约翰·杰伊·查普曼》这篇文章最早发表于1929年的《新共和》上,而到《约翰·杰伊·查普曼:沉默和断裂的琴弦》(John Jay Chapman:The Mute and the Open Strings)一文在1937年11月的《大西洋月刊》上正式发表时,查普曼已经去世了(1933年11月)。正是在这段时间里,威尔逊的关注点开始从二三十年代的具体事务转为更为广泛的社会问题,并着手准备进行长期的历史研究,他想要深入地了解美国内战在社会、政治和文化等诸多方面对自己的父辈以及后来的美国人的影响。在"老石屋"(The Old Stone House,1933年)中,他写了自己曾经坐在塔尔科塔维的房子里对自己并不太熟悉的美国历史进行了一次重新探索,然后默想着那些曾经背负着文明穿越荒漠的祖先们:

> 我碰巧读到了赫登的《林肯传》……往昔的岁月比塔尔科塔维的V形脱靴器和银版相片更为清楚地展现在我的

面前……这位来自定居者伐木地的丑陋而粗野的男孩[林肯]一无所有,只是期望着他的祖父能够成为一位种植园主,就像我的祖姨姆罗莎琳德总是希望她是艾塞克斯伯爵的后代似的……曾祖父贝克的政治见解,塔尔科塔维的杂货店,在新的连锁商店取代它之前,人们常常围坐在它的里面谈天说地——林肯的学校与这里没有什么不同,但我却再也回不到那儿去了。[①]

历史的进程一旦开始就不会结束,威尔逊已经无法再回到孤独、贫穷和粗鄙的"纽约州北部"了,然而,这并不是回归与否的问题,而是该如何去寻找答案的问题。在接下来的二十多年的时光里,他对共和初创时期的美国、对林肯领导的统一战争的兴趣从来没有熄灭过,并促使他最终完成了其最为杰出的历史著作《爱国者之血》。

谢尔曼・保罗认为威尔逊可能就是受到了查普曼的《威廉・劳埃德・加里森》(*William Lloyd Garrison*)这部著作的激励才去写作《爱国者之血》的,并试图通过写作这部著作来体验一段在时间上不属于他但在情感上却有着千丝万缕的联系的历史。[②]保罗确实是正确的,但有趣的是威尔逊并不赞成查普曼在《威廉・劳埃德・加里森》中表现出的完全退却到过去的消极态度。查普曼在《原因与后果》中认为,内战以前的农场主在南方实行的奴隶制与内战后的重建中资本家雇佣大量海外廉价劳动力的做法如出一辙。威尔逊在撰写关于美国经济大衰退时期的社会

---

① Edmund Wilson. "The Old Stone House". In *The American Earthquake*：*A Documentary of the Twenties and Thirties*. New York：Doubleday & Company, Inc., 1958, p.509.

② Sherman Paul, *A Study of Literary Vocation in Our Time*, Urbana：University of Illinois Press, 1965, p.203.

状况的报道时发现,这种说法与马克思当初关于资本主义生产的解释有着相似的地方:

> 内战结束之后不久,西部的铁路建设几乎还没有开始,他就已经指出,"从欧洲汹涌而来的移民"将迅速地进入"美国劳动力市场,其速度远远大于从东部前往西部的移民潮";[战争结束后,]大量的公共土地被转让给各种投机公司,通过修筑铁路、采矿等手段来进行开发利用,这样的结果是资本的集中化获得了迅猛的发展。这个伟大的共和国已经不再是移民们的希望之地了。资本主义生产正大步向前迈进。《资本论》(*Das Kapital*)在 1867 年出版了……①

在这段文字中我们似乎可以看到《国际歌》的影子,"矿井和铁路的帝王,在神坛上奇丑无比。他们除了劳动,还抢夺过什么呢？在他们的保险箱里,劳动的创造一无所有!"②查普曼很早就敏锐地观察到了这些,他确实是一位才华横溢的作家,作为威尔逊眼中的"这个国家最好的文人",他在十九世纪末期的时候,一直以爱默生和梭罗的方式将其文学和智识上的才能都用来推动美国政治、社会的发展。

《原因与后果》给威尔逊留下过深刻的印象,他称此书是"有史以来抨击无道德的商业利益对我们的政治活动和政府造成损害的最有力量的作品之一"。③ 他很重视查普曼对历史所做的

---

① Edmund Wilson. *The American Jitters*. New York: Charles Scribner's Sons, 1932, p. 299.
② 《国际歌》,第四段,《鲍狄埃诗选》,人民文学出版社,1981 年
③ Edmund Wilson. *Letters On Literature and Politics*, 1912 - 1972. New York: Farrar, Straus and Giroux, 1977, p. 197.

杰出分析，并且认为历史和政治写作的价值在本质上是与其文学价值结合在一起的，而后者是他在研究查普曼的过程中最为看重的。威尔逊对激进时期的查普曼极为钦佩，称赞他作为一位政治作家在政治生活中所表现出来的高昂热情，同时也把他视作一位真正的艺术家和诗人，其政治性写作内含着优秀的文学品质。这里其实表达了威尔逊对"文学艺术"的一种宽泛理解，即所有好的作品中应该同时蕴含着重要的文学和社会价值。有人批评他在具体的案例中常常忽略文学分析，但正如《阿克瑟尔的城堡》和《三重思想家》中的《格特鲁德·斯泰因》和《格律诗是一种正在死亡的技巧吗》这两篇文章中所揭示的那样，他很早就认为任何优秀的写作，无论是虚构还是非虚构的，都应该具有优秀的文学品质，文学价值就是一种特殊的社会价值。这种对内在于查普曼写作中的文学、社会和政治价值的敏感，促使他直接摘录了查普曼的不少书信和作品中的内容并发表了很多新颖、独到的见解，充分展现出了他对查普曼的思想和才华的深刻洞察。

　　威尔逊笔下的查普曼并不像后人所想象的那样"古怪"，反而认为他是一位能够对各种社会问题提出深刻见解的独立作家，他长期以来对政治和文学生活在美国社会中的重要意义所作的论述也很有说服力。威尔逊坚信未来的人们将会对查普曼产生浓厚的兴趣，并会像人们曾经对待梭罗那样重新阅读他的作品。有趣的是，韦勒克认为威尔逊对查普曼所寄予的这种希望以及为此所做的努力都失败了。二者在观点上的差异有可能更多地与他们在学术、专业和趣味上的差异有关，威尔逊就像是一位社会历史学家，而韦勒克则是一位文学史家。事实上，这种观点上的差异与查普曼的真实价值也没有多少关系。威尔逊是试图在一种更为广泛的社会语境中确立查普曼的历史地位，即这位作家之于内战后的美国的价值和意义,因此就牵涉到了另一个更为广泛的问题——美国作家的地位。

查普曼身上的矛盾其实很早就体现在了这位作家的《政治的不安》(Political Agitation)一书当中,并造成了他最后的精神崩溃。尽管这位作家对美国的政治现实有着深刻的理解,但在实际上,他一生的不安的真正根源是他思想中的爱默生式的个人主义,因此,他的矛盾和冲突也体现了他对社会、经济和哲学的认识上的不足。关于社会主义,查普曼写道,"我们在最终目标上非常接近,因为我们都同处于这个时代即将结束的时候",可社会主义目标的实现则意味着现有社会的终结。他对美国现代历史的连续性和单向性的解释也存在着类似的论调,从而使读者想起了他对美国历史上那些失败的改革家们的评论,他说他们几乎都有着一种共同的精神气质——强烈的无助感。

这种气质在他自己身上其实也可以找到。他在长期的社会实践中都积极地反抗各种外在的力量对个人的压制,所以他一生中最大的反讽莫过于他最后又不得不屈服于某种外界的压力,这种压力实质上也与他的第二次婚姻有关,与他有着类似生活经历的威尔逊或许因此对他产生了更加微妙的情感上的认同。查普曼是十九世纪八十年代从大学毕业的那一代美国青年的杰出代表,他们当时不得不去面对一个曾经摧毁了他们中的大部分人的世界,这种境况与一战后的世界又是何其相似,就此而言,查普曼作为作家之于威尔逊本人有着非常重要的意义。

查普曼的一生其实多姿多彩并富有戏剧性,他兴趣广泛,写作的论题涉及政治、文学和宗教等多个方面,他对自己的写作向来精益求精,为了追求完美、恰当的词句,常常会反复地推敲、锤炼每一个词句,而且其表达方式也相当的简练、清晰和准确,但威尔逊评价最高的还是这位作家后期在散文上的成就,他的一些最优美的散文其实是他在晚年时写的。让人惊叹不已的是,他仍然能够准确地把握住某些问题的症结之所在,用一种旁人根本无法企及的直率和坦白戳穿所有我们习以为常但又密不透风的陈规和伪装。

这就是威尔逊在 1927 年的时候发现的查普曼,他在 1931 年写给查普曼的信中说,"您的文章使我想起了琉善(Lucian)的作品。"①此时的他正逐渐将自己的艺术才能转向推动美国的政治改革,这种立场明显不同于查普曼告别"现实的纷争",退回到对环境的妥协。拉泽尔·齐夫(Larzer Ziff)说威尔逊将注意力从传统的文学中心转移到了它的角落,并发现了查普曼这样的作家,总的来说,正是这些人构成了模塑威尔逊本人的观念和想象的特定环境。② 威尔逊作为文学界的后辈之所以重新去发掘正在迅速被人遗忘的查普曼,首先是因为他认为美国社会缺乏对文学的尊重,其次也暗示着他对自己的作品的命运的忧虑。

三　马克思主义与文学

威尔逊很少系统地论述自己对文学理论和批评的理解,但他在 1937 年年末发表于《大西洋月刊》的"马克思主义与文学"(Marxism and Literature)一文应该算得上是例外。韦勒克

---

① Edmund Wilson. *Letters On Literature and Politics*, *1912 - 1972*. New York: Farrar, Straus and Giroux, 1977, p.242.

② Larzer Ziff. "The Man by the Fire: Edmund Wilson and American Literature". In *Edmund Wilson: The Man and His Work*. Ed. John Wain. New York: New York UP, 1978, p.44.

认为这是威尔逊的大量著作中少有的一篇可以被认为是有意识地讨论文学理论的文章。[①] 事实上,这篇文章确实是威尔逊关于文学批评和文学理论的最为正式的表述,他从经济、心理分析的角度来讨论文学,从更广泛和深远的意义上而言,这是他对文学和美学话语与社会性话语之间的关系的努力探索。

在威尔逊的《我想起了黛茜》、《美国人的不安》、《旅行在两种民主制度之间》、《走向芬兰车站》和《赫卡特回忆录》等作品中都可以看到他对文学问题的不懈探索。《马克思主义与文学》显示了作为历史学家和批评家的威尔逊试图努力去廓清马克思主义与文学在历史上的短暂联姻的来龙去脉。但总的来说,这仍是一篇为文学而辩护的文章。

在 1937 年的时候,威尔逊就曾指出马克思主义能做的就是充分揭示艺术作品的起源和社会意义。他把马克思主义理解成一种关于经济、社会和政治的哲学,通过它可以对文学形成一种新颖、有效的理解,但他似乎没有注意到马克思主义是一种唯物主义的哲学,而且还忽视了唯物主义美学的内在含义。从这种意义上说,他对文学的辩护反而损害了他对马克思主义的准确理解。众所周知,他支持马克思主义,但却反对唯物辩证法,他在思想上并不认同一种严格的决定论。阿尔弗雷德·卡津(Alfred Kazin)把他的这种立场形容为一种“固执的、过时的唯物主义哲学”,[②]而韦勒克则认为它“基本上还是一种实证主义

① Rene Wellek. “Edmund Wilson (1895 – 1972)”. In *History as a Tool in Critical Interpretation*: *A Symposium*. Ed. Thomas F. Rugh and Erwin R. Silva. Provo: Brigham Young University Press, 1978, p.64, pp.76–77.

② Alfred Kazin. “The Man by the Fire: Edmund Wilson and American Literature”. In *Edmund Wilson*: *The Man and His Work*. Ed. John Wain. New York: New York University Press, 1978, p.27.

和实用主义"。①

不管怎样，威尔逊肯定了文学与社会之间复杂而曲折的关系。他研究了一种新的要素——经济，因为马克思和恩格斯就曾将经济引入到了他们对历史现象的讨论当中。于是，他决定研究马克思主义者是如何对经济基础和上层建筑进行分类的，在解释了经济基础与上层建筑是什么之后，他讨论了马克思在《政治经济学导论》(*Introduction to the Critique of Political Economy*)中发表的一种观点——希腊艺术某个阶段的艺术成就达到了最高水准，它与社会的总体发展没有直接的联系，也与它的物质基础和各种组织的最基本的结构没有直接的关系。在威尔逊看来，这其中并不存在什么矛盾，只是文学发展过程中的一个特例而已。为此，韦勒克说，"威尔逊只注意到了此段文字中内容不一致的地方，而没有讨论这个问题本身"。② 因为，威尔逊在很大程度上受到了诸如"形式"、"基础"、"结构"和"基本进程"等这样一些抽象观念的束缚，而且他对历史力量与艺术之间的不确定关系的理解似乎没有抓住马克思的要领。

威尔逊始终认为美学与政治学说是不可化约的，因此苏联人无法"通过立法来产生杰作"，而且，他们把艺术作为一种武器并要求文学具有宣传的作用的做法只会对文学的长期发展造成破坏。③ 因此，他强调意识形态与创作之间只存在着间接的关系，作家的政治角色以及艺术工作对政治行动的依附都不是马

---

① Rene Wellek. "Edmund Wilson（1895 – 1972）". In *History as a Tool in Critical Interpretation*：*A Symposium*，Ed. Thomas F. Rugh and Erwin R. Silva. Provo：Brigham Young University Press，1978，p.89.

② Ibid.，p.75.

③ 威尔逊最初是在 1935 年 5 月 9 日与多斯·帕索斯(John Dos Passos)通信时谈及这个问题，同时还谈论了苏联作家协会［Soviet Writer's Congress］的问题。

克思本人的观念。

为了进一步增强自己论述的力量，他先成功地梳理了以下三个方面的问题：马克思、恩格斯、列宁、托洛茨基和斯大林等人是如何处理文学的、马克思主义文学理论以及十九世纪俄罗斯的文学传统。在三十年代，像他这样的美国批评家对上述问题的看法必然不同于后来的马克思主义批评家，后者认为马克思主义可以适用于苏联之外的其他地方。威尔逊对政治和文学的区别对待，以及他对文学的发展方向所提出的设想，都反映了他作为一位优秀的文学批评家的丰富、开阔的社会视野。他的分析主要针对的是文学创作中的现实主义潮流，因此，在其本质上还是一种社会与政治批评。他还专门讨论了沙皇的检查制度以及斯大林的暴政对文化的损害，并指出文学中的现实主义总是与政治保持着千丝万缕的联系，任何强制性地推行某一种信念的做法都可能会给文学带来灾难性后果，因此，文学艺术工作和主流的意识形态之间并不是一种简单、直接的关系。列宁和托洛茨基都曾出于政治宣传的目的想要操纵艺术，但因为二者都对艺术都有着细腻的感受而没有这样做，事实上，他们把文学视作一个更为自由的领地。文学艺术的创作不能简单地遵守教条的文化政策，可斯大林却对艺术和社会之间的复杂联系进行了简单、粗暴的干涉，他通过"立法的方式来生产杰作"的做法只会给苏联的艺术造成巨大的伤害，而这种做法的基础就是无产阶级专政的辩证唯物主义决定论，威尔逊断然地拒绝把它视为"文学的历史批评的一个方面"。

威尔逊还讨论了托洛茨基的《文学与革命》（*Literature and Revolution*，1924 年）一书，他认为托洛茨基很有智慧且富有同情心，真心地喜爱文学，而且也认识到一件艺术作品并不是可以用来执行党的宣传任务的。但他提出的"无产阶级文学"和"无产阶级文化"等说法是危险的,因为它们错误地把未来的文化挤压进了这些狭窄的限定之中。但他在最后也做出了一个与托洛茨基相似的判断——既然无产阶级专政仅仅只是一个过程的一部分,那么未来的文学,一种超越所有阶级的文学将成为第一种真正的人类文化,并将直接从资产阶级统治时期的文化中产生出来。威尔逊在这里对马克思主义和艺术所发表的深刻见解,使得韦勒克后来对他的批评显得过于轻率,后者说威尔逊"在原则上否定所有马克思主义者,包括卢卡奇想要发展一种特殊的马克思主义美学的努力",而且他还认为威尔逊排斥社会主义现实主义。①

　　事实上,在《当代现实主义的意义》(*The Meaning of Contemporary Realism*)中,卢卡奇做出过类似的判断,即"社会主义现实主义"的文学将是从资产阶级的"批评现实主义"中发展而来的,他还像马克思曾经做过的那样将亚里士多德的观点当作他的现实主义美学的基础。② 威尔逊写道,"在 1932 年之后,社会主义现实主义一度得到了不少支持,或至少对无产阶级专政和社会主义抱有好感的资产阶级作家和批判现实主义者的广泛接受"。③ 也就是说,威尔逊否定的是由"苏联作家协会"(Soviet Writer's Congress)在 1934 年 8 月炮制的并作为一种意识形态写作的"社会主义现实主义"。④ 在他看来,美国拥有一种普通人的文学,而这种文学的价值远远超越了苏联的"社会现实主义"。

---

① Rene Wellek. "Edmund Wilson (1895 – 1972)". In *History as a Tool in Critical Interpretation: A Symposium*, edited by Thomas F. Rugh and Erwin R. Silva. Provo: Brigham Young University Press, 1978, p.75 – 76.

② Georg Lukacs. *The Meaning of Contemporary Realism*. London: Merlin Press, 1963, pp.78 – 80, p.92, p.104.

③ Ibid., p.106.

④ 可参见威尔逊的好友、英国作家以赛亚·伯林在《苏联的心灵:共产主义时代的俄国文化》(南京:译林出版社,2010 年)第 1、6、9 章对与此有关问题的详细论述。

艺术与意识形态是不同的,任何试图在经济和政治学说的基础之上来指导文学生产的做法都是对文学本身的破坏。威尔逊自始至终都极力主张艺术具有脱离社会力量的相对自治的地位,并指出艺术的生产通常与社会的改变没有直接的联系,而且,即使是马克思本人也不认定艺术家要以政治行动作为优先事项。威尔逊也承认在苏联社会的革命语境当中,从作家的角度来看,稳定的社会对于文学的创作而言最为有益,但他相信有可能促使一部伟大作品产生的条件显然不是革命,而是已经发展成熟的文学技巧,并且这种技巧掌握在某位获得了传统遗产的作家手中。

文学生产的必要条件即使是在变化不定的社会中都是恒久不变的,作家的创作可以反映一个变迁的时代,但这并不必然可以肯定他所选择的正好就是未来的方向,这是威尔逊的一种重要观点。关于资产阶级文学在革命和未来的地位,他与卢卡奇(Lukács)的看法也很相似,但他对卢卡奇显然没有什么了解。比较一下卢卡奇的观点,"很多资产阶级作家,尽管同情社会主义,但仍将继续在批判现实主义的框架下工作"。[1] 这位西方重要的马克思主义理论家指出,批判现实主义与社会主义现实主义的联盟,与作家所面对的传统和社会的变革是有关联的:

> 让我重复一次海涅的格言:社会主义是与那些资产阶级作家曾经斗争过的力量进行斗争的最有效的途径。在海涅的时代里,敌人是德国的沙文主义,后来就是侵略成性的

---

[1] Georg Lukacs. *The Meaning of Contemporary Realism*. London: Merlin Press, 1963, pp. 106 - 107.

帝国主义,再往后就是法西斯主义。今天,这个敌人就是冷战的意识形态和核战的军事竞赛。在这一时代中,与共同的敌人的斗争已经将我们领向了紧密的政治联合,这使得批判的现实主义者们在看待历史的时候会采用社会主义的视角,但与此同时,他们并没有放弃自己的意识形态立场。批评现实主义作家所采用的历史素材越少涉及社会主义的建立,他们的眼界就会越宽广。①

此外,威尔逊还讨论了马克思主义作为一种行动哲学的问题。在《走向芬兰车站》的《卡尔·马克思决定去改变世界》(Karl Marx Decides to Change the World)这一章的结尾,他引用了马克思的话:"至今为止,所有哲学只是在为解释这个世界提供了不同的方式,然而,最重要的是改变这个世界。"②他坚持认为艺术最为伟大和真实的目的之一就是使这个社会变得更加完美,然后,他引用了列宁的说法,"文学艺术的创造也是社会的创造,它意味着人类精神试图努力超越自我本身"。这其实是他的一种逐步发展的人文主义思想,它暗含在《我想起了黛茜》,也使读者回想起《阿克瑟尔的城堡》和《旅行在两种民主制度之间》的部分内容,但韦勒克却认为这部分内容在威尔逊的整个写作中都是独一无二的,显然,他没有完全读懂威尔逊。

在分析了作家、作品和社会之间错综复杂的关系之后,威尔逊继续为文学辩护。他很早就认识到文学和美学作为真实

---

① Georg Lukacs. *The Meaning of Contemporary Realism*. London: Merlin Press, 1963, p. 109.

② Edmund Wilson. *To the Finland Staion: A Study in the Writing and Acting of History*. New York: Farrar, Straus and Giroux, 1972, p. 151.

的思维产物是不可化约的,但这种认识在二三十年代的马克思主义文学批评的潮流当中既不被认同也不被提倡。卢卡奇,包括后来的社会学家威廉斯也曾试图证明马克思主义对精致的艺术文化创作具有一种广泛的敏感性。威尔逊很早就开始了对这一问题的探讨并逐渐发展出一种对文学的成熟认识,他对审美的相对性和社会性的强调,也要早于后来的这些文学社会学家和马克思主义批评家。

根据约翰·霍尔(John Hall)的说法,文学社会学家和马克思主义批评家们尽管对"文学的社会起源"提出了不少解释,但他们自己也承认他们的看法"并不能贬损文学的价值,仅仅只是告诉我们那些无法得到解释的文学冲动是如何受到一个特定的社会引导的。文学必须继续用美学的术语来加以判断"。① 文化社会学者珍妮特·沃尔夫(Janet Wolff)认为他们无法解释或理解"审美的愉悦"或"永久的结构"究竟是什么。同时,"'审美'具有它自己不可约分的特性",②这种假设符合卢卡奇在《马克思和恩格斯论美学》(Marx and Engels on Aesthetics)一文中的明确表述:

> ……它们[马克思主义的美学和文学及艺术]是"整体"[历史唯物主义和辩证唯物主义]的一个独特而特殊的部分,有着明确而具体的法则以及明确而具体的美学原则……因此,马克思主义美学决心要解决这个问题……即艺术作品所具有的持久的美学价值与历史进程的结合,在这个过程中,艺术作品的社会价值与美学价值是不可分割的。③

---

① John Hall. *The Sociology of Literature*. London: Longman, 1979, pp.44-45.
② Janet Wolff. *Aesthetics and the Sociology of Art*. London: George Allen & Unwin, 1983, pp.25-26.
③ Georg Lukacs. *Writer and Critic and Other Essays*. London: Merlin Press, 1970, p.63, p.88.

　　可见,二者的观点是相似的,但珍妮特·沃尔夫也说,"对艺术的体验和评价都是社会性和意识形态的建构,但同时又不能化约为社会性或意识形态"。[1]

　　威尔逊在写给朋友泰特的信中说,"我们的最终目的不是艺术和科学而是人类的生存和进步",他继续设想,"这一天终究会来临,届时艺术与科学的杰作将不再是某种理论或某本书,而是人类的生活本身",[2]这种观点是他在二十年代和三十年代早期所信奉的进步主义思想的表达。在某种意义上,这是一种类似于共产主义的乌托邦式的思想。但在近十年之后,也就是在四十年代开始的时候,当历史和现实呈现出更为严酷和复杂的一面的时候,他已经不再坚持这样的观点了。

---

① Janet Wolff. *Aesthetics and the Sociology of Art*. London: George Allen & Unwin, 1983, p. 84.

② Edmund Wilson, *Letters on Literature and Politics*, *1912 - 1972*, New York: Farrar, Straus and Giroux, 1977, p. 211.

第三章　回归文学批评

一　创作与创伤

　　威尔逊在 1935 年的苏联之行中，并非只是看到了希望，也看到了恐惧和压抑。[1] 在经历了个人的精神与思想危机以及前所未有的经济大崩溃之后，他试图诊断出自己和时代的疾病。他本想坚定地走向社会、走向革命的阵营，却最终没能实现这种理想或成为无产阶级英雄。[2] 1937 年，苏联开始大规模肃反，美共也相应地清洗托派分子。他开始厌倦各种政治运动。1939 年 10 月，他悲哀地告诉莫顿·扎贝尔（Morton D. Zabel），决定在这一年的圣诞节之前结束从 1935 年就开始着手写的《走向芬兰车站》，[3] 因为此时的苏联既然已经准备吞并芬兰了，那么走向芬兰车站的路也该结束了。新的幻灭感此时正席卷整个西方世界，他决定退出意识形态的纠纷，重新返回对文学、历史的研究，只是作为一位列宁和托洛茨基的虔诚支持者，此时的他可能多了一份别样的心境。

---

① 路易斯·门德：《历史的浪漫：爱德蒙·威尔逊的共产主义之旅》，《书城》，2004 年第 04 期，第 79 页。

② 赵一凡：《美国文化批评集：哈佛读书札记（一）》，北京：生活·读书·新知三联书店，1994 年，第 94 页。

③ Edmund Wilson. *Letters On Literature and Politics*，*1912－1972*. New York：Farrar，Straus and Giroux，1977，p.322.

　　到 1940 年的时候,威尔逊 45 岁了,在某种程度上,他在这十年里重新评估了自己过去的生活。他曾力图超越前辈批评家的视野,但之前为美国的青年和社会寻找理想出路的尝试却失败了。在 1943 年,他担任了《纽约客》的书籍评论家和首席专栏作家,他所处的这一位置无疑加强了他的文学影响力,在他几乎整个后半生当中,他都保持着令人敬畏的权威地位。

　　1941 年,《伤与弓》出版了,与《三重思想家》(1938 年)一样,这也是他的一部重要的批评文集,此书的出版记录了他意欲走出三十年代的革命情节,重新坚守文学评论阵地的思想转向。在讨论这部著作之前,最好是首先阅读其中那篇关于菲罗克忒忒斯的文章,否则我们可能无法理解这个含义模糊的标题——《伤与弓:关于文学的七种研究》(The Wound and the Bow , Seven Studies in Literature)。菲罗克忒忒斯是特萨利亚的墨利波亚国王波阿斯之子,特洛伊战争中希腊联军将领,他精通箭术,是希腊第一神箭手。他还是大力神赫拉克勒斯的朋友,赫拉克勒斯在死后将自己的神弓和箭遗赠与他。在前往特洛伊的途中,他由于在利姆诺斯岛被水蛇咬伤,双脚感染恶毒,遭受到一种“甚至连智慧和善都无法避免的灾难”,[①]于是,他被奥德修斯遗弃在那里。伤好后奥德修斯与阿喀琉斯之子尼奥普托列墨斯(Neoptolemus)等人请他继续前往特洛伊帮助希腊军队,但遭到拒绝。已成为神祇的大力神赫拉克勒斯降下神谕,他方才与奥德修斯一道去了特洛伊,并射杀了掳走海伦、掀起战争的特洛伊王子帕里斯。

---

① Martha C. Nussbaum. "Preface to the Revised Edition". In *The Fragility of Goodness* , London: Cambridge University Press, 2001, p.xxxii.

这个故事对于文学以及《伤与弓》中专门讨论的几位作家而言，究竟意味着什么呢？事实上，威尔逊并没有因此就作出结论说创作者之所以能够进行创作是因为他曾经遭受过某种心理或生理的创伤。他很满意自己在菲罗克忒忒斯的故事中发现了一种"基本的理念"，即"出众的力量与身体或精神上的某种伤残不可分割"。这种理念用他的另一种说法是——天才与疾病就像力量与残疾那样紧密地相连在一起，可能永远也无法摆脱彼此，正如他之前对查普曼的分析所得出的结论。

但威尔逊在讨论詹姆斯·乔伊斯的文章中却没有论及这一主题，这篇文章仅仅只是一篇《芬尼根守灵夜》（Finnegan's Wake）的导读而已，这一主题也没有与他关于海明威的研究有多少关联。当他把卡萨诺瓦描写成一位伟大人物且从来没有能够"从某些道德败坏的传统中挣脱出来"时，我们倒是可以从中看到这一论题的一些暗示。但当我们开始阅读他关于狄更斯、吉卜林和伊迪丝·华顿等人的文章时，感觉他似乎又有别的什么故事要告诉读者。华顿夫人的丈夫患有精神错乱，这可以说是她的一次精神创伤，尽管是间接的，但似乎比完全没有要好；吉卜林经历过痛苦的童年生活；狄更斯的生活和作品中的故事似乎都与他在那间阴森恐怖的仓库里的不幸经历有关，这一经历以小说的形式被记述在《大卫·科波菲尔》（David Copperfield）当中。

这些作家与菲罗克忒忒斯存在着相似之处，但这并不表示他们中的哪一位与他是完全一致的。菲罗克忒忒斯在受伤之前就已经拥有了他的神弓，而且他之前也从未有能力拉开弓把箭射向特洛伊的城墙，直到他的伤痛获得了治愈为止。然而，当他忘记了曾经经历过的苦况并将自己的天赋才能奉献给人民的时候,神就会让他的伤痛得到治愈。但是,华顿夫人的最好的作品是在她(也可以说是她的丈夫)受伤最深的时候;而一旦她在法国定居下来并过上悠闲舒适的生活的时候,却再也写不出什么重要的作品了。而且,吉卜林和狄更斯两人的创伤从来都没有获得过真正的治愈。

此书的好坏或成败在本质上是由威尔逊对吉卜林和狄更斯的研究决定的。仅狄更斯几乎占据了全书三分之一的篇幅,再加上关于吉卜林的内容,所占的篇幅差不多是其他五位作家的两倍。当然,以同样的篇幅去详细地讨论另外五位作家是很困难的,因此,威尔逊将自己准备采用的主要的批评方法——弗洛伊德精神分析法——在全书的前面部分进行了详细的介绍和运用,但也正是在这里,这种方法事与愿违地背离了他最初的意愿。

威尔逊对那些研究过狄更斯的前辈们颇为不屑。他尊重吉辛(Gissing),尊重萧伯纳,但认为福斯特(Forster)的《人生》(*Life*)并不是真正的传记,而切斯特顿(Chesterton)"常常将大量的概念混入到那种独一无二的带着某种微醺般诗意的文字当中,其表达反而显得冗长、啰唆",桑塔亚那(Santayana)更是不值一提。这些都是相当有威尔逊风格的观点。同样,他说吉卜林是"无人阅读的吉卜林";他勇敢地要求公正地对待华顿夫人;他在开始讨论卡萨诺瓦的时候告诉我们,除了哈夫洛克·埃利斯(Havelock Ellis)的文章之外,在英语世界没有什么特别严肃的东西。

狄更斯作为一位小说家的名誉在历史上从未像现在这么高。人们对他的轻视已经过去,威尔逊对他的热情不亚于任何人。但是,对小说家的理解似乎并未与他的声望的升高保持同步。威尔逊敏锐地意识到杰克逊(T. A. Jackson)对狄更斯的研究如果不掺和进马克思主义的话,一定会是一项杰出的成果①。非常可惜,虽然他为了解答《德鲁特疑案》(The Mystery of Edwin Drood)而花费了大量的精力,但却一无所获。他巧妙地概括了霍华德·杜菲尔德(Howard Duffield)和奥布里·博伊德(Aubrey Boyd)的研究,并试图将它们加以综合来解读贾斯珀之于狄更斯的自传意义,却完全没有达到预期目的。然而,在他的书中确实有着其他一些非常精彩的地方,如他对狄更斯所使用的各种"象征符号"(symbols)的研究,以及对狄更斯作为一位艺术家的发展历程的清醒认识。

在文学史上,不负责的批评在后来会不断受到挑战。无可否认,范怀克·布鲁克斯在1920年的时候对马克·吐温的批评几乎误导了知识界整整十年的时间,但后来的批评家又将读者带回到了正常的道路上并重新恢复了对马克·吐温的正确认识。这样的事情也会发生在狄更斯的身上,但这种情况只有当评论家们学会了如何去处理证据时才能实现。②

四十年代是威尔逊的文学批评生涯的一个分水岭,《伤与弓》作为他最为重要的文学研究论文集之一,代表了这十年中他的批评成就的最高峰。谢尔曼·保罗认为,威尔逊凭借着这部文集重新恢复了一流文学批评家的地位。③ 以《走向芬兰车站》为界,他在二三十年代主要从事的是政治进步主义的文学研究,而四十到六十年代的工作则带有着更为强烈的个人倾向,这种倾向可以在《光明的彼岸》、《经典与商业作品》以及《生活的羁

---

① Charles Dickens, The Progress of a Literary Readical, by T. A. Jackson. International Publishers, 1938.

② Wagwnknecht, Edward. "The Wound and the Bow, Seven Studies in Literature, Book". Modern Language Quarterly 3, no. 1, March 1942, p. 164.

③ Sherman Paul. A Study of Literary Vocation in Our Time, Urbana: University of Illinois Press, 1965, p. 166.

绊》这些著作中看出来。从《伤与弓》开始,他继续在后来的《经典与商业作品》和《生活的羁绊》等著作中以一种更为个性和特殊的方式开展对文学和语言的研究。在《阿克瑟尔的城堡》中罗列的那些国际化的文学大家们,终于可以在这部文集中找到旗鼓相当的人了。他重新找到了自己早期的那种对文学的强烈兴趣,但与以往不同的是,他现在最关注的是一位作家在声誉鹊起之前的故事,也就是一位作家的精神气质和写作特点究竟是如何形成的。

　　此时的他也已经不再固守着三十年代的进步主义立场,对作家的兴趣带上了更为个人化的观点或偏见。在稍后的一些时间里,这种偏见常常促使他去研究历史上的一些不太重要的人物,因此,这种对特殊人物的兴趣有时会显得不合逻辑。比如他关于卡萨诺瓦的论述,除了其中部分真实的内容之外,自然还有异想天开的一面。就总体而言,《伤与弓》中的大部分文章都运用了"创伤文学"的概念。精神分析学说认为童年时期经受的冲突和创伤,有可能成为成人生活的很多场景中的不适和矛盾的根源,这种学说主张分析人物的童年和成长经历来解释成年后的举止和行为。而"创伤文学"就是借鉴这一理论来分析文学家的创作风格和内容。威尔逊大力借用这一重要概念所试图理清的是艺术家的出众才能与疾病之间的联系,即艺术家的"力量"与"软弱"是如何在他们的作品中混合在一起的。

　　早在 1920 年,他就在《名利场》上发表过关于弗洛伊德和心理分析的文章,心理分析在他后来的文学批评当中的重要性逐渐增强。他于 1934 年在《猎狗与号角》(*Hound & Horn*)上发表的一篇文章,《含混的亨利·詹姆斯》(*The Ambiguity of Henry James*),这篇文章后来也编入了《三重思想家》中,这是他的《伤与弓》先声。就像将马克思关于经济因素的解释加入到文学批评中一样,心理分析也给文学阐释带来了不同的问题,它给文学批评家们增加了一种新的分析文学作品的装备,但也因此产生了更多、更复杂的问题。事实上,弗洛伊德强调过心理分析最重要的是对传记分析形成一种增补效果,根据理查德·埃尔曼(Richard Ellmann)的说法,心理分析使得我们对作家的生平细节"变得更为敏感"。① 对于将心理分析运用于文学研究的做法,威尔逊给出了限定条件,当然,他更加清楚这种方法可能具有的潜在力量,布鲁克斯在《马克·吐温的考验》(*The Ordeal of Mark Twain*)中对此种方法的运用曾给他留下过非常深刻的印象。他相信这种方法能够揭示某种特殊的意义,即在某位作家的作品当中反复出现的某些倾向、强迫行动以及情感模式,有可能"就像细胞显示出组织的状况一样",表现出在某个特定的历史时刻的某个群体或个人的真实状况。

戴伯尼和埃德尔都曾盛赞《伤与弓》是一部研究艺术天才的重要著作,具有开拓性的意义。② 当然,威尔逊对艺术家的心理问题的兴趣还很难被认为是真正意义上的精神分析。因此,艺术家、作品以及他们与社会的联系,就像讨论艺术才能的起源与疾病的关系那样,只是他所关注的众多主题中的一个,而非最为重要的。从笼统的意义上说,此书的一个更为普遍的主题应该是个体与群体的对抗。

把《伤与弓》描述成一种对创造力的心理根源的研究是不够完整的,但威尔逊认为心理分析可以增强传记研究在探讨文学作品的起源时的说服力。威尔逊关于狄更斯和吉卜林的文章是

---

① Richard Ellmann. "Freud and Literary Biography". *American Scholar*, no. 53, 1984, p. 472.

② Lewis M. Dabney. "Edmund Wilson and *The Wound and the Bow*." *Sewanee Review*, no. 91, 1983, p. 165; Leon Edel, ed. *The Forties*. New York: Farrar, Straus and Giroux, 1983, pp. 5 - 6.

《伤与弓》中最为重要的两篇文章,也是最为严格的采用弗洛伊德的方法来分析作家的两篇文章,但也因此产生了不少问题,如简单地使用心理还原论而造成推理上的谬误,最为明显的就是混淆作家生活与作家作品之间的关系,此外还会导致对文学作品的文学分析的不足。这样的结果是文学批评的公正性或平衡性受到了损害,而这原本是他的文学评论的重要特点。像《海明威:斗志的标尺》(Heimingway:Gauge of Morale)和《易尔威克的梦》(The Dream of H.C. Earwicker)是属于更加注重保持公正、持平的文学批评,但他在研究海明威和乔伊斯时,并没有严格地贯彻心理分析的方法;同样,《令人不快的卡萨诺瓦》(Uncomfortable Casanova)和《伊迪丝·华顿的公正》(Justice to Edith Wharton)都对心理问题予以了关注,但相比而言要谨慎得多。

弗洛伊德关于艺术才能的精神分析曾经引起过非常多的争论,莱昂内尔·特里林批评浪漫主义诗人"狂热地崇拜暴躁的天才",根据他的说法,这些天才"是一种对我们文化的最具个性的假设",因此,他认为弗洛伊德"犯了一个显著的错误",竟然采纳了这样一种流俗的观点。[1] 根据斯坦纳(Steiner)的说法,提出了精神分析的基本原理的弗洛伊德也同时是一个文体上的天才,但"他冷静的不可知论正在'美好年代'(belle époque)[2]的欧洲中产阶级的华丽陵墓中快速凋谢"。他指出在马克思和弗洛伊德的思想当中都存在着某种天启式的品质,"弗洛伊德的心理分析就像马克思主义一样,也为人类提供了某种弥赛亚式的幻

---

[1] Lionel Trilling. "A Note on Art and Neurosis". *Partisan Review* 12, 1945, p.43.

[2] belle époque[偶作 B - E -][法语](从普法战争结束到第一次世界大战爆发前巴黎上层社会的)"歌舞升平年代,太平盛世,美好时期",同时也是文艺大繁荣时期(1871～1914)。

景，即人类借助它能够从宗教的束缚中获得解放"。[①]　威尔逊先后对这两种理论产生了浓厚兴趣的原因，或许就在于此。

威尔逊的文学批评总是充满着力量，这种力量在《伤与弓》中主要体现在心理分析和传记研究的巧妙结合上，体现在他对吉卜林早期作品和社会、历史环境的简短分析中。他在研究吉卜林如何成长为一位小说作家时，非常出色地将文学和历史进行了综合的讨论。亨利·詹姆斯曾经认为吉卜林有成为英国的巴尔扎克的可能，[②]威尔逊通过引用这一评论为自己对年轻的吉卜林的论述加入了一抹戏剧性的色彩。他写道，"早年的吉卜林是一个精力充沛且富有同情心的人物"，并创作了一系列个性鲜明的小说人物，如印度土著、英国士兵等。在对此做了一番概要的描述之后，威尔逊同时提醒我们注意吉卜林在作品中所表现出的极好的敏感性和客观性。他还研究了吉卜林所接受的教育、在报业的工作经历以及家庭背景，如艺术家的父亲和富有学识的叔伯等等。他认为所有这些，如教养和出身都特别有助于一位小说家的诞生。尽管这种观点在很大程度上有陷入决定论的危险，但也确实是对吉卜林的一种合理而有启发性的研究。从心理的角度分析吉卜林的个人经历、教育和社会环境在他成为一名小说家的过程中发挥了重要的影响，这是合乎逻辑的，威尔逊也因此对这位小说家在虚构上尤其是在处理戏剧冲突时表现出的缺点提出了深刻的见解。他认为吉卜林在孩童时期的经历使得他对权威产生了一种根深蒂固的服从心理，这种说法也许是对的，但这种推论似乎没有多少必要，因为不需要采用心理分析，仅仅从对这位作家的小说的情节和角色进行分析就可得

①　George Steiner. "The Fantasies of Freud". *The Sunday Times* 1984, p.42.
②　参见吉卜林：《虎、虎、虎》"译本前言"，文美惠等译，桂林：漓江出版社，1988年，第2页。

出与此相似的结论。

《斯托基公司》(*Stalky&Co.*)和《吉姆》(*Kim*)在表面上都是关于吉卜林的学生和青年时期的作品,但是,在这两部作品中并没有一种冲突最终造成了真正的危机。威尔逊说吉卜林在《斯托基公司》中还无法将暴力的冲突加以戏剧化的再现,而在《吉姆》中,尽管作者刻画了两个不同的世界,但仍不能将一个重要的高潮部分加成型,也没有充分地展现吉姆服从命令去统治土著的过程中所遇到的各种矛盾。《吉姆》表明吉卜林试图让自己达到一位第一流作家的境界,但威尔逊在分析了这部作品之后却发现吉卜林其实只拥有成为一位短篇小说家的艺术才能:

> 他可以创作一篇令人印象深刻的关于某个人如何让另外一个人丢脸的短篇小说;但是,这还不足以使他成为一位伟大的小说家,这样的小说家必须向我们展示各种巨大的社会力量或人类精神的斗争与冲突。①

在这种如何成为伟大的第一流小说家的一般标准中,暗含着威尔逊对文学的再现现实功能的理解。他的这样一种评判标准普遍地存在于《伤与弓》中,其实也贯穿于《阿克瑟尔的城堡》和《三重思想家》当中。

吉卜林的作品因为其理性、简洁和紧凑的风格而在读者当中产生了很大的影响。作家与读者的关系"就像是轴承和齿轮",吉卜林以自己的形式证明了这种机械规则的有效性。他的声望在晚年每况愈下,但从书籍销售的情况来看,他仍然是一位

---

① Edmund Wilson. "The Kipling that Nobody Read". In *The Wound and the Bow*, New York: Oxford University Press, 1965, p.103.

非常受大众欢迎的作家,威尔逊对这位作家的读者作了一次区分:

> 孩子们仍然读他的书;大学里的学者仍然读他的诗歌;与他同一时代的男人和女人们仍然会重读他早期的作品,但在某种意义上,他已经被抛出了现代文学,因为态度更为严肃、认真的年轻人不再读他的书,于是批评家也就不再把他当回事了。①

他在这里还提出了一个关键的问题,那就是为何直到吉卜林的生命即将结束的时候,都没有什么学者注意到他的艺术才能的发展逻辑?他借此考察了维多利亚时代的读者、书籍出版以及另一位英国作家狄更斯与公众的关系。他发现读者其实成为了影响狄更斯的《远大前程》(*Great Expectations*)的最终结局的一个非常重要的因素,"狄更斯是一位公共的娱乐人物,他认为不能太让自己的读者失望了",他也非常清楚"他的小说可以对读者产生直接的影响"。威尔逊接着说《马丁·翟述伟》(*Martin Chuzzlewit*)中的马丁·翟述伟之所以去了美国,是因为狄更斯发现读者对这个故事已经越来越不感兴趣了。② 他还同时讨论了通过连载的形式来创作并出版小说可能会带来的问题,他说这样的写作因为无法进行反复的修改而受到了很大的限制。他甚至推测狄更斯在创作南希(Nancy)被赛克斯(Sikes)谋杀的戏剧性场面时所表现出的过于强烈的兴奋情绪,可能正是他本人死亡的直接原因,如果事实真是如此的话,那么狄更斯与读

---

① Edmund Wilson. *The Wound and the Bow*, New York: Oxford University Press, 1965, p. 86.

② Ibid., p. 16.

者的关系真是一场悲剧。

随后，在比较了吉卜林与康拉德（Conrad）、克莱恩（Crane）之后，威尔逊重申了自己的一个重要观点，那就是现实主义文学所具有的重要的社会和政治价值。他认为康拉德的《在西方的注视下》（*Under Western Eyes*）和克莱恩的《伤心酒店》（*The Blue Hotel*）的价值要高于吉卜林中期的作品，主要是因为康拉德和克莱恩追求"对人类道德生活的独立探索"，而吉卜林却成为了一位亲帝国主义者，而且前两位作家都没有像吉卜林那样犯下了"一个最为严重的错误"，即失去了对艺术家的天职的信仰。他的这种立场或取向可以说几乎完全是社会性的和政治性的，因而并不完全是文学的和美学的。在他看来"艺术家的天职"主要就是对政治事态的关注与投入并使之成为自己的创作主题。他似乎不喜欢吉卜林的自然主义描写。在讨论《丛林之书》（*The Jungle Books*）的过程中，他注意到了此书中明显的讽寓性内容，但认为它们所传达的社会和政治意义并不令人满意。事实上，他对小说的社会现实主义的理解也并不全面，甚至显得过分简单。此外，他认为小说的原创性是特别重要的，为了表现那些从未进入文学中的事物，吉卜林寻找到了词语的新的韵律、色彩和纹理，其对同时代的生活所做的精确描述在那之前几乎没有作家这样做过。

威尔逊用同样的标准来批评海明威的小说，认为后者可能受到过吉卜林的《无利可图的牧师》（*Without Benefit of Clergy*）的影响，在《永别了，武器》（*A Farewell to Arms*）和《丧钟为谁而鸣》（*For Whom the Bell Tolls*）中，作者对女性以及男女关系的刻画表现出了与前者相似的"分裂态度"，而且他们对社会的一些设想也很接近。而且海明威在《富有与贫穷》（*To Have and Have Not*）中同样对人类表现出了消极、不满的态度。威尔逊也曾经说吉卜林对人类的反应变得越来越呆滞、无趣,甚至一度要抛弃所有的人类。但他认为海明威所创作的最为出色的人物角色都具有一种道德的完整性和权威性,在他们身上总是体现出一种坚强的"斗志",这是一种面对着逆境所展现出来的勇气,在某种意义上它是而且只能是一种男性力量的体现。这显然是一种过于简单的看法,但我们或许可以从中隐约地触摸到他的思想中的那种男性中心主义观念,这种观念一直支配着他的生活和创作。

威尔逊说海明威笔下的角色几乎都与现实有关,都表现了一种"现代的男人们在可能丧失对自己的世界的控制时露出的惊骇之情"。[①] 在看似平静的生活里,某种危险正在接近这些男人,它随时都有可能会发生,并将他们曾经脚踏的坚固大地摇动、崩裂……《老人与海》中的圣地亚哥在费尽千辛万苦捕捞上一条巨大的马林鱼之后,却遭遇到无数嗜血鲨鱼的围攻和掠夺,他用尽一切方法去阻挡这些疯狂的敌人,却仍然只能在最后无奈地目睹它们一块一块地撕下马林鱼身上的肉。这种失落和无力感在另一部作品《乞力马扎罗的雪》中也能找到,主人公哈里是一位不太成功的作家,因为腿部不慎受伤而发炎以至严重坏疽,正在非洲的一个打猎营地慢慢地死去,他期盼已久的英勇狩猎和人生到此也似乎是戛然而止。丛林中的秃鹫和鬣狗就像大海中的鲨鱼那样,闻到了死亡的气息,纷纷聚集到他的住处周围。秃鹫静静地栖息在他倚坐之处对面的干枯树枝上等待,鬣狗似悲号又似笑声的嗥叫不断地将他从昏睡中惊醒,死亡的脚步越来越近了,一切都是如此的无能为力……

---

① Edmund Wilson. "Hemingway: Gauge of Morale". In *The Wound and the Bow*, New York: Oxford University Press, 1965, pp. 195 – 196.

　　因为死亡,海明威的失落总是表现出一种强烈的虚无感,就如他最早的短篇小说《在印第安人营地》和另一篇著名作品《杀人者》中的男人们那样,一种无法抗拒的死亡总是如影随形,到最后让他们完全无法承受,无能为力,以致彻底放弃一切努力。"这样奔来赶去,我已经跑够了。"《杀人者》中的瑞典人在得悉有人伺机谋杀他时,并不慌张,而是漠然地等待随时可能会出现的死亡。小说中的人物常常会成为海明威的替身,也似乎在一定程度上预示了他自己的命运结局,在差十九天就六十二岁时,他用自己最钟爱的双管猎枪对准自己,并扣下了扳机。"我猜他是受不了呢。"在《印第安人营地》中,做医生的父亲不得不如此无奈地回答惊恐的孩子对一个印第安男人突然自杀的疑问,这个回答在多年之后,成为海明威终结自己生命的最佳注脚。

　　另外,与吉卜林一样,威尔逊说海明威"用一种新的且仍未受文学陈规影响的感觉和言说的方式,给一个无边、荒凉的世界吹入了清新的空气",他的后期作品,尤其是《弗朗西斯·麦康伯短促的幸福生活》(*The Short Happy Life of Francis Macomber*)以及《乞力马扎罗的雪》(*The Snows of Kilamanjaro*),都是能体现其写作技巧的经典之作,其中成熟的道德视野和艺术风格也达到了顶峰。1954 年诺贝尔委员会表扬海明威对于"现代对话艺术的有力的和独具风格的掌握",以及对于"每一个在充满了暴力和死亡的现实世界里勇敢地战斗的个人之自然而然的崇敬"。① 威尔逊之前的评语几乎可以看作是这份颁奖辞的先声,但他也认为海明威在风格和人物性格的描绘上也有失败

---

① 贝克·卡洛斯:《欧内斯特·海明威传》,陈安全等译,香港:生活·读书·新知三联书店香港分店,1985 年,第 287 页。

的地方,甚至会用一些耸人听闻的情节来愚弄读者,其下降的
写作水准直到他重新恢复了艺术和道德的视野之后才挽回了
颓势。

　　在关于乔伊斯的文章《易尔威克的梦》(*The Dream of H.
C. Earwicker*)中,威尔逊更加明确而详细地讨论了一些与文学
有关的问题。他曾经向美国的读者介绍过乔伊斯这位他们之前
几乎一无所知的作家的一部特别晦涩的作品——《尤利西斯》,
在给读者介绍类似作品方面他总是做得最好。同样,他在这里
试图再次为读者们阅读一部关于睡眠并同样可能令他们昏昏入
睡 的 小 说 提 供 些 指 导, 这 部 小 说 就 是《芬 尼 根 守 灵 夜》
(*Finnegan's Wake*)。他主要从心理学的角度分析了乔伊斯对梦
与无意识语言的探索,还高度赞扬了《芬尼根守灵夜》的母题并
为之做了辩护,称这是一部关于配偶之爱的戏剧,剧中的这对配
偶清楚地明白他们终将醒来,而他们之间的超出常规的性伙伴
关系也将结束。这是一个与个人心理和性欲有关的主题。为何
他会把这个主题看得如此之高也是一个很有趣的问题。联系到
他本人此时糟糕的婚姻生活,读者或许可以从中嗅到一丝现实
生活的味道。

　　在威尔逊看来,这部小说之所以伟大是因为作者本人拥有
一种创造神话的诗学力量,他说乔伊斯"用一种原创、纯粹和激
情的诗艺描绘了一般人的普通而具体的经验",①这是他对这位
作家的一种至高的评价。乔伊斯的文学实验摆脱了陈旧的语言
和角色的束缚,因此,在某种程度上说,《芬尼根守灵夜》是一部
最为卓越的现代主义作品。《易尔威克的梦》这篇文章代表了威

---

① Edmund Wilson. "The Dream of H. C. Earwicker". In *The Wound and the Bow*, New
　　York: Oxford University Press, 1965, pp. 220 - 221.

尔逊对文学所做的最为彻底和深入的探索,而其中关于美学的讨论更是彰显了他敏锐的洞察力。长期以来,乔伊斯的这部描写沉睡的"史诗"所引起的争论往往离不开它究竟是现实主义作品还是仅仅只是自然主义作品的问题,威尔逊则认为乔伊斯把象征主义和自然主义结合成了一种新的现实主义。[1] 另一方面,《芬尼根守灵夜》由于采用了特殊的言语模式,同时又因过度地使用"新方法"和"心理原则"而引起过较大的争议,威尔逊对乔伊斯的这些做法也有所批评,但始终坚持认为此书是"一部伟大的文学作品"。他还说《芬尼根守灵夜》的部分文学价值就在于表现了人类的情感反应的本质和强度,同时,现实主义而不是福楼拜式的自然主义是这部作品的鲜明特色,但有趣的是,构成这种现实的不是历史事件和人物角色,而是符号和神话,他对现实主义的这种看法尚需存疑,但我们应该能够理解这种看法的合理之处。

可以说,威尔逊为现实主义确立的美学标准是他最为重要的文学成就之一。然而,他却从未明确地阐明这样一个标准,也没有像埃里希·奥尔巴赫(Erich Auerbach)那样对"现实主义"做出严格的定义。奥尔巴赫在《奥德赛的伤疤》(Odysseus' Scar)和《罗兰与甘尼仑的斗争》(*Roland Against Ganelon*)这两篇文章中对西方传统的文学模式的精彩分析是其《摹仿论》(*Mimesis*)因而得名的最重要的原因,他认为《荷马史诗》和《圣经》分别代表着两种不同的风格,它们在形象、修辞和世界观等方面都存在着差异。[2] 奥尔巴赫集中地分析了修辞、比喻的结构以及文类的

---

[1] 可参阅本书第二章的相关内容。

[2] Erich Auerbach. "Mimesis: The Representation of Reality in Western Literature", translated by Willard R. Trask. Princeton: Princeton University Press, 1953, pp. 3 – 23, pp. 96 – 122.

形式特征,并根据文学的传统以及严格的历史语境来研究文本,而他的"现实主义"也在具体的传统和历史语境中获得了明确的解释。他的文学研究可谓是历史现实主义的典型代表,是对西方文学中的独特文本的表现模式所做的富于启发性的研究。就这一点而言,他与威尔逊形成了鲜明的对比。卢卡奇(Lukacs)也曾系统地论述过他对现实主义的理解,其观点与奥尔巴赫的是一致的:

> 这里是一个分点:如果我们用哲学的方式将这个问题加以抽象化,并把所有形式上的考虑都搁置在一旁的话,我们就会得出了一个关于现实主义文学的结论,用传统的亚里士多德学派的一则格言来表示就是——人是政治的动物,一种社会的动物……阿喀琉斯和维特,俄狄浦斯和汤姆·琼斯,安提戈涅和安娜·卡列尼娜:他们是个体的存在……但不能与他们所处的社会和历史环境区别开来。他们特殊的个性也不能与创造他们的环境条件分开来。①

威尔逊从未正式地对现实主义做过令人满意的系统的阐述,在这一点上,他显得有点儿不像一位完全的历史批评家,他关于现实主义的观念在此后也没有获得充分的发展。

在三十年代的时候,威尔逊对一位威尼斯的风流人物卡萨诺瓦很是着迷,他在阅读了此人的回忆录之后,就饶有兴趣地对这位有着放荡和神经质名声的花花公子进行了研究。卡萨诺瓦年轻时因为品行不端被神学院开除,从此开始了他丰富多彩而又放荡不羁的生涯,到欧洲各地游荡。1755 年返回威尼斯后,

---

① Georg Lukacs. *The Meaning of Contemporary Realism*. London: Merlin Press, 1963, p. 19.

有人告发他是巫师，被关进监狱。次年越狱，逃往巴黎。后来为了躲债，更名改姓，再次到各地旅游，直到 1774 年才回到威尼斯并成为间谍，为威尼斯的政府调查人办事。晚年（1785～1798）在波希米亚为瓦尔德施泰因伯爵当图书管理员。他的自传是一部巨著，于 1825～1838 年第一次出版，共 12 卷，对 18 世纪的欧洲描述详尽，同时他善于勾引女人的形象也跃然纸上。①

　　卡萨诺瓦从一开始就有道德败坏的恶名，而他的回忆录《冒险和艳遇》就是他无尽地挣扎于自身的欲念和贪婪的证明。威尔逊声称："我从来没有读过一本书，无论是传记的还是虚构的，会给你呈现出一个如此完整的人生"，②他说没有任何一位小说家或诗人曾经比卡萨诺瓦还要更好地描绘了个人生活中已经逝去的荣耀。"卡萨诺瓦的伟大美德是他不受任何浪漫或温情的社会习俗的摆布"，但此人对自己时代的政治和历史问题毫不关心，而且"对这个社会的更宽广的生活几乎没有什么想象"，也从来不是"那些期望旧的王权倒台的人中的一个"。③ 尽管如此，《回忆录》中的"卡萨诺瓦"仍然强烈地感染并吸引了威尔逊：

　　　　卡萨诺瓦将自己的一生都写进了他的故事当中。这是一个多么广阔的生活世界啊！你不能在其他书本中看到这样一个十八世纪：从社会的底层到上层，从英格兰到俄罗斯，以及比你在任何其他一本十八世纪的小说中都要发现

---

① 参考《大英袖珍百科·中文电子版》[Encyclopædia Britannica, Inc. 2007]相关词条，还可参见卡萨诺瓦：《冒险和艳遇：卡萨诺瓦回忆录》，高中甫、贺骥、杜新华译，北京：中国电影出版社，2001 年。以及茨威格：《自画像：卡萨诺瓦、司汤达、托尔斯泰》，袁克秀译，北京：西苑出版社，1998 年。

② Edmund Wilson. "Uncomfortable Casanova". In *The Wound and the Bow*, New York: Oxford University Press, 1965, p.152.

③ Ibid., p.155.

的更多个性更为鲜明的人物……。①

也许,他对此书的戏剧性情节的兴趣轻而易举地打败了他对作者本人的批判。他对卡萨诺瓦的自传赞不绝口,同时也承认此人的生活中只有女色、权力和财富,"他有卑鄙的一面、奴颜屈膝的一面",这种品性可能使得一些严肃的学者打消了研究的念头,但"在这个大陆仍然有一大堆人在研究他",威尔逊显然属于后者之一。韦勒克曾经指责威尔逊"青睐卡萨诺瓦这样浅薄的逸事大王,偏好此公甚于卢梭"。②

在威尔逊看来,如果要对卡萨诺瓦和卢梭进行比较的话,作为一个男人和作家,前者要高出一筹,而作为一位思想家后者则要更加伟大一些。这种看法不免令读者感到困扰,因为它似乎模糊了小说与自传之间的差别,同样,他也没有对《回忆录》的政治和社会价值做出详细的论述。卡萨诺瓦的作品为何比卢梭的要伟大,特别是其中的很大部分篇幅还充斥着"淫秽"、"私人"和"反动"的内容的时候?威尔逊对卡萨诺瓦的冒险生涯艳羡不已,花费了非常多的笔墨去描写此人的放荡生活和神经质而不是文学或创作才能,与他之前对狄更斯和吉卜林的严厉态度相比,这种欣赏态度显然缺乏必要的说服力和道德力量。

相对而言,威尔逊对伊迪丝·华顿的批评要周到得多。1913 年的时候,他从普林斯顿给阿尔弗雷德·博林格写信,说自己发现了两部伟大的作品——亨利·詹姆斯的《螺丝在拧紧》和伊迪丝·华顿的《伊登·弗洛姆》,故此,谢尔曼·保罗认为威

---

① Edmund Wilson. "Uncomfortable Casanova". In *The Wound and the Bow*, New York: Oxford University Press, 1965, p.154.

② 雷纳·韦勒克:《近代文学批评史》(中文修订版·第 6 卷),杨自伍译,上海:上海译文出版社,2009 年,第 221 页。

尔逊之所以一生都坚定地支持华顿，是因为他深深地认同这位
美国女作家描述的那种"来自上层阶级的威胁"。保罗甚至还认
为威尔逊自己的"伤"就是因为其"阶级上的流离失所"造成的，
这种"伤"不但成为了《伤与弓》中的一个重要主题，而且"也可以
被认为是促使他写作此书的决定性力量"。①

《阿克瑟尔的城堡》、《三重思想家》和《伤与弓》似乎都表明
威尔逊一直努力地要赋予文学艺术家以一种积极的角色，这应
该才是一种更为伟大的力量。在《伤与弓》中，他将心理分析运
用到了文学研究当中，华顿夫人在生活尤其是婚姻上的不幸经
历也使得心理分析获得了有效性。他综合分析了华顿作品的文
学品质和社会品质，并结合了他对作家的个人生活经历、文本、
文学艺术和社会价值的分析，显示出了卓越的批评才能。在这
篇文章的结尾，这种整体性的批评显得特别具有说服力：

> 当伊迪丝·华顿的艺术才华的光芒逐渐变得黯淡以致
> 最后消失了的时候，她离开了我们，但仍然逗留在我们的视
> 野里，有着大大的黑眼睛的聪明的老姑娘，严肃、体贴的女
> 管家，世俗的价值观是她的谋生手段，但她却始终尽力地拒
> 绝这些价值观；她是过时的政治运动的产物，但迟早会将这
> 场运动的推动力传递到未来社会的兴起当中。②

创作是华顿作为一位精神病患者的妻子所获得的精神性补
偿，她的作品就是"压力失调的一种绝望的产物"，故而，写作其

---

① Sherman Paul, *A Study of Literary Vocation in Our Time*, Urbana: University of Illinois Press, 1965, p.10.
② Edmund Wilson. "Justic to Edith Wharton". In *The Wound and the Bow*, New York: Oxford University Press, 1965, p.173.

实就是一种治疗。威尔逊将华顿称作是一位"历史学家"和"充满激情的社会预言家",他也因为对华顿的生平经历以及她本人创作的美国男性角色的论述而引起过争议。根据他对美国战后背景的论述,华顿笔下的男性角色是那个时代中占统治地位但又平凡的男人的真实写照。华顿在离开美国之后,她的创作力就开始下降了,威尔逊以一种令人信服的方式论述了她的"精神创伤"与创作之间的关联,但并没有在其中加入多少心理分析,他关注这位作家与她所处的特殊环境的关系,同时也对她的小说进行了大量的讨论,却很少再谈及她从事艺术创作的起因究竟是什么。

在东方人的世界里,狄更斯比其他西方作家要更让人着迷,因为他笔下的角色、生活以及社会环境都富有想象力地再现了一种有代表性的西方人的生活场景。威尔逊关于狄更斯的文章《两个守财奴》(Dickens：The Two Scrooges)与前面的《伊迪丝·华顿的公正》和《海明威：斗志的标尺》这两篇文章一起,被认为是威尔逊借助心理分析来对文学进行探讨的一种重要尝试,但他在此文中则开始试图尽力克服弗洛伊德的心理方法的内在局限性。

他首先研究了狄更斯的成长经历,试图以此来证明这位英国小说家一直渴望获得一种社会地位。他把这种渴望与一般的英国作家缺乏固定的社会地位联系了起来,并借此发表了一通关于作家尤其是陀思妥耶夫斯基的社会出身的有趣评论,他认为这位俄罗斯作家与狄更斯有很多相似之处,他们的文学才能和视野至少在一定程度上要归因于他们都无法很好地适应当时的社会环境。

在《两个守财奴》的第三、四部分,威尔逊分别论述了狄更斯的作品,尤其是《巴纳比·拉奇》(Barnaby Rudge)中与犯罪和反叛有关的主题。他认为《艰难时世》(*Hard Times*)就像《巴纳比•拉奇》一样继续描写了与"革命"有关的问题,并对其中与社会和政治主题相关的情节和角色进行了解读:

> 他[狄更斯]设法让自己去同情工人阶级对恶劣的工作环境的抵制行为,但与此同时却不再支持任何工会运动。为了可以做到这一点,他不得不采用了一种特殊甚至令人难以置信的方法。最正直的老纺织工人斯蒂芬•布莱克普尔曾经与粗俗的制造商庞得贝争论过工人为何如此做的原因,但却拒绝加入工会,因为他已经向自己心爱的女人承诺过不再惹任何麻烦。①

可以说,这段文字展示了威尔逊特有的批评风格,他将布莱克普尔的性格放置在狄更斯与主流的社会和政治意识形态的关系中加以分析。他的这种分析包括了生平、历史(包括了美国的历史)方面的内容,并参照了《美国纪行》(*American Notes*)、《荒凉山庄》(*Bleak House*)和《艰难时世》等文本,他的结论是狄更斯"对政治的怀疑"以及"观察社会的特殊方式"影响了他的社会性而不是政治性小说的创作。

在关于社会小说的讨论当中,威尔逊还将狄更斯和马克思、恩格斯进行了比较。这些讨论与他对小说的理解有着直接的关系,在他看来小说能够真实地再现历史。他注意到在 1842 年赴美国旅行之后,狄更斯的小说中出现了"一种新型角色",他们不同于"在英国的文学舞台上已经出现了好几十年的放高利贷者

---

① Edmund Wilson. "Dickens: The Two Scrooges". In *The Wound and the Bow*, New York: Oxford University Press, 1965, pp. 19 – 20.

和守财奴这类陈旧的形象",而是一个种新的经济角色,他们是《马丁·翟述伟》中的佩克斯列夫(Pecksniff)、《董贝父子》(*Dombey and Son*)中的董贝、《大卫·科波菲尔》(*David Copperfield*)中斯本罗(Spenlow)和摩德斯通(Murdstone),以及《我们共同的朋友》中的弗莱吉贝(Fledgeby)。这些角色代表了作家对新的"美德"的憎恶,因为"新的时代掩盖了无处不在的冷酷和贪婪以及苛刻的剥削"。威尔逊在这里提及了马克思:

> 卡尔·马克思当时正住在伦敦,他向人们证明在这整个世纪的中期,这个资本主义体系扭曲了人与人之间的关系并极力地鼓励着伪善之辞,这是这种经济结构的一种内在的且无法改正的特性。①

在某种程度上说,社会性小说对人物性格的描绘是有价值的,因此用社会和经济的词语来分析其中的人物也有可取之处。威尔逊在这里对与社会和经济有关的问题的论述显得权威十足,就社会小说而言,他的处理方式在这种语境当中是非常合适的。

把狄更斯的小说等同于社会纪录,这种做法更加直接地体现在威尔逊对《荒凉山庄》一书的论述当中。他说狄更斯正在试图解剖这个社会,《荒凉山庄》描写了社会的分裂,"气氛是如此的昏暗不明,居于顶层安逸生活中的人,无法深刻地理解社会底层的污秽……没有人能清晰地看到在底层和顶层之间哪一种人能在将来繁荣昌盛"。他将这种社会的分裂和阶层的形成,与恩

---

① Edmund Wilson. "Dickens: The Two Scrooges". In *The Wound and the Bow*, New York: Oxford University Press, 1965, p.28.

格斯在十九世纪初第一次访问伦敦后所做的记录进行了比较。他说恩格斯笔下的城市就是狄更斯所描述的世界,此外,《荒凉山庄》对社会现实的描写还表现了工业革命对主人和奴隶之间的关系的介入。"自命不凡的骄傲"(snobbish pride)本是"英国社会的等级体系中最不容置疑的道德支柱之一",却被狄更斯形象地刻画为一种建基于中产阶级利己主义之上的腐败社会的正义幻象。"狄更斯对社会的批评非常清晰地体现在《我们共同的朋友》(Our Mutual Friend)一书中"。在对这部作品的情节、主题和角色加以分析之后,威尔逊提及了作者写作时的历史背景,认为狄更斯最后对正处于繁荣阶段的中产阶级已经感到彻底绝望了。

狄更斯在《小杜丽》、《远大前程》、《我们共同的朋友》以及《艾德温·德鲁德之谜》(The Mystery of Edwin Drood)等作品中塑造了各种各样具有现实主义色彩的人物。威尔逊说《小杜丽》中的克莱南(Arthur Clennam)比《荒凉山庄》中的迪洛克夫人(Lady Deadlock)更加真实,也更加压抑。他认为狄更斯越来越能够"把好与坏放置在同一个角色的身上",并称《艰难时世》(Hard Times)是第一部试图去描画人成其为人的过程的小说,而《远大前程》中的皮普(Pip)已经完成了这样一个过程:

> 我们看到皮普经历了一段完整的心理历程。最初,他富有同情心,在经过一个几乎是自然而然的过程之后,他变得不那么有同情心了,最后,他又恢复了同情心。在这里,穷困和富裕对人的影响可以从他内心世界的变化中看出来。对狄更斯而言,这是一个伟大的进步……①

---

① Edmund Wilson. "Dickens: The Two Scrooges". In *The Wound and the Bow*, New York: Oxford University Press, 1965, p.50.

　　原来,"伟大的进步"可以存在于"几乎是自然而然的过程"当中。威尔逊以同样的方式讨论了《我们共同的朋友》中的布拉德利(Bradley Headstone)的心理发展过程,"我们把布拉德利理解成一个人类的缩影……这位狄更斯小说中的第一位谋杀者展示了人类性格中的所有复杂性"。最后,在对《艾德温·德鲁德之谜》(*The Mystery of Edwin Drood*)的讨论中,他还分别分析了其中与"暴徒"和"催眠"有关的内容,并讨论了约翰·贾斯珀(John Jasper)的个性和心理,他对角色与作者本身的心理和生平上的联系非常感兴趣。

　　戴伯尼认为,"弗洛伊德使得威尔逊的思想有了生气,但并没有支配他的思想",威尔逊在《伤与弓》中虽然只是初步地运用了心理分析的方法,但"这仍然是关于一位艺术家如何利用其创作经验所做的最好的研究之一"。[1] 他的结论是威尔逊是一位研究作家生平经历的大师,是二十世纪历史的一位伟大的书写者,他的工作帮助了人们更好地理解艺术家和他们的创作,以及创造的动机是什么。[2] 威尔逊曾经声称狄更斯是英语世界中自莎士比亚以来最为伟大的戏剧家,但沃尔夫(Janet Wolff)批评了他的这一观点:

　　　　那些认为狄更斯很伟大的人需要充分地认识到,狄更斯是在历史、社会、阶级和性别的条件下建构出来的,并且也要认识到他们批评家自己与种种批评的条件共同造就并维护了狄更斯作为一位伟大作家的地位。[3]

---

[1] Lewis M. Dabney. "Edmund Wilson and *The Wound and the Bow*". *Sewanee Review*, no. 91, 1983, p. 158.

[2] Ibid. , p. 165.

[3] Janet Wolff. *Aesthetics and the Sociology of Art*. London: George Allen & Unwin, 1983. p. 52.

　　显然,在沃尔夫看来威尔逊本人距离戴伯尼所宣称的那种成就或高度似乎还有不少距离。布莱克默曾经将威尔逊与兰塞姆加以比较——兰塞姆先生是一位文学批评家,而威尔逊先生是一位富于想象力的随笔作家。他说,"当威尔逊是正确的时候,他可以比兰塞姆走得更远",但为了最终弄清是对还是错,就"不得不采用兰塞姆的方法来对它加以彻底的检验"。①

　　萨特曾有一种说法,"瓦莱里是一个没价值的中产阶级知识分子……但并不是每一个中产阶级知识分子都是瓦莱里",②这种表述的逻辑也可用于批评威尔逊的心理分析:某某作家是一个神经病患者,但并不是每一个神经病患者都是作家。威尔逊的《两个守财奴》中就存在着一个非常严重的问题,即把作者的生平与作品等同起来。这种错误包括两个方面的内容:根据作者的生平记录来阅读和阐释作品,以及根据作品来叙述作者的生平。事实上可能并不存在什么传记性的证据可以证明某位作者憎恨他的父亲,但因为他笔下的某个角色带有这种情绪,于是就可以强烈地认定作者也是如此。韦勒克和沃伦(Warren)曾经反对过这种做法,因为"艺术作品并不是作者生平的记述性描述"。③ 而且,韦勒克还认为威尔逊关于吉卜林的论述有点儿夸张,因为他试图从吉卜林的童年经验中探寻作家的每一个写作主题的心理根源。④ 威尔逊说:"我们是否应该问问,如果我们

① R. P. Blackmur. "In Our Ends are Our Beginnings". *Virginia Quarterly Review*, no. 14, 1938, pp. 449 – 450.

② Jean-Paul Sartre. *Search for a Method*. New York: Vintage, 1963, p. 56.

③ Wellek, Rene, and Austin Warren. *Theory of Literature*. Harmondsworth: Penguin, 1956, p. 72.

④ Rene Wellek. "Edmund Wilson (1895 – 1972)". In *History as a Tool in Critical Interpretation: A Symposium*, edited by Thomas F. Rugh and Erwin R. Silva. Provo: Brigham Young University Press, 1978, pp. 81 – 82.

不是根据这个故事的框架来理解吉卜林的话,斯克鲁奇在实际上将会像什么呢?"这体现了他对小说的虚构品质的敏感,然后,他自己回答了这个问题,"他将把自己表现为一个周期发作的躁狂抑郁症的受害者……",显然,他把斯克鲁奇当成了狄更斯。

　　威尔逊声称为了更好地理解狄更斯的《小杜丽》,就必须返回到作家的生活中去。但是,把每一个虚构的主题都追溯到狄更斯住黑房子的经历,这样得出的结果既不是合理的传记,也不是合理的文学批评。在关于狄更斯与爱伦·特南(Ellen Ternan)的情人关系的研究中,威尔逊更是倾心于将狄更斯的生活与作品或作品与生活相互匹配,这种循环印证的方式导致了最后的谬误。首先,他几乎将爱伦与狄更斯最后三部小说中的女主角都等同了起来,他说,"不管怎样,我们从他最后几部作品的女主角身上可以了解到他对她的一些想法,这些女主角是从她身上衍生出来的"。这种逻辑显然是有缺点的,因为文学批评家对文学人物的兴趣不能简单地建立在推测甚至臆测的基础之上。威尔逊的这种错误在他关于吉卜林的文章中也同样出现过,在讨论《人类的方式》(The Manner of Men)中的圣保罗(Saint Paul)时,他说:"最后这些故事中的保罗……可以明显地告诉我们一些与吉卜林有关的事情。"接下来就是一连串的推测,他有意地将虚构的故事与作家个人的生活混为一谈。事实上,这样做有些时候比庸俗的心理分析还要糟糕,得出的一些结论往往也是一团乱麻。当他在讨论《艾德温·德鲁德之谜》的时候,情况也是如此。他试图在贾斯珀和狄更斯之间建立某种一对一的对应关系,但这导致他在处理作家的传记资料时再次犯下错误。

　　心理分析的过度使用有可能会使文学评论成为一种单一因素的分析,尽管这样的分析具有一定的戏剧效果,但却因为对某

个简单主题的重复而失去力量。理查德·埃尔曼曾经表示,从弗洛伊德学说的观点来看,传记本身就是一个成问题的存在:

> 事实不会为自己辩护……唯一能够确定的就是不确定。矛盾的因素驱动着我们的选择;正如弗洛伊德告诉我们的,在下意识中没有"不"。拉康(Lacan)指出,"下意识迫使我们去检查的是律令,根据律令,没有一种表达(utterance)能够被简化为它自己的陈述(statement)"……传记已经进入了一新的阶段……在这个阶段里,每一种事物都可以代表它相反的一面,幻想和事实互相盘绕,我们绝望地在时间和空间中寻找一个位置。[1]

但威尔逊显然缺乏这样的认识。吉卜林曾经与自己的父母分离,遭受过离弃之苦。他的一篇小说,《玛丽·波斯特盖特》(*Mary Postgate*),描写了一位妇女对一位年轻战士的死的反应,"对他来说,她像一位母亲",威尔逊把这一情节当作是离弃主题的一种表现,尽管这个故事其实讲的只是一位成年男子"离开"了一位不是他母亲的女人。这样的问题也同样在威尔逊关于吉卜林的其他论述当中出现过,比如在这位小说家死后出版的回忆录——《我自己的一些事情》(*Something of Myself*)中,吉卜林说童年经历对自己的生活产生了持久的影响,使得他"在生命的最后时光里,没有能力再产生任何真实的个人仇恨"。威尔逊转述了这句话,同时他还提到吉卜林妹妹的回忆录,可这部回忆录却称吉卜林并不是在任何情况下都一成不变地受到这种痛苦经

---

[1] Richard Ellmann. "Freud and Literary Biography". *American Scholar*, no.53, 1984, p. 472, p.475, p.477.

验的伤害。但是,他没有理会这个证据,也没有做出相应的解释,可能是因为这个证据与他的论点是相违背的,他声称,"事实上,这部关于吉卜林的作品中充满了仇恨"。此外,他一心想要解释《斯托基公司》这部作品与吉卜林的童年经历的关系,然而吉卜林在学童时期遇到的校长康纳尔·普瑞斯(Mr. Cornell Price)一点儿也不像其小说中虚构的人物。他并没有对此做出合理的解释,仅仅只是说吉卜林一定是用一个校长来象征英国的教育系统中所有的权威人物。

　　在文学研究的过程中,心理分析是一种很容易被滥用的方法,因为它总是可以找到适当的方式来解释任何能指和所指之间的关系。韦勒克也注意到了这一点,他说,"在心理分析中经常出现的情况是——'无论正面还是反面,你怎么说都行'。"① 正如埃尔曼指出的,"直立的笔没有善恶观念",他非常抵制萨特为福楼拜所做的传记,因为这位法国作家简单地认为创造力完全得益于个人的经验,并把生活与作品等同了起来。② 特里林也曾经说过的,"疾病和残废对我们所有人都可以产生效果。而决定一个人是否可以成为一位艺术家的,是他改造和控制我们每个人都拥有的那些原始材料的力量"。③ 简而言之,威尔逊关于狄更斯和吉卜林的一些研究回避了问题的实质,以未经证明的各种假定作为依据展开论述,故意避开了与文学才能的特性有关的问题。另外,威尔逊关注作家家庭和个人经历对其人格形成的影响力,但似乎忽视了文化要素的重要性,即西方文化中

---

① Rene Wellek. "Edmund Wilson（1895 – 1972）". In *History as a Tool in Critical Interpretation*：*A Symposium*, edited by Thomas F. Rugh and Erwin R. Silva. Provo：Brigham Young University Press, 1978, p.82.

② Richard Ellmann. "Freud and Literary Biography". *American Scholar*, no.53, 1984, p. 477.

③ Lionel Trilling. "A Note on Art and Neurosis". *Partisan Review* 12,1945, p.48.

的某些本质性因素。这种对文化的关注在他的后期写作中才得到了弥补。

从弗洛伊德把艺术家当作神经病患者这样一种狭窄的理论角度来分析具体的文本,在这个过程中有太多的东西就会被忽略掉。可以说,威尔逊在《伤与弓》中陷入了"弗洛伊德学说的还原论困境",诚然,寻找到艺术与神经官能症之间的联系是一种卓越的洞察力的表现,但这并不比"智慧来源于对痛苦的咀嚼"这类格言要更明确或更具启示性。弗洛伊德从《俄狄浦斯王》(*Oedipus the King*)中推论出恋母情结,但是,在这部戏剧中,追求自我的认识显然比情色动机要更加重要,更具有决定性,因此,斯坦纳才批评弗洛伊德对"性的过高评价到了一个令人难以置信的地步"。① 威尔逊同样过高地评价了弗洛伊德的理论并借用了其中关于性的各种假设用于自己的研究当中,这样的结果是他对《菲罗克忒忒斯》(*Philoctetes*)的解读就不再像是对一部戏剧作品的解读,而更像是弗洛伊德对《俄狄浦斯》(*Oedipus*)的解读。

早在《我想起了黛茜》这部小说中,他就试图通过心理分析来解释索福克勒斯的这部悲剧,故事的叙述者认真地思考着"那些人类的高贵天性再次得到肯定或证明的高潮场景",其中的一幕就是尼奥普托列墨斯终于认识到他不能违反本性去欺骗一个他曾经信任但现在遭放逐的人。威尔逊因此认为奥普托列墨斯的自然反应压制了道德反应,然后,他对此剧的最后一个场景做了如下的解读:

> 正是他对菲罗克忒忒斯的同情心自然而然地阻止他去

---

① George Steiner. "The Fantasies of Freud". *The Sunday Times* 1984,p.42.

欺骗这位神箭手——所以,在索福克勒斯的作品中,超自
然的影响力常常被微妙地隐藏在主观动机中——就是在
这个很自然的迟疑中,他突然清醒地认识到先知所言的
真实涵义:神弓离开菲罗克忒忒斯本人就会变得毫无
用处。[①]

如前所述,威尔逊曾经把宗教简化为心理学,但神话不会允
许他这样做。此剧的重点并不在于疾病和力量或能力之间的关
系上,行为的道德性才是它的中心问题,而且与索福克勒斯的其
他戏剧一样,冲突是因为认识不同而引起的,而决定认识的基础
却是很难获得确认的。

威尔逊试图证明《菲罗克忒忒斯》是一个"寓言"、"一个关于
人类性格的寓言",但这种说法并不适合索福克勒斯的戏剧。从
一开始,他就把这部作品放置在戏剧史当中与莫里哀、莎士比亚
和易卜生等人的戏剧作品进行比较,试图以此来降低它的重要
性,从本质上看,这是一种祛除了神话色彩的文学叙事。他甚至
认为菲罗克忒忒斯这个戏剧角色与雅典历史上的复杂人物亚西
比德(Alcibiades)存在着关联。他还将索福克勒斯与埃斯库罗
斯(Aeschylus)、欧里庇得斯(Euripides)进行了比较,认为索福
克勒斯就像一位临床医生一样,客观、冷静。他甚至深入地探讨
了索福克勒斯对古代医学的掌握,他如此做的目的其实是要强
调索福克勒斯在描述菲罗克忒忒斯的带脓的伤口时表现出的自
然主义和精确性。同时,他将这部戏剧看作是一部关于现代艺
术家的精神错乱或异化的寓言,可以说这是一种富有启发性的

---

① 译文参考南京师大邵珊的博士论文:《威尔逊的文学与文化批评》(2007 年),第 22
页。

阐释,也说明了他在三十年代末期对那些在痛苦中挣扎的作家、艺术家的历史和政治地位的高度关注。

　　威尔逊所采用的弗洛伊德式的心理分析作为传记、文学或心理研究的补充可能会,当然也可能不会站得住脚,但它们至少强化了我们对写作本身的重视。他对狄更斯和吉卜林的研究,尽管有夸大之处,但几乎都是在一心一意地致力于寻找这样一些问题的答案,那就是文学艺术家的社会地位,以及他们的创作与占支配地位的政治力量之间的关系。这种注意力的改变,与在二十年代曾经点燃了这位年轻的批评家对知识的巨大热情的进步理想和远大目标是截然不同的。他对作家以及作家与社会的关系的看法,在以后的四十五年的时间里都处于不断发展的过程中,从未停止过。

　　此外,威尔逊还借鉴了弗洛伊德的观点来探讨了一个在《阿克瑟尔的城堡》中曾经提出过的相似主题,即艺术与科学的和谐发展。在 1931 年写给泰特的信中,他说,"我们的最终目的不是艺术和科学",然后他提出了自己的理由:

　　　　价值曾经占据着伟大的科学家的内心……如果像笛卡儿、牛顿、爱因斯坦、达尔文和弗洛伊德这样的科学家都不深入地观察经验,那么他们该干什么呢?除此之外,他们的想象力其实也像任何诗人一样强大,而且他们中的一些人也同样是第一流的作家。①

　　威尔逊认识到弗洛伊德的发现有助于促进"人类的生存和

---

① Edmund Wilson. *Letters On Literature and Politics*, 1912 – 1972. New York: Farrar, Straus and Giroux, 1977, p.212.

发展"。他用弗洛伊德的理论来探讨作家的创作不能被简单地理解为只是他的马克思主义文学批评的一种变通,而应该把这种做法放在更为宽广的社会和历史的语境中加以理解。威尔逊认为弗洛伊德的精神分析有助于实现人的真实目的,这种观点得到了伊格尔顿的充分阐发:

> 如果弗洛伊德的精神分析法是一种对精神力量进行客观分析的科学的话,那么,它就是一种致力于解放人类并使人类实现自我、获得幸福的科学。它是服务于某种社会改革实践的理论,在这种程度上它与激进的政治观是相似的。①

在《走向芬兰车站》中,威尔逊对弗洛伊德的著作也相当重视,并把马克思和恩格斯与他们的犹太文化的背景联系起来,从而获得了"一种道德的洞察力"。② 精神分析基本上可以被认为是对文学作品的起源的历史研究的一种补充,它其实是约翰逊博士(Johnson)和圣伯夫使用的传记方法的一种延伸,当然,这种方法可能存在着不少局限。威尔逊提到了弗洛伊德对达·芬奇的研究并指出:"弗洛伊德本人强调……他的方法不能也不试图去解释达芬奇的天才"。在这一点上,他与理查德·埃尔曼有相似之处,埃尔曼说,"弗洛伊德认识到任何试图对天才做出充分解释的做法都超出了他的能力范围……"③

---

① Terry Eagleton. *Literary Theory*: *A Introduction*. Oxford: Basil Blackwell, 1983, p. 192.

② Edmund Wilson. *To the Finland Staion*: *A Study in the Writing and Acting of History*. New York: Farrar, Straus and Giroux, 1972, pp. 358 – 359.

③ Richard Ellmann. "Freud and Literary Biography". *American Scholar*, no. 53, 1984, p. 469.

威尔逊曾经这样评论亨利·詹姆斯，"他不像福楼拜那样参与政治，充其量不过是记录下了这个正在流逝的世界，在他的描述中，各种成分是混合在一起的"。他还说，"亨利·詹姆斯是一位笔录员"，而且，他认为詹姆逊在其作品中表现出的犹豫不决和含混常常令人困惑、不知所措。而正是这种含混也促使他采用了精神分析的方法来理解詹姆斯的《螺丝在拧紧》(*The Turn of the Screw*)以及其他作品。

1913 年，威尔逊还是普林斯顿大学的一年级新生，第一次阅读了《螺丝在拧紧》，这一年的 3 月 29 日，他给希尔学校和普林斯顿大学的同学阿尔弗雷德·博林格（Alfred Bellinger）写信，说在他最近所涉猎的美国文学作品当中发现了两部由美国人创作的杰作——《螺丝在拧紧》以及《伊登·弗洛姆》(*Ethan Frome*，伊迪丝·华顿的作品)。不久之后，他在普林斯顿大学的《纳索文学杂志》(*Nassau Literary Magazine*)上发表了一篇题为《亨利·詹姆斯》的文章。他说詹姆斯常常站在一种人性的中间立场关注"高雅"和"粗俗"，是其小说的典型特点。谢尔曼·保罗评述道：

> 他[威尔逊]不喜欢詹姆斯短暂地投入戏剧创作的那个阶段，并认为是马克·吐温的一些经验才给了他一种美国人的灵感和风味；然而，他看到了詹姆斯在舞台上所取得的有限成就——想象力的奇异经历——并赞赏他"健全的清教主义"。他写道，"他令人信服地描绘了我们每一个人的灵魂是如何闯入了一个陌生而有趣的世界的，他努力去理解每一件与它有关的事情，最后退回到了我们唯一能够依靠的不容置疑的价值观上"，这些价值观有着"世界上最为牢固的基础"，用弗莱德·维奇（Fleda Vetch）的话说是它们

是必不可少的,黑白分明,"你决不能破坏信仰。因为,什么都比这样要好。"[1]

在威尔逊后来的《爱国者之血》中,他也谈及了詹姆斯的散文风格,认为它的特征是一种"个人的风格……较少确定性且更为难懂",并将其文章的复杂性与作者没有参加过内战以及与美国社会独特的关系联系在了一起。

威尔逊在1925年给埃德娜·肯特(Edna Kenton)的信中说,"埃兹拉·庞德(Ezra Pound)曾经把《螺丝在拧紧》形容为一个'弗洛伊德主义者的事件'……因此,这种理论显然被很多人提到过"。罗伯特·海尔曼(Robert B. Heilman)曾激烈地反对用弗洛伊德的心理分析来作为评论这位小说家的基础,他认为威尔逊只是在肤浅、生硬地套用这种理论,并且把"它转变为了一种普通的临床式的分析方法"。[2] 他还指出,"在正式的评论文章当中,心理学家很有可能会打败美学家",同时,"在威尔逊的《狄更斯:两个守财奴》这篇文章中,他的文学判断简直就是亦步亦趋地跟随着心理学家的做法"。[3]

尽管采用弗洛伊德的理论来阅读作品在当时已经不再时髦了,但威尔逊仍然在观察詹姆斯所创造的虚构世界的过程中显示出了非凡的洞察力。前面已经指出过,他其实是将心理分析视作了一件"道德工具",并且认为它可以促进人类的发展。必须承认,在探讨作家的个人身世的过程中,心理分析确实可以起

---

[1] Sherman Paul. *A Study of Literary Vocation in Our Time*, Urbana: University of Illinois Press, 1965, p.15.

[2] Robert B. Heilman. "The Freudian Reading of the Turn of the Screw". *Modern Language Notes*, no.62, 1947, p.443.

[3] Ibid., pp.445-445.

到非常好的辅助作用,并有可能与传统的文学批评方法起到珠联璧合的效果,伊格尔顿认为:

> 结合了心理分析的文学批评可以被大致地分为四类,这取决于它所关注的对象的不同。这个对象可以是"作者",可以是"内容",可以是"形式结构",也可以是"读者"。①

从《螺丝在拧紧》到《波士顿人》(*The Bostonians*)、《婚姻》(*The Marriages*)、《反射镜》(*The Reverberator*)以及《鸽翼》(*The Wings of the Dove*),这些作品都表现了詹姆斯对女性心理的关注。威尔逊还集中地讨论了"詹姆斯的男人",如《丛林野兽》(*The Beast in the Jungle*)中的主角,"对于这个人而言,这个世界什么也没有发生",《欧洲人》(*The Europeans*)中的"自以为是的"阿克顿(Acton),《专使》(*The Ambassadors*)中的史崔泽(Stretcher),《摇摆的桥梁》(*Flickerbridge*)中的那位男主角以及《信任》(*Confidence*)中的"呆滞的"伯纳德·隆格维尔(Bernard Longueville),他们也都是些对现状充满无力感的男性角色。威尔逊承认詹姆斯很好地描绘了这些角色,但从读者的认知和情感体验来看,"效果又是含混不清的"。《神圣之泉》(*The Sacred Fount*)似乎就说明了这样一个关键的问题,即这位小说家对于普通的读者而言已经变得不可理解了,他似乎根本就没有适当地回答一个基本的问题,即读者该如何理解他笔下的这些人物角色,威尔逊认为这部作品中的含混与暧昧与《螺丝在拧紧》一样,简直是不可理解的。"他[詹姆斯]的含混达到了一种很高的

---

① Terry Eagleton. *Literary Theory*: *A Introduction*. Oxford: Basil Blackwell, 1983, p.179.

程度,我们感觉这位作者并不想要读者去理解那些隐含的意义",可问题在于詹姆斯是否真的有意这样做,或确实在话语的背后放置了某种意义。威尔逊还探讨了詹姆斯的生平经历,详细考察了美国人和欧洲人在作者、文本和角色等问题上的分歧,他这样做的目的是为了更好地解释前述文本中的内容和形式的问题,以及詹姆斯给读者造成的困境。

　　詹姆斯笔下的角色在社会类别上与福楼拜的形成了对照,如《卡萨玛西玛公主》(*The Princess Casamasima*)中的海厄辛思·罗宾逊(Hyacinth Robinson)与《情感教育》中的弗雷德里克的比较。詹姆斯笔下的资产阶级男主角们总是令人愉悦,而福楼拜则是严厉地控告他们。这种差异正好印证了前者对后者的藏否,因为前者曾经批评后者创作的角色只适宜于长篇叙事。此外,詹姆斯的中产阶级身份是一个必须予以考虑的因素,威尔逊因此相信詹姆斯实际上误读了福楼拜。福楼拜会在作品中谴责自己创作的角色,而詹姆斯则不会,这个中原因可能与后者的成长经历有关,但也可能与美国人的性格有关,尽管他是一个有点反常的美国人;其次,这两位作者笔下的角色与社会的关系也大不相同,福楼拜所谈论的时代与过去相比时总是会相形见绌,而在詹姆斯的笔下,过去却并不总是那么光彩照人。威尔逊将这些都呈现了出来并加以比较,这样做的目的其实也是试图对詹姆斯的含混做出解释。

　　在詹姆斯所创造的角色当中有很多是女性,如黛西·密勒(Daisy Miller)、伊莎贝尔·阿切尔(Isabel Archer),她们与包法利夫人或安娜·卡列尼娜这些传统的欧洲女性有着很大不同,代表的是"一种在欧洲之外被养育的人类",因此,威尔逊认为读者就不能在欧洲人的思想框架之内来对她们加以考虑或判断。值得注意的是,詹姆斯对她们还有很多令人失望和不安的描述,这类问题可以通过对作者个人的心理加以研究而得到更好的解释，既然讨论的问题与性别有关，那么弗洛伊德的方法当然就可以加以应用了。

从作者的个人身世来看，詹姆斯一生似乎充满无法解决的冲突，就像一场"永远不会停止的争论"，从而导致他笔下的角色也变得模棱两可。威尔逊在 1938 年写给莫顿·扎贝尔（Morton D. Zabel）的信中谈及了詹姆斯的内心冲突的问题，他说，"我一直认为这是他为了间接地呈现事物的状态，而寻找到的一种低级的心理替代品……它肯定结合了某种对他更为年轻、更为天真的自我的热爱和一种摧毁它并因此获得成长的欲望"。斯蒂芬·科斯（Stephen Koss）在评论里昂·埃德尔编著的《亨利·詹姆斯的书信》（*The Letters of Henry James*，Volume IV，1895－1916）时作过如下表述：

> 威尔逊认为性"以一种奇怪和笨拙的方式"进入到了詹姆斯后期小说中并成为了一个不可缺少的组成部分，它遵循着同样的路线进入了他私人的存在当中。他对自己的"完美兄长"威廉·詹姆斯声称自己是一个"绝望的独身主义者，尽管已经六十几岁了"，亨利·詹姆斯曾经给亨德里克·安德森（Hendrik Andersen），一位有着亚麻色头发的挪威裔美国雕塑家，写过一封热情洋溢的信，表示渴望与之"亲近……并温柔地拥抱"。①

威尔逊说，"在这之前，詹姆斯并不是自觉地，但可能是本能地意识到他不适合去处理性欲激情这方面的问题"，而且他的诚

---

① Stephen Koss. "The Master'S Last Years". *Observer*，no.13 May，1984，p.23.

实让他不要假装了解这些。

威尔逊接下来描述了詹姆斯在戏剧创作时期遭遇的失败，这位作家在舞台方面没有取得多少成功，"当他从失望中恢复过来的时候，就像刚刚经历过了一场危机"。他还讨论了《专使》、《鸽翼》、《金碗》(The Golden Bowl)等詹姆逊后期的作品，尤其是其中关于旅行的作品——《美国风光》(The American Scene)，此书是这位长期漂泊在外的美国作家对美国价值的一次重新肯定，"詹姆斯的含混在这里服务于一个令人钦佩的艺术目的"，其作品中的人物角色都具有美国人的特征。詹姆斯在欧洲呆了 20 年之后，于 1904 年重新回到过美国，在威尔逊看来这是他的一次极为重要的回归。他接下来考察了从独立革命到内战后的美国的历史背景，然后又讨论了詹姆斯这样的美国艺术家在十九世纪结束的时候是如何离乡背井并长期流落他国的，但詹姆斯从未丢失民主的理想主义，坚信它会取得胜利并向旧世界证明它的非凡之处。此外，威尔逊认为这些作品同时也记录了美国生活中的社会和工业的变化，詹姆斯的写作进入了一个更高的阶段，并开始用诗意的方式关注一种新的现实。在威尔逊看来，此时的詹姆斯仍然是一位第一流的作家。

如上所述，威尔逊通过心理分析，获得了一种批评的洞见，这也是他在历史的基础上对作者和作品的一种更为深入的探索。心理分析被他运用于对作者生平经历和创作的研究，运用于对诸如浪漫小说的主题、个性化描写以及叙事模式等问题的研究，在此后的一段时间里，也运用于对读者的社会语境的研究。这构成了他的文学批评的特色之一，即在进行具体的文学或美学的分析时，同样非常关注由作者、文本、读者和历史组成的社会语境与文学的关系。

二 文学的历史解释

一般而言,威尔逊在探讨文学问题时,对政治、社会和历史等领域的问题也会产生兴趣,他的写作在最基本的意义上完全可以用比较文学或交叉学科的专门术语"跨界研究"来加以形容。但在另外一些时候,他也会特别关注某种价值而排除其他。在三十年代中后期,马克思主义、进步主义和改良主义等诸种改革方案都在产生着不同的影响,而他的注意力却越来越多地转移到了对文学艺术的创造过程的研究上。他从一种历史的眼光来看待文学的价值,为的是引起人们对文学工作或事业的某些被忽视的方面的关注,进而导向对作家的生活与政治观念的关注。

"时间已经改变了我们对萧伯纳的看法,"威尔逊在《80 岁的萧伯纳》(*Bernard Shaw at Eighty*)这篇文章的一开头就如是说。在三十年代,萧伯纳的戏剧已经失去了相当多的社会和政治影响力,在批评界的声望也很不稳定,而且还在不断减弱。他的《圣女贞德》(*Saint Joan*)曾经对艾略特的《大教堂谋杀案》(*Murder in the Cathedral*)产生过影响,因而被后者称为最伟大的用散文写作戏剧的文体家之一。尽管如此,雷蒙·威廉斯(Raymond Williams)在评述当时的现代戏剧时也说,"萧伯纳作为一位戏剧家的力量现在已经大大地减弱了。"[①]他的戏剧作品中的社会性内容已经不再像当初那样可以激发读者的浓厚兴趣了。可以说,时代风尚的变化削弱了他的戏剧的影响力,人们不再考虑他在作品中想要表达的那些社会和政治观点。威尔逊

---

① 此处可参见雷蒙德·威廉斯:《文化与社会》,吴松江、张文定译,北京:北京大学出版社,1991 年,第 23 页,"萧伯纳与费边主义"的相关内容。

并没有回避这些针对萧伯纳的批评,但仍然和艾略特一样,认可萧伯纳作为一位重要的文学艺术家和戏剧家的地位以及所拥有的杰出的艺术才能。

一位作家该如何通过写作来向一个时代中占主流的意识形态发起挑战?威尔逊以萧伯纳为例对此问题做了非常经典的论述。他先简要地概述了十九世纪后半期的政治、经济和社会的历史状况,还随带着描绘了萧伯纳所居住的伦敦。他在这里讨论了萧伯纳对费边主义(Fabians)的追随,以及"他的优越感,这是从家族传统中继承下来的势利和自命不凡,但又身无分文,没有社会经验……他自己其实就是一个流离失所的人",他清楚地看到了萧伯纳与社会之间这种复杂的关系。"当他坚信自己正在摧毁这个体系的时候,"威尔逊说,"他所从事的事业却又会出现与之相反的明显倾向。"在萧伯纳的身上,社会性的势利和智识上的自命不凡混合在一起,威尔逊将传记和心理分析结合起来揭示了他的思想中这两种相互冲突的倾向所造成的混乱。他分析了那些曾经让萧伯纳神魂颠倒的浪漫的男主角们,并把中产阶级的"浪漫主义反叛"定义为个人传统中的一个更高的发展阶段,以此来说明为何萧伯纳"会本能地将自己当作一个带点浪漫主义色彩的人物……尽管在事实上,他总是设法把自己描绘成浪漫主义的大敌和亵渎者",他身上残留的浪漫主义成分证明他所信仰的社会主义思想并不那么纯正。

威尔逊指出萧伯纳的《芭巴拉少校》(*Major Barbara*)是有史以来对资本主义者的观点所做的最好的解释之一,它探讨了"基督徒的品德"与"成功的资本主义"之间的联合,观念新奇,手法俏皮风趣。这说明政治上变得更为保守的萧伯纳仍然是一位公共人士,但已经不再为码头工人的罢工说话了。萧伯纳最终与十九世纪末期的英国社会达成愉快的和解,并与一位富裕的爱尔兰女士结了婚。威尔逊说真实的萧伯纳从未成为一位一心一意的社会改革活动家，但人们曾经一度这样看待过他。

　　萧伯纳的声望的建立一度主要是因为他的社会思想，但他的声望后来也因为这种思想上的不足而受到损害。在仔细地审视了他的作品之后，威尔逊相信未来的读者仍然会认可他是一位重要的艺术家。他提及了萧伯纳曾经从事过的新闻工作的经历，为的是考察他从一战前到经济大萧条期间的政治立场的变化。当萧伯纳关于"政治事务"和"社会问题"的文章变得相当陈旧、过时的时候，他关于音乐、戏剧和文学等主题的作品仍然显示出不同寻常的吸引力，作为一位艺术批评家，他得到了很多人的共鸣。甚至可以说，他此后在评论上取得的成就与其他的艺术成就相比还要突出得多。

　　威尔逊承认萧伯纳在音乐、戏剧和文学新闻工作上表现出的杰出才华，但也对他的政治思想或意图感到不满意。盲目的爱国主义、赞成帝制、支持针对爱尔兰人和波尔人的战争，他的这些五花八门的政治立场都是值得审视的。他的《反对战争的常识》（*Common Sense Against the War*）尽管看上去精神昂扬，但在本质上却是一锅大杂烩。稍后，他发表的一些关于列宁、托洛茨基，甚至墨索里尼的文章，也只知道插科打诨。《知识女性的社会主义与资本主义指南》（*The Intelligent Woman's Guide*）更是受到了舆论界的批评。稍后的《关于老板的前言》（*Prefaces on Bosses*）因其关于独裁政治的主题而受到热烈讨论，他对各种"独裁式英雄"的青睐或多或少都证明了他对纳粹德国的集权主义统治的支持。他甚至还赞成意大利攻击埃塞俄比亚。威尔逊在这些问题上大多都持反对态度，在他看来这位作家几乎无法分清列宁、墨索里尼和斯大林之间的区别。

　　威尔逊认为萧伯纳的思想可以分为三个部分或者是三重

的：实用主义（pragmatism）、社会主义（socialism）和诗性的怀疑（poetic doubt）。他结合了心理学、文体学和政治学当然还有文学的知识来分析是什么样的精神特质促使萧伯纳在认识上出现了上述的不一致，但在文学上又创作出了那么多性格各异的人物形象和精彩纷呈的戏剧故事。这种分析正好体现了威尔逊的文学批评的有趣而独特的地方。他在批评的过程中考察了如戏剧、传记和政治等不同领域的材料，并把它们与具体的历史语境结合起来，从而使得他可以洞察与之相关的文学和非文学的价值。他的这种方法在美国的马克思主义理论家弗里德里克·詹姆逊的观点中得到了支持，后者在其名著《政治无意识》中提出了"永远历史化"的思想和方法，即始终将文学或文化现象置于广阔的历史语境中来考察和批判。①

威尔逊接下来简要地介绍了从"查理二世的王政复辟"时期（the Restoration，1660—1688）一直到吉尔伯特（W. S. Gilbert）时期英国喜剧的发展。他认为萧伯纳具有一种特别灵活的知性能力，这通常是创作优秀的小说和戏剧所需要的一种非常重要的能力。我们可以从英国戏剧史的悠久传统中找到萧伯纳的位置，除了对传统戏剧艺术的传承与发展之外，他还前所未有地将自己对经济和社会问题的分析融入到了作品当中。威尔逊认为他把一些非常新颖的内容，如经济知识带入了英语的想象文学当中。经济学的训练和因此而获得的洞察力，赋予了他的文学作品一种前所未有的品质。

萧伯纳对同时代的、复杂的知识生活产生了实实在在的影响，尽管他没有给出一个令人信服的理论体系，但他仍然煞费苦

① 参见弗雷德里克·詹姆逊《政治无意识：作为社会象征行为的叙事》之"译者前言"，王逢振、陈永国译，北京：中国社会科学出版社，1999 年，第 3 页。

心地描绘出了一幅生动的图景。威尔逊还提及了吉尔伯特、狄更斯、巴特勒(Butler)以及写作《资本论》的马克思,他巧妙地通过对萧伯纳戏剧的论述展现出了一个由美学、社会和政治话语组成的且具有丰富内涵的历史语境。他还认为萧伯纳与叶芝、乔伊斯这些爱尔兰作家一起,英语文学保存了坚硬、优雅的古典品质,他的这种观点在后来的很多文学批评家那里得到了广泛的接受。

　　威尔逊接下来探讨了美学价值与各种历史要素之间的关系。美学价值在此处意指戏剧形式方面的品质,而历史的决定性因素则是指那些从二十世纪早期到大萧条这一段时期里发挥了影响的诸种力量。"圣徒与成功实干家的针锋相对"——这是威尔逊在以下作品中找到的一种结构:《英国佬的另一个岛屿》(*John Bull's other Island*)、《芭芭拉少校》(*Major Barbara*)、《魔鬼的门徒》(*The Devil's Disciple*)、《布兰锅现形记》(*The Shewing Up of Blanco Posnet*)、《恺撒与克列奥帕特拉》(*Caesar and Cleopatra*)、《安德罗克里斯和狮子》(*Androcles and the Lion*)以及《圣女贞德》(*Saint Joan*)。这种"对立"也构成了《芭芭拉少校》、《安德鲁克里斯》(*Androcles*)、《圣女贞德》、《伤心之家》(*Heartbreak House*)和《回到玛土撒拉》(*Back to Methuselah*)等作品中的一些重要场景。萧伯纳的"改良者"(the reformer)——这一几乎贯穿了他的所有戏剧并在《回到玛土撒拉》和《圣女贞德》中达到了顶峰的主题——最终都彻底失败了。

　　当然,《伤心之家》、《苹果车》和《真相毕露》(*Too True to be Good*)等作品都获得了戏剧艺术上的成功,但它们在本质上是更为现实主义的作品,它们以"英雄诗体"的形式唱出了关于一战期间以及之后近二十年间的英国令人绝望的挽歌。威尔逊对这些戏剧的这种重要评价结合了他关于美学和历史的分析,他说萧伯纳一度经常通过历史神话来讽刺当代社会,但在后来却开始把当代人物当作神话来加以描绘。在《触礁》(*On the Rocks*, 1933年)中,萧伯纳毫不掩饰地重新返回了政治主题,这部作品是他所能创作的这类戏剧的终点。威尔逊赞扬了萧伯纳在这部戏剧中表现出的喜剧才能以及描绘一种新型社会的能力。但是,戏剧家所说的语言却越来越得不到新的观众的认同和接受。原因在于从1887年至1933年,政治性的主题进入了萧伯纳的戏剧达近半个世纪之久,但戏剧的形式、内容甚至观众和剧场本身都已经随着社会、文化的发展到达了某种瓦解的地步。威尔逊在这里突然意味深长地把萧伯纳和莫里哀(Molière)进行了比较,他说萧伯纳的喜剧能够以更为自由的方式处理各种社会问题,但几乎还是像莫里哀的作品一样依赖于一个有教养的、稳定的社会。

在最后,威尔逊重申萧伯纳是一位真正的艺术家,但在考察了他后期的两部戏剧——《意外岛上的"缺心眼"》(*The Simpleton of the Unexpected Isles*,1934年)和《百万富翁》(*The Millionairess*, 1936)之后,他又认为它们荒唐可笑、索然无味。在他看来,此时的萧伯纳已经大不如昔了,但仍然具有相当丰富的想象力和创造力,因为他拥有纯粹的喜剧创作天才。

在对社会问题的观察和为此而表现出的激情上,萧伯纳是一位诚实的艺术家,而且他的作品激励、教育和鼓舞了好几代人,这是威尔逊对萧伯纳的赞扬。前文关于普希金、福楼拜、查普曼,尤其是对萧伯纳的研究都已经证明威尔逊对文学艺术与社会的联系有着一种精细的理解。在《80岁的萧伯纳》之后的另外两篇论文——《马克思主义与文学》(*Marxism and Literature*)以及《文学的历史解释》(*The Historical Interpretation of Literature*)当中,他继续讨论了自己倾心的文学问题,他的主要目标仍然是要描绘出在复杂的社会语境下，决定文学品质的究竟有哪些因素。

1940 年 10 月 23 日，威尔逊在母校普林斯顿大学做了一场演讲，后来他还把这篇演讲整理成文，即《文学的历史解释》[①]，加以发表。韦勒克指出这篇文章重弹旧题，只是旧瓶换了新酒，增加了一些关于心理分析的研究。[②] 事实上，这篇文章是威尔逊关于文学批评和文学理论所做的最为正式的表述，并不只是在重弹老调，因为它所论及的问题、范围比韦勒克所说的要宽广得多。

我们在威尔逊的《我想起了黛茜》、《美国人的不安》、《旅行在两种民主制度之间》、《走向芬兰车站》和《赫卡特回忆录》等作品中都可以看到他对文学问题的不懈探索。《文学的历史解释》是关于文学的哲学性思考，这是他对自己之前写给高斯的"献辞"中表达过的观念——文学批评应该是观察人类意念与想象如何被环境模塑的一种历史——的更为成熟的阐发，也是他对自己前半生的批评生涯的一次重要总结。总的来说，这篇文章也是在为文学而辩护，但辩护的方式与之前有所不同。

威尔逊在一开始就非常明确地表示要讨论文学的社会、经济和政治方面的问题，但他倾力为之辩护的是文学与其他领域进行对照时所显示出的独特品质，他这样做与他之前关于普希金、福楼拜、查普曼和萧伯纳的研究是相一致的。他首先直接指出文学是一种"社会性的实体"，而每一种独特的写作都是由不同的社会文化培育出来的，因此，任何对某种文学风格的片面模

① Edmund Wilson. *The Triple Thinkers*: *Twelve Essays On Literary Subjects*. New York: Oxford University Press, 1948, pp. 257 - 270.

② Rene Wellek. "Edmund Wilson (1895 - 1972)". In *History as a Tool in Critical Interpretation*: *A Symposium*, edited by Thomas F. Rugh and Erwin R. Silva. Provo: Brigham Young University Press, 1978, p64, pp. 76 - 77.

仿都是与历史相背离的,最终反而会导致这一文学传统的枯竭。

威尔逊在《文学的历史解释》中还对美学价值的相对性做了精妙的论述,"在各种文学艺术当中,我们该如何从坏的艺术中分辨出好的艺术呢?"他的这种质问彰显出他敏锐的洞察力。他首先列出一个美学品质的列表,但很快又指出不可能制订出一张完整的列表,因为每一种审美判断在很大程度上都是基于话语做出的,而审美趣味在一定程度上甚至只是不同的行家和精英的一种自封而已。韦勒克批评了威尔逊的这种观点,他说威尔逊认为品味建立在一种主观而不是社会性的基础之上。他显然忽视了威尔逊其实对来自各行各业的、有欣赏力、受过教育的读者和"懂文学的人"是做了区分的,威尔逊在事实上承认有教养的公众在文学生活中起着不可替代的作用。①

从时间上来说,威尔逊对审美的相对性和社会性的强调,要早于很多专业的马克思主义批评家。他把美学与社会实践联系在了一起,这是他专门为文学所做的辩护,而不仅仅像之前那样只是为艺术的半自治地位而辩护。他还认为科学和艺术的目的之间存在着非常密切的关系,它们都是人类的智力活动,为我们提供思维的"模式",正是这种模式给我们的经验赋予了意义。但文字的"意义"、"形式"和要传递"信息"对每一个作家而言都是极为不同的,因此,读者要想获得任何明确的信息,都需要借助一种加之这种表达之上的模式才能获得理解,这种模式将令人不安和痛苦的情绪化解在某种秩序当中。当作家为那些仍然没有被表达的事物和新的仍然没有被掌握的现象寻找表达方式时,"赋予经验以意义"的过程就开始了,而在最后,读者也会参

---

① Rene Wellek. "Edmund Wilson (1895 - 1972)". In *History as a Tool in Critical Interpretation: A Symposium*, edited by Thomas F. Rugh and Erwin R. Silva. Provo: Brigham Young University Press, 1978, p. 78.

与到这个过程中来。

威尔逊对文学和艺术所做的这样一种历史解释,可以与一些更为严谨的历史学家和唯物主义理论家,如卢卡奇和威廉斯的观点进行有趣的比较。卢卡奇认为,"艺术家有必要采用一种新的整理事物的秩序",[①]而威廉斯则认为"我们的发展取决于[作家]所提供的新的描述",[②]这些观点与威尔逊的上述观点都有着异曲同工之处。而他对审美过程中激发的强烈情感所具有的社会实践性的意义的论述,与威廉斯对美学的理解是相似的。他认为审美出现在我们所有的智力活动当中,无论在什么领域它都会发生,因为当地球上的人类不断地获得发展并必须去处理各种新生事物的时候,人类的体验就会不断地发生改变。

威尔逊的这一观点肯定了文学多样化的必然性,而且读者的鉴赏能力也正是借由多样化的发展而得到了提高。文学本身就是一种人性化的力量,这是他关于文学的基本思想。他的这种观念可以溯源到他最早的小说《我想起了黛茜》,而他的批评著作从《伤与弓》到《爱国者之血》也都是以此为基本出发点的。

三 经典与商业作品

威尔逊的文学评论既注重艺术又注重社会,善于从文学的传统和历史中建立对文学语境的认识,从而使得他的批评获得了一种更为敏锐的洞见。在四十年代,他越来越关注文学创作的可能性,他对文学所持有的崇高理念完美地体现在他的《经典与商业

---

① Georg Lukacs. *Writer and Critic and Other Essays*. London: Merlin Press, 1970, p.39.
② Raymond Williams. *The Long Revolution*. London: Chatto & Windus, 1961, p.52.

作品》^①一书当中,这部文集出版于 1950 年,汇集了他在四十年代写下的最好评论,所论及的对象从果戈理、托尔斯泰、卡夫卡一直到他同时代的作家,如詹姆斯·凯恩(James M. Cain)、凯瑟琳·安·波特(Katherine Anne Porter)、多萝西·帕克(Dorothy Parker)和威廉·福克纳(William Faulkner),这部文集显示了作者的兴趣是何等广泛和驳杂,而且其文风一如既往的准确、流畅。无论是表达他对侦探小说的谴责,还是对艾米莉·波斯特(Emily Post)的礼仪手册的赞扬,或是对伊芙琳·沃(Evelyn Waugh)的喜剧天才的敬意,他总能让读者在阅读的过程中享受到文字和思想的乐趣。

对不同作家的生活、创作的个人化评述,在一定程度上也展现了当时的他在生活和职业中所遭遇到的不同问题。欧文·豪(Irving Howe)认为《经典与商业作品》就具有自传性的一面,"现在,他发现自己身处一种格格不入的文学气氛当中,于是就会反过来审视自己的品味的价值"。^② 他相信威尔逊在"《经典与商业作品》中的基本态度仍然像以往一样,对官方机构和官僚主义保持着难以消弭的戒心"。^③ 鉴于威尔逊对卡夫卡和"新批评"在美国文坛的霸权地位的评判,我们或许可以在他的很多观点背后看到一种偏执的动机。

另一位批评家约翰·法拉利(John Farrelly)也研究了威尔逊的写作中的自传性的一面,他认为此时的威尔逊步入了詹姆斯·胡内克(James Huneker)与门肯的后尘,被"读者"束缚住了。^④ 他说威尔逊被他的读者们搞得心烦意乱,"在这些评论中

---

① Wilson, Edmund. *Classics and Commercials*: *A Literary Chronicle of the Forties*. New York: Farrar, Straus and Giroux, 1950.

② Irving Howe. "The Value of Taste". *Partisan Review*, no.18, 1951, pp.125 – 126.

③ Ibid., p.126.

④ John Farrelly. "Edmund Wilson of the 'New Yorker'". *Scrutiny*, no.18, 1951, pp.229 – 230.

经常出现的一些言论暗示了威尔逊对待文学的态度可能不那么包容,众所周知,他对《纽约客》的读者们就是相当冷漠的……"。①海恩茨·尤劳(Heinz Eulau)似乎对这部文集持更加公平的看法,但也提及了它之于威尔逊的自传性意义。

> 与其说这部文集给了我们一种威尔逊关于文学生活的全面的、综合的看法,不如说它告诉了我们威尔逊在这最近的十年里读了些什么书,思考了哪些问题,对于我们当中那些从三十年代的"文学年代"开始成长起来的人来说,这已经足够了。②

他此时期的研究开始更多地关注美国本土的作家,新一代的美国作家都多少受到了好莱坞、美国西海岸的特殊氛围的影响,而且似乎与所有重大的社会、政治问题都没有什么关联,直到第二次世界大战前夕情况都是如此。③ 但斯当和斯坦贝克两人是例外,他们的作品中带有自然主义和强烈的进步主义观念,并包含了他们对西海岸特有的社会现实的理解。威尔逊试图去弄清楚一位作家或一个作家群体是如何对那些在他们的创作过程中产生了影响的力量作出反应,并最终成为这种力量的一部

---

① John Farrelly. "Edmund Wilson of the 'New Yorker'". *Scrutiny*, no. 18, 1951, p. 231.

② Eulau, Heinz. "The Critic as Creator". *Antioch Review*, no. 10, 1950, pp. 546 – 547.

③ 威尔逊主要研究了六个文本:詹姆斯·凯恩(James M. Cain)的《邮差总按两次铃》(*The Postman Always Rings Twice*)和《小夜曲》(*Serenade*);奥哈拉(John O'Hara)的《在萨迈拉的任务》(*Appointment in Samarra*)、《天堂的希望》(*Hope of Heaven*)和《帕尔·乔伊》(*Pal Joey*);威廉·萨罗扬(William Saroyan)的《三乘以三》(*Three Times Three*);汉斯·奥托·斯当(Hans Otto Storm)的《数到十》(*Count Ten*)和《可怜的暴君》(*Pity the Tyrant*);约翰·斯坦贝克(John Steinbeck)的《胜负未决的战斗》(*In Dubious Battle*);纳撒尼尔·韦斯特(Nathaniel West)的《蝗虫之日》(*The Day of the Locust*);以及菲茨杰拉德(F. Scott Fitzgerald)的《最后的巨头》(*The Last Tycoon*)。

分的。这些力量可能是地方、气候、历史事件和个人背景,也可能是像"激进写作"这样的文学传统。可是,究竟在什么样的具体条件下文学才能够繁荣兴盛起来呢? 就此而论,他认为威斯特的《蝗虫之日》以及菲茨杰拉德的《最后的巨头》是当时最好的两部作品,因为它们都植根于加利福尼亚的南部世界,并写出了这里的现实、理想和梦魇。

詹姆斯·M.凯恩、奥哈拉、萨罗扬、斯当以及斯坦贝克这些作家的一个共同之处在于他们的作品都受到过海明威的影响。然而,意义更为深远的是,它们有着共同的阶级斗争的主题,这是一个属于从弗兰克·诺里斯(Frank Norris)、杰克·伦敦到厄普顿·辛克莱的激进写作传统,这一传统从亨利·乔治(Henry George)就开始了。在威尔逊于三十年代早期出版的《美国人的不安》一书中,他就开始关注乔治,并认为乔治几乎与马克思同时(1867 年的《资本论》)注意到了西方国家通过修建铁路来发展经济的现象,而且竟然都做出了非常接近的解释。①

威尔逊从一开始就认为这些作家中的几位构成了某种文学群体。他说凯恩的写作就深深地受到了电影的影响,其小说常常模仿"好莱坞的老套路";至于奥哈拉,基本上就是一位社会评论家:

> 表现社会势利的残酷一面是奥哈拉先生的写作主题……奥哈拉先生对社会的表面现象进行了精致、细微的分析……然而,他对隐藏于社会表象之下的本质的理解则显然达不到这一点。②

---

① Edmund Wilson. *The American Jitters*. New York: Charles Scribner's Sons, 1932, p.299.

② Edmund Wilson. *Classics and Commercials: A Literary Chronicle of the Forties*. New York: Farrar, Straus and Giroux, 1950, p.23.

　　奥哈拉似乎可以平心静气地剖析他笔下的人物,然而人物的个性并没有得到充分的展现,其痛苦和情感的深度也不令人信服;此外,萨罗扬的部分作品受到过舍德·安德森的影响,然而,却一味地迎合普通读者的通俗品味,就像一位日复一日的专栏作家,其写作完全依赖于受大众欢迎的程度。萨罗扬与读者之间的这种关系使得其戏剧和小说变得越来越平庸。

　　在讨论汉斯·奥托·斯当时,威尔逊的注意力重新从文本回到了作者和背景。他说在汉斯·奥托·斯当和斯坦贝克的身上,开始看到并欣赏了一些更具野心的写作。关于斯当的《可怜的暴君》的评论,是威尔逊娴熟地使用他的批评手法的另一个范例,他以叙事性的批评为基础来激发读者们去阅读一部他们实际上一无所知的书籍。《数到十》的写作灵感来自斯当的个人生活经历,其政治意识甚至可以回溯到他的家庭,因为他属于一个在1848年革命后流亡美国的德国家庭。不像之前关于凯恩、奥哈拉和萨罗扬的讨论,这一次威尔逊没有提及海明威,但他看到了一种巨大的历史力量对斯当的写作所产生的影响要远远大过上述三位作家。斯当的写作主题并不是好莱坞式的写意生活,而是从事采矿、航行、飞行和加工制造业的工程师或技术员的生活,这位作家也比绝大多数美国作家对政治要更为敏感,比如在《可怜的暴君》中,就讲述了一位美国技术员牵涉到了一次秘鲁的革命当中的故事。

　　斯坦贝克来自萨利纳斯(Salinas),在斯坦福上了大学,像上述其他大部分作家一样居住在加利福尼亚,并以此地作为自己的写作题材。威尔逊认为他的作品的重要意义在于动物的主题以及渗透其中的生物学的世界观。他仔细地考察了斯坦贝克的世界观与历史语境的关系,尤其是这位作家在《胜负未决的战斗》中所塑造的共产党角色,他认为小说中的党员并不像一位马克思主义者,实际上更像是一位修正的斯大林主义者,更多地体现了作家自己的观念,即"'群体的人'是一种'动物'的整体性哲学",而不是共产主义的意识形态。

威尔逊对加利福尼亚小说家群体的研究,其实是他之前对文学文化的动力的关注的一种持续,这种关注也贯穿于《经典与商业作品》的很多评论当中。他在 1944 年写的关于英国作家伊夫林·沃(Evelyn Waugh)的文章中将《衰落与瓦解》(*Decline and Fall*)、《邪恶的躯体》(*Vile Bodies*)和《黑色恶作剧》(*Black Mischief*)与一些美国作品,如《了不起的盖茨比》以及《太阳照常升起》进行了比较,认为沃很有可能成为英国自萧伯纳以来唯一一位一流的喜剧天才。他讨论了这些文本的喜剧性因素的美学意义和现实性,并认为《独家新闻》(*Scoop*)和《多升几面旗》(*Put Out More Flags*)中的社会讽刺,无疑与英国的上层阶级以及在事实上控制着这个国家的强大的"反动力量",如商人和野心家有关。反过来,这又促使他从作家个人的生平去讨论沃对英国的保守党、罗马天主教以及"永久不变的社会阶级"的信仰。这种对沃的分析在实际上还结合了他对文学和艺术背景的论述,在这篇评论结束的时候,他又回到了对作品的文学品质的关注上,并称沃的艺术水准使得他并不满足于简单地宣传自己的主张。

威尔逊在 1944 年发表于《纽约客》上的另一篇评论,《奥尔德斯·赫胥黎和超越时间的世界》(Aldous Huxley and the World Beyond Time)中采用了相同的策略来讨论《时间必须停止》(*Time Must Have a Stop*),并将这部作品与赫胥黎的早期作品《天鹅死在许多个夏天之后》(*After Many a Summer Dies the Swan*)进行了比较,认为前者在表现人物"面对现实的退缩,面对理想的放弃"时存在着不足。他还将此主题与《大教堂谋杀案》(*Murder in the Cathedral*)的主题进行了比较,并认为赫胥黎对欧洲所持的现实主义态度以及对宗教因素的处理,不足以支持他有能力去描写宗教的神秘而特殊的本质,因为它们与小说内在的社会属性是相冲突的。他继续指出赫胥黎独特的世界观是基于一种对人性的厌恶,是他对世俗生活的可能性的体验还不够完整的表现。此外,《时间必须停止》中关于情感和性的关系的描写除了令人感到沮丧或不正当之外,什么都没有留下,而作者之所以毫不费劲地拒绝这个世界,是因为他并不知道在这个世界里还有什么。威尔逊说尽管这部作品费力地描绘了一种令人困惑的形而上学,但这并不足以使其成为一部真正的小说。

从 1943 年来看,美国文学史上的一个重要的时代已经结束了,威尔逊一直把自己视为它的一部分。《为思想编制目录》(*Thoughts on Being Bibliographed*,1944),这篇文章就包含了他对从布鲁克斯的《美国的成长》(*America's Coming-of-Age*,1915年)到 1929 年的股市大崩溃这段时期的文学发展的历史性回顾,并在后来还集中地讨论了美国二三十年代的社会问题以及这两个时代的精神状况。在二十年代,尽管金钱和精力都被大大地挥霍了,可作家们获得了成功,而现在身处其中的这个时代,有能力的年轻作家们不可避免地受到各种大学教职的诱惑,因为除此之外再也无法找到什么体面的工作了。

当威尔逊还是一名大学新生的时候(1912 至 1913 年的冬天),就知道了惠普尔(T.K. Whipple)的名字,当时惠普尔是他的学长,并担任《纳索文学杂志》的编辑。惠普尔在 1939 年去世之后,威尔逊马上为他写了一篇评论,这是他对美国文学史还未来得及书写的一页所做的补充。他讨论了惠普尔作为美国内战后有教养的一代美国人,与马克思主义、美国现代文学之间的关系。惠普尔在第一次世界大战期间当过水兵,而威尔逊,毫无疑

问也是部分地出于对这种身份或经历的一种认同,非常认可惠
普尔对普通人的同情,因此,他认为这位作家有能力消化马克思
主义并从中吸收到有用的成分。然而,这篇评论的重点是惠普
尔与美国文学的关系。当门肯和拉斯科(Burton Rascoe)试图
号召人们去阅读新作家的作品时,威尔逊指出惠普尔才是"最
先去研究新的小说家和戏剧家"的批评家。惠普尔来自美国
的中西部,似乎具有某种特殊的才能,他拥有符合一位中西部
作家的资质,这些作家在这一时期的美国文学界中扮演着引
人注目的角色。威尔逊还描述了美国传统在这一阶段对惠普
尔的影响:

> 在我们这一代与内战那一代之间横跨着一块杂草丛生
> 或贫瘠的荒地,在这里懂得欣赏和重视文学的人们,几乎不
> 再期待去发现任何正在成长的有价值的东西,在这里他们
> 倾向于怀疑任何正在大放光彩的事物;惠普尔只比我大几
> 岁,但却已经带着这一时代的眼界成长起来了。①

传统与个人,这是威尔逊早在 1924 年关于斯蒂芬·克莱恩
的评论中就已经表达过的主题,在他后来的《经典与商业作品》
和《生活的羁绊》中也得到了延续,在《爱国者之血》中更是达到
了顶峰。他在三四十年代所见证的文化变迁以及这种变迁对文
学可能产生的影响存在类似之处,可以与内战对美国文学曾经
产生的影响相比较。威尔逊的父亲、约翰·杰伊·查普曼、伊迪
丝·华顿以及某种程度上也包括了惠普尔,都属于内战后那一

① Edmund Wilson. *Classics and Commercials*：*A Literary Chronicle of the Forties*. New York：Farrar，Straus and Giroux，1950，p.74.

代美国人。

威尔逊很注重对与文学的历史和传统有关的社会问题的研究。他在《为思想编制目录》中复述了自己很早以前就提出过的一种论点,即文化的风尚和环境的形成需要一个"职业的群体",这个群体中的文人的实践形成了一种"共同的技艺",他们对价值观的信仰出自"共同的动机"。像《〈芬尼根守灵夜〉导读〉》(*A Guide to ⟨Finnegan's Wake⟩*)、《被神化的毛姆》(*The Apotheosis of Somerset Maugham*)、《关于卡夫卡的一个不同意见》(*A Dissenting Opinion on Kafka*)、《让·保罗·萨特》(*Jean-Paul Sartre*)、《皮科克的玻璃琴》(*The Musical Glasses of Peacock*)、《对麦克斯·比尔博姆的分析》(*An Analysis of Max Beerbohm*)、《萧伯纳关于政治家的培养》(*Bernard Shaw on the Training of a Statesman*)以及《威廉·福克纳对民事权利程序的回复》(*William Faulkner's Reply to the Civil Rights Program*)等评论,就是通过对不同语境的仔细考察来完成对各种主题的深入探讨。

在《〈芬尼根守灵夜〉导读〉》(《纽约客》,1944 年)这篇文章中,威尔逊就像之前那样继续关注乔伊斯的读者群的反应。他对于主要的叙事形式,如史诗和小说的历史有着自己的理解,在《格律诗是一种正在死亡的技巧吗?》这篇文章中,他主张"形式"(forms)是读者阅读和理解《芬尼根守灵夜》的基础。乔伊斯无疑可以和维吉尔(Virgil)、但丁(Dante)以及弥尔顿等人一起位列"用诗篇来创作小说的最有成就的大师",因此,他颇费了一番笔墨来鼓励读者们去阅读这部作品是如何通过精湛的诗歌技巧来构筑现实的。

威尔逊还将毛姆与其他一些现代的英语小说家进行了比较,并考察了他对英国近代文学传统与标准的背离。他尤其批评了毛姆的历史小说——《那时和现在》(*Then and Now*),认为它不值一读,充斥着陈腔滥调、拙劣的句子以及对历史的枯燥阐释。他也同样不赞同毛姆对亨利·詹姆斯、叶芝、普鲁斯特和乔伊斯等人的作品所发表的肤浅看法。他说毛姆沿袭了威尔斯和本涅特这样的英语作家的传统,这些人虽不一定是第一流的作家,但就他们从事这种职业的禀性和才能而言,至少还算是真正的作家。

从四十年代开始引起越来越多人注意的法国作家萨特也进入了威尔逊的视野。他注意到了萨特的戏剧天赋和写作才能,并认为他在其作品中构建了戏剧人物的性格与当代人类行为的对应关系,如《死无葬身之地》(*Mort Sans Sépulture*)与现实中的事件是可以相互参照的。然后,他把注意力转向了萨特的哲学文章《存在主义》(*Existentialism*),他说这篇文章显然不是一篇专题论文,而更像是与共产主义者展开的一场临时的辩论。然后,他将萨特的存在主义与马克思主义进行了比较,在他看来,前者的"优点"在于省略了辩证法,而后者对"人与环境的关系"的解释要更胜一筹:

> 萨特的存在主义哲学是对于一个异于现今的时代的反省,这个时代刺激了马克思的激进唯物主义的产生……让我们从它所处的历史环境来观察它吧。①

威尔逊认为存在主义的个人主义与马克思主义的集体行动思想之间存在着根本性的差异。从萨特的身上,他还看到了作家的创作是如何受到的各种各样的社会力量的影响的。法国被

---

① Edmund Wilson. *Classics and Commercials*: *A Literary Chronicle of the Forties*. New York: Farrar, Straus and Giroux, 1950, p.398.

占领时期的氛围影响了萨特的写作,同时也在其作品中得到了表达,它们戏剧化地表现了屈辱和无望的法国人在道德上遭受的毒害。但在《理性时代》、《苍蝇》(*The Flies*)和《无路可出》(*No Exit*)等文本中,他并未发现哲学家萨特对存在主义的基本原则的反思,而是在小说家萨特的作品当中认识到了当代"后自然主义"的一些重要特性。他说对于像马尔罗(Malraux)、多斯·帕索斯以及海明威这些因袭了这一传统的作家而言,国际社会主义运动已经打开了希望之门并为他们的行动提供了一种激励作用。

威尔逊曾与萨特有着相似的从业经历,都当过兵,也担任过新闻记者,他评价了后者在《现代杂志》(*Les Temps Modernes*)[①]上发表的一些文章,认为其新闻写作比得上英格兰的乔治·奥威尔(George Orwell),在法国几乎无人能比。他在把这些期刊文章放置在社会、传记、文学和历史的语境中加以考察之后,称萨特具有一种强健的且几乎只有十八世纪的法国人才拥有的品质:勤奋、直言及常识。[②] 哈利·勒文(Harry Levin)认为威尔逊在这一部分的批评显得相当的敏锐,因为萨特的作品在当时仍然还只有少数人阅读过,但不久之后就迅速对美国读者产生了非常重要的影响。[③] 在某种程度上说,威尔逊的品评为萨特的成就和声名有开疆辟土的功劳。

在阅读了皮科克(Peacock)的《梅德·玛丽安》(*Maid Marion*)、《梅林柯特》(*Melincourt*)、《格里尔·格兰治》(*Gryll*

---

① 一本法国知识分子杂志,内容涉及政治、文学和哲学,由萨特、西蒙娜·德·波伏瓦、莫里斯·梅洛-庞蒂(Maurice Merleau-Ponty)、雷蒙德·阿伦(Raymond Aron)等人创办于 1945 年。

② Edmund Wilson. *Classics and Commercials*:*A Literary Chronicle of the Forties*. New York:Farrar, Straus and Giroux, 1950, p.403.

③ Harry Levin. *Memories of the Moderns*. London:Faber&Faber, 1980, p.205.

Grange)、《噩梦隐修院》(*Nightmare Abbey*)以及《雪莱回忆录》
(*Memoirs of Percy Bysshe Shelly*)等著作之后,威尔逊比较了这位
作家与萨克雷(Thackeray)的风格,并认为后者的作品结构相对
来说要粗糙些,而前者的作品中的语调和气氛要更为和谐,但现
代的读者显然已经失去了对其作品中所蕴含的那种类似于莫扎
特的音乐般的特殊美感的敏锐感觉力。

　　《对麦克斯·比尔博姆的分析》(《纽约客》,1948 年)也是借
助文学和社会的语境来诠释比尔博姆和他的作品。韦勒克说威
尔逊为了增强批评的说服力,"总是会指出像麦克斯·比尔博姆
这样的作家的社会起源"。① 根据威尔逊的说法比尔博姆的散
文还算不错,但却从未为当代的问题写过一行连续的文字,而此
人之所以经常会发表一些奇怪的观点并与"有教养的商人阶级"
保持着距离,是因为他对某些粗俗而不是任何道德或政治观点
感到强烈的厌恶。 此外,比尔博姆的小说《奈提莉多布森》
(*Zuleik Dobson*)的总体艺术水准不尽如人意,在个性塑造上也
缺乏现实性,但作为一位报道剧场新闻的记者而言,他已经非常
出色了。

　　威尔逊在《萧伯纳关于政治家的培养》(*Bernard Shaw on the
Training of a Statesman*,《纽约客》,1944 年)中称萧伯纳的《真相
毕露》(*Everybody's Political What's What?*)是一部采用古典模式
写成的论著,这种写作模式在文艺复兴时期很流行,卡斯蒂利奥
内(Castiglione)的《侍臣论》(*Courtier*)和马基雅弗利
(Machiavelli)的《君主论》(*Prince*)都采用了这种模式,这部内容
杂乱无章的作品有点类似于蒙田(Montaigne)的《随笔集》

---

① Rene Wellek. "Edmund Wilson (1895 - 1972)". In *History as a Tool in Critical Interpretation: A Symposium*, edited by Thomas F. Rugh and Erwin R. Silva. Provo: Brigham Young University Press, 1978, p.72.

（Essays）和伯顿（Burton）的《忧郁的剖析》（Anatomy）。他还阐述了这一作品所具有的自传性质，并对其中的重复、变换、闲话等语体特征进行了美学分析。

在四十年代的美国作家当中，威尔逊唯独对福克纳有着非常高的评价，他说，"即使是我这篇文章成为了齑粉，此人和他所创造的一切仍然会继续存在下去"。他重点评论了《坟墓的闯入者》（Intruder in the Dust）一书，并认为这部作品与传统的骑士道德之间存在着对应关系，但也对其中带有浪漫和夸张风格的现实主义提出了质疑。他还从艺术的角度来探讨了福克纳经常使用的一些特定的词汇并将这部作品与福克纳的其他作品，如《圣殿》（Sanctuary）、《塔门》（Pylon）、《熊》（The Bear）以及《八月之光》（Light in August）进行了比较。阅读《坟墓的闯入者》使威尔逊想起了美国的民权运动，他注意到这一部小说中的人物曾热诚地向黑人求助，这在福克纳的其他小说中从来没有出现过，因此，他说这部作品似乎可以视作某种压力对南方产生了道德影响的"标志"。

威尔逊认为福克纳笔下的美国南方社会具有某种伊丽莎白和莎士比亚时代的遗风，这位美国作家把英语诗歌的抒情性和散文的浪漫性融合进了他所继承的高度复杂化的小说传统中。尔后，威尔逊的注意力从南方和莎士比亚的戏剧元素转移到了福克纳对于场景的构造，同时还讨论了作品与作者所居住的旧式社区之间的关系，这一写作思路体现了威尔逊一贯关注的主题，即各种社会因素与作家写作的关系。

在《关于卡夫卡的一个不同意见》中，威尔逊关于卡夫卡的评论一直以来都引起了很大的争议。像欧文·豪、韦勒克、伯特霍夫（Warner Berthoff）以及其他一些批评家都认为他犯下了严重的错误。欧文·豪说威尔逊本来敏锐的判断力被其性格上的刚愎自用给玷污了。同样,韦勒克认为他对卡夫卡发表了"粗糙、迟钝的评论",并且认为他针对卡夫卡的"悲观情绪和宗教神秘主义"所提出的反对理由来自其性格的深层核心。[①] 伯特霍夫提出了更为严厉的批评,"卡夫卡问题的出现清晰地表明威尔逊作为一个批评家和文学工作者的持久价值开始受到质疑",[②]他对威尔逊在思想上无法完全把握卡夫卡的作品所具有的道德和宗教价值而感到非常不解。

　　为何威尔逊会如此惹怒这些批评家呢? 回到这篇"恶名昭著"的文章,他首先将卡夫卡与果戈理(Gogol)、坡进行了比较,并且还像其他批评家那样,将卡夫卡与乔伊斯、普鲁斯特和但丁进行了比较。然后,他指出卡夫卡笔下的内容非常荒诞不经,他也承认卡夫卡的艺术才能,但不能算是最为杰出的作家之一,最多只是一位比较重要的作家而已。他的批评首先集中于卡夫卡与读者的关系,并认为当时的一些读者正在刻意地吹嘘卡夫卡的成就,而这类吹嘘其实是某些知识分子的偏执与疯狂情结的一种外在表现,可能正是在这一点上,他的草率点燃了火药桶,于是,那些感觉尊严受到了伤害的批评家们开始反攻他。有意思的是,他却不想在这个问题上浪费太多的时间,而是继续讨论与卡夫卡有关的文学问题。他研究了马克斯·布洛德(Max Brod)的传记《法兰兹·卡夫卡》(*Franz Kafka*)和新方向出版社(New Directions)推出的评论文集《卡夫卡问题》(*The Kafak Problem*),以及卡夫卡的作品,如《审判》(*Trial*)、《城堡》(*The*

---

① Rene Wellek. "Edmund Wilson (1895 – 1972)." In *History as a Tool in Critical Interpretation: A Symposium*, edited by Thomas F. Rugh and Erwin R. Silva. Provo: Brigham Young University Press, 1978, p. 88.

② Berthoff, Warner. *Edmund Wilson*. Minneapolis: University of Minnesota Press, 1968. pp. 28 – 29.

Castle)、《中国长城》(*The Great Wall of China*)和《变形记》(*The Metamorphosis*)等。他指出卡夫卡就像果戈理和坡那样都创造了某种"现实的噩梦，在具体的形象中表现出了神经质者的病态"，但其艺术才能远逊于乔伊斯、普鲁斯特和但丁这些作家，因为后者才是"人类的个性、经验的伟大探索者和组织者"。①

接着，威尔逊从历史和道德的角度细致地讨论了卡夫卡的宗教观，就像在《阿克瑟尔的城堡》中对待艾略特那样，②他也对卡夫卡的信仰提出了异议——卡夫卡的思想中残留着对中产阶级的幻想和憧憬，从而消减了他的宗教信仰真诚度，因此，这样的信仰并不具有绝对的鼓舞人心的力量。在卡夫卡的生活中可以找到一组限制和约束着这位作家的社会因素，如"由犹太正统家庭组成的紧凑的小团体造成的困扰"影响了他的群体意识，以及"没有完全从'隔都'［ghetto］中脱离出来的犹太社区的约束"影响了他的世界观。威尔逊因此质疑那些在 1935 至 1945 年间引起注意的卡夫卡的作品究竟有多大的意义？"难道我们必须把卡夫卡笔下那些悲惨的主人公们当作人类生存境况的寓言加以接受吗？"③他自己的回答是否定的，在他看来卡夫卡的写作受到了太多个人因素的影响，并不具备广泛的代表性。

威尔逊还认为卡夫卡的作品带有某种福楼拜式的小说风格，《一条狗的调查》(*Investigations of a Dog*)就类似于福楼拜的《布瓦尔和佩居谢》(*Bouvard et pécuchet*)，因为这部小说与福楼拜对现代世界的琐碎与愚蠢的最为轻蔑的控诉存在着共同之处，在此意义上，卡夫卡小说的政治性远大于其宗教性，在威尔逊写作此文的时候，其他评论家似乎都没有充分地认识到这一

---

① 埃德蒙·威尔逊：《文学评论精选》，蔡伸章译，台北：志文出版社，1977 年，第 43 页。
② 参见本书第一章第一节的相关内容。
③ 同上书，第 47 页。

点。他继续分析了《审判》和《城堡》，并从文学形式和影响力而不是严格的道德或神学等角度来论述这些作品，他认为宗教因素在这些故事中并不像在班扬（Bunyan）与但丁的作品中那样发挥推动故事的作用。

激怒批评家的另一个原因是威尔逊声称，"卡夫卡最具特色之处在于把人比作畜牲"。然而，伯特霍夫认为这种说法"并不符合《变形记》与《一条狗的调查》的道德逻辑"。[1] 此外，威尔逊还不满意卡夫卡对一些重要的主题，如"无聊的、不知疲倦的商业活动，乏味的中产阶级家庭，死板、僵化的正统犹太教"的讽刺性描写，因为它们的艺术效果并不明显，与果戈理和坡相比，卡夫卡似乎要更不"令人精神振作"，而前者对世界的看法似乎要积极得多。在他看来文学应该能够"欺骗"人，从而使得人可以在这个痛苦的世界里继续生存下去，可卡夫卡的作品并不具备这种至关重要的力量，正是基于这个原因他才不认为卡夫卡是一位伟大的艺术家或道德的指引者。

威尔逊承认卡夫卡的作品确实为读者提供了另一种现实，但这种现实既没有吸引力，也不能打动人，虽然它们刻画了一个个特殊的精神、社会和政治的世界，但却缺乏一种普遍性。从现在看来，他的这种看法实在是有点轻率，在某种意义上说，卡夫卡小说的重要性就是通过那些荒诞的内容来深刻地再现了人类在二十世纪所遭遇的精神危机。从某种反思性的观点而言，二十世纪的到来确实给人类带来了强烈的荒诞感。现代人在上帝隐匿之后，同时失去对于先验的把握，失去了绝对的经验，失去了与永恒的联系，失去了对于意义的感知……所有这些给个人

---

① Warner Berthoff. *Edmund Wilson*. Minneapolis：University of Minnesota Press，1968，p.28.

带来的问题就是人的主体分崩离析、裂解成碎片，甚至变形、异化成其他，这本身就已经足够荒诞了，卡夫卡所创造的小说世界的普遍性意义大概就在这里，尽管那些世界有着如地狱一般的黑暗，但我们仍然能从他的文字中感到一种对人类的至深之爱。如果不是因为人类在这个世纪中的经历是如此的厚重与不幸，今天的我们怎么可能理解他曾经说过的那句话，"没有人能唱得像那些处于地狱最深处的人那样纯洁。凡是我们以为是天使的歌唱，那就是他们的歌唱。"①

威尔逊特别注意作品与作者生平经历、文本、社会、读者这些特殊因素的关系，在批评中，他不但会把作家、作品和社会放在最为重要的位置加以考虑，也同样会对不同形式的传统予以了充分的注意，以此来完善他的批评并将批评转变成一种自觉而审慎的创作。把作家放置在与他的作品有关的其他作家和作品的关系当中加以探讨，是他在《经典与商业作品》中经常采用的批评方法。另外，值得一提的是他在准备将《经典与商业作品》出版的时候，也开始在为后来的《最熟悉的陌生人》(*The Shock of Recognition*，1943 年)收集资料了，这是他编辑的一部由"创造了美国文学的人对它的发展所做的记录"(Development of Literature in the United States Recorded by the Men Who Made It)，他从此时开始将自己的一个理论付诸实践，即批评家的作用并不仅仅只是服务于文学传统，同时也应是这一传统的创造者之一。

在 1946 和 1947 年，威尔逊给《纽约客》写了两篇关于乔治·森兹伯里的文章，分别是《乔治·森兹伯里的百年纪念》(*George Saintsburys Centenary*)以及《乔治·森兹伯里：美食家和

① 林和生：《"地狱"里的温柔》"序言"，北京：华文出版社，2008 年，第 1 页。

贪吃者》(*George Saintsbury：Gourmet and Glutton*)。森兹伯里作为一位批评家,始终坚持着一种比较自主的美学思想,因此威尔逊有意将他的文学品味与宗教、政治观点进行了区别对待。他的这种态度是以自己对森兹伯里的《英语散文的节奏史》(*History of English Prose Rhythm*)和《法国小说史》(*History of the French Novel*)等作品的阅读为基础的。这第一部作品论述了具有"对话性"的非正式用语而不是书面用语的节奏,他显然对此书灵活的散文风格印象深刻,因而称它是一部"杰出的"作品。他的第二篇评论以他对森兹伯里的《奥古斯都的和平》(*The Peace of the Augustans*)的阅读为基础,他最后得出了这样一个结论,即森兹伯里是他那个时代最好的英文作家之一。之所以给出如此高的评价,是因为威尔逊认为森兹伯里的成熟的批评作品常常能够构造出一个想象的世界,仿佛被施了咒语一般有着一种类似小说或回忆录那样的独特吸引力,从而让读者爱不释手。遗憾的是文学批评的这种魅力在后来逐渐地消失了,首先是因为在二十世纪中期的大部分时间里,尤其是在美国的"新批评"潮流当中,文学批评变得越来越复杂;其次,在历史的确定性受到后现代思想的质疑之后,书写者的主观思想和想象也已经不再占据写作的中心位置了。在今天,文学批评的趣味和格调几乎荡然无存,昔日威尔逊对森兹伯里的这种文学品质的赞美理应受到更多的重视。

这两篇评论都把森兹伯里描述成一位英语批评家,从而与法语批评家形成了对照,在《乔治·森兹伯里:美食家和贪吃者》中,威尔逊对森兹伯里的非系统历史观高度钦佩,并将他与法国作家泰勒和勒南进行了比较,他声称除森兹伯里之外,再也没有其他人能够书写出如此完整的十九世纪的英语文学史。与英格兰十九世纪的那些平庸的批评家们相比,森兹伯里在再现艺术家的个人成就以及浪漫主义时代、维多利亚时代和维多利亚时代后期的思想和风尚等内容时显得特别成功。有趣的是，威尔逊认为森兹伯里是一位不顾史实、漠视传统的批评家，因为这位作家常常会不加选择地大肆吹捧某些作家，而且还固执地对写于 1880 年之后的任何作品都抱有敌意，尽管如此，威尔逊仍然含蓄地认可了他的不落俗套的历史书写方式。

在第二篇关于森兹伯里的文章发表的几个月之后，威尔逊写了一篇名为《范怀克·布鲁克斯的美国内战时期》（*Van Wyck Brooks on the Civil War Period*，《纽约客》，1947 年 11 月 29 日）的文章。在此文中，他继续表达了自己对文学史写作的看法。除此之外，这篇评论的另外一种重要意义在于他开始思考美国内战与美国文学之间的关系，这一关系在接下来的 14 年间成为了他最为关注和重视的写作主题。布鲁克斯曾经指出历史不仅关系过去的人和事，更可用来诠释和理解现在，这种观点似乎暗合了英国二战时期的首相及后来的诺贝尔文学奖获得者、历史学家丘吉尔的一句名言——你能看到多远的过去，就能看到多远的未来。或许这也是威尔逊在写作他的《爱国者之血》时常常默念的一句话。

威尔逊评论了布鲁克斯的《梅尔维尔和惠特曼的时代》（*The Times of Melville and Whitman*），认为他很好地继承了美国文学界的"纽约传统"，这种传统是从欧文—库珀—梅尔维尔—惠特曼—詹姆斯这一谱系中延续下来的，在美国文学中它与爱默生—霍桑—梭罗等人所代表的"新英格兰传统"形成了对照。威尔逊认为美国的内战时期是一个"破产和受伤的时代，不幸、扭曲和失败的时代"，尽管布鲁克斯已经注意到艺术家与当时社会的联系，但在其历史叙述中，当时的作家们的观点常常陷入混乱当中，这样非常不利于读者形成对战争的正确理解，而且他也没有充分地把战争视作强烈地影响了诸多地区和不同作家的主要事件或关键因素。在威尔逊看来,战争在当时的几乎所有美国作家,从亨利·亚当斯(Henry Adams)到亨利·詹姆斯、安布罗斯·比尔斯(Ambrose Bierce)、约翰·威廉·德·弗洛斯特(John W. De Forest)以及西德尼·拉尼尔(Sidney Lanier)的生活中占据着中心的地位,对这一主题的强调形成了他当时正在酝酿并完成于六十年代的《爱国者之血》的最重要的写作目的或理由。

第四章 一个人的文学史

一 其他文集：光明的彼岸

四十年代伊始，威尔逊 45 岁了，他突然发现自己不得不考虑生死的问题。好友菲茨杰拉德在这一年的 12 月因为心脏病去世了。叶芝、弗洛伊德、托洛茨基和乔伊斯等人差不多也都是在这十年即将开始或最初的时期去世的，几乎在很短的时间里，他感觉自己失去了在文学和政治上的最后依靠。他的悲伤与失落不言自表，这种情感在后来逐渐转变成了一种怀念。他写于在此时期（四十年代）的作品大多都具有回忆的性质，这也间接传递了他对整个欧洲以及美国文学史上一个伟大时代的思考。这个时代所承载的光辉业绩不能因为伟人的去世而被人遗忘，于是，他决定为自己所经历的每一个重要时期编撰一部纪年史来保留它的文学标准和光荣传统，并进一步确立他作为批评家的责任。

因此，在大历史下，个人也可以书写自己的文学编年史。威尔逊的《光明的彼岸：二三十年代的文学编年史》（*The Shores of Light：A Literary Chronicle of the Twenties and Thirties*）①是这部

---

① Edmund Wilson, *The Shores of Light：A Literary Chronicle of the Twenties and Thirties*, New York：Farrar, Straus And Giroux, 1952.

个人文学史的开始,尽管它是在 1952 年才出版,但其中汇编的都是他早期于各类杂志上散发的文学、戏剧、电影以及社会政治评论文章,内容包罗万象,洋洋洒洒八十多篇,是对美国历史上的一个繁荣昌盛的时代(二十年代)以及紧随其后的激烈的政治、经济冲突时期(三十年代初)的文学、文化生活的全景式记录,也是他关于这两个时代的文学编年史。他追述了一批新的美国作家,如海明威、华莱士·史蒂文斯、肯明生、多斯·帕索斯、怀尔德以及其他许多作家的崛起历程,其中自然也包括他的亲密朋友菲茨杰拉德和埃德娜·米莱(Edna St. Vincent Millay)。滑稽剧、苏联的戏剧以及哈利·胡迪尼(Harry Houdini)的魔术、马尔罗(Malraux)的第一部小说和爱伦·坡的重新发现等诸如此类或有趣或重要的文化现象都没有逃过他的眼睛。

　　威尔逊给这两个时代的写作和观念描绘了一幅幅色彩斑斓、熠熠生辉的画面,在用一种富有洞察力的方式研究那些伟大、高雅的作品的同时,也一视同仁地研究了流行和通俗文化,他的这种做法类似于激进的文化批评家吉尔伯特·塞尔德斯(Gilbert Seldes),后者在其重要作品《七种流行艺术》(*The Seven Lively Arts*,1924 年)中声称流行的娱乐表演应该像所谓的"高雅艺术"一样受到严肃的对待,这种观点在当时引起了很大的争议。[①] 整个说来,威尔逊对二十年代做了一种充满好奇但又矛盾的描述,《光明的彼岸》就成了我们了解作为公共知识分子的他在二三十年代行走过的思想轨迹的重要的文本依据。

　　威尔逊在二三十年代遇到的一个主要问题是如何令人满意

---

① David Eldridge. *American Culture in the* 1930S. Edinburgh：Edinburgh University Press Ltd，2008，p.23.

地阐述作家和他们的作品在不同的社会、历史环境中的不同之处，并藉此来丰富文学的意义。作为一位批评家，他有意识地准备着手来解决一些问题，如批评家的职责、批评家与传统的关系。随着三十年代的过去，他在积极地研究一般的社会和政治主题的同时，也开始越来越多地从事捍卫文学以及文学事业的工作。

《光明的彼岸》以献给高斯的序言开始，作为"二三十年代的文学编年史"（A Literary Chronicle of the Twenties and Thirties），它的主要部分如果从《弗·司各特·菲茨杰拉德》（F. Scott Fitzgerald）一文开始可能更为合适，意义也更为深远。上世纪二三十年代正是美国的所谓"爵士时代"，如今看来，菲茨杰拉德笔下那个满怀忧伤，却用珠光宝气包裹起空虚灵魂的盖茨比，早已成了这个浮华时代的绝佳象征。《弗·司各特·菲茨杰拉德》最初发表在 1922 年 3 月的《文人》（Bookman）杂志上。威尔逊在自己的其他著作或文章中多次提及并评论过菲茨杰拉德，在他的文学批评中这位普林斯顿的好友一直占据着很重要的位置。他关于菲茨杰拉德的文章是《光明的彼岸》的重要文章之一，同时也是他长期以来在职业和个人两个方面对菲茨杰拉德本人及其作品的挚爱之情的一种表现。

即使是在威尔逊的这篇早期关于菲茨杰拉德的文章中，我们也可以看到他对社会学方法的使用，而他对文学传统的巧妙区分使得这种分析变得更加精巧。《天堂的这一边》（This Side of Paradise）和《美丽的和被诅咒的》（The Beautiful and the Damned）深入地讨论了语言和个性的问题，它们同样与菲茨杰拉德的美国中西部的社会背景有关。然而，菲茨杰拉德没有写过西部题材的故事，但这可能是他唯一彻底了解的环境。威尔逊同样发现了菲茨杰拉德的爱尔兰背景的深远意义，而后者在自己的小说中对此加以描写就是为了突显他的一些非盎格鲁-撒克逊人的品质。威尔逊说菲茨杰拉德在去东方旅行并在普林斯顿上大学的这两段经历中都明显地受到过其他人的文学影响，这些影响主要来自威尔斯和麦肯齐（Mackenzie）的小说以及门肯的散文。

　　威尔逊的笔触在作者、文本和环境之间巧妙地移动，菲茨杰拉德的社会背景以及他与其他作者在处理文学与社会的关系上的差异，促使威尔逊进一步考察他的作品与美国战后年代的联系。菲茨杰拉德是一位天才的文学艺术家，在那个年代的文化气氛中找到了属于自己的创作环境。在观察了《美丽的和被诅咒的》中的角色的关系与行动之后，威尔逊阐发了一个可能并不是菲茨杰拉德本来想要表达的道德寓意，那就是文明的混乱以及对它的善意嘲笑。作品与时代之间存在着一致性，在某种意义上，这是因为它是某个群体的产物，这个群体包括了麦肯齐、威尔斯、门肯以及其他人，它在每一个历史性的时刻都会以一种非常间接的方式影响着作家的创作。因此，对于威尔逊来说，有必要根据文学影响的语境与文化来解释并描绘这个群体，其目的就是要对作者、作品和社会之间的关系做出令人满意的说明。

　　以英国传记作家和评论家斯特雷奇（Lytton Strachey）为例，威尔逊在《利顿·斯特雷奇》（Lytton Strachey）一文中研究了这位作家与布鲁姆斯伯里（Bloomsbury）文化圈的关系，并讨论了他作为一位传记作者从法国的圣伯夫学派那里受到的影响。斯特雷奇的作品在那个时代看上去非常的新奇，并在后来对英国的传记写作产生了不小的影响，而了解他所接受的法国影响对于充分理解其作品具有至关重要的意义。在集中地研究了斯特雷奇的《维多利亚女王》（*Queen Victoria*）、《肖像的缩影》（*Portraits in Miniature*）、《伊丽莎白和艾塞克斯》（*Elizabeth and*

Essex）以及《杰出的维多利亚人》(*Eminent Victorians*)等作品之后，威尔逊认为后一部作品无愧为英国社会和文化史上的里程碑。

《爱伦·坡在国内和在国外》(Poe at Home and Abroad，1926)与《利顿·斯特雷奇》(*Lytton Strachey*)一样最初都是发表在《新共和》上，威尔逊出色地描绘了坡的作品所具有的噩梦般的幻想品质，称阅读它们就像是在梦中神游。在美国文学史上，坡似乎就是一个异类，他通常都把故事人物放到他所创造的环境中，再利用恐惧的特殊力量打破社会为人铸造的外壳，以便能进入到人的灵魂深处，揭示人类最隐秘的内心活动，并最终展现出人最原始的本能及欲望，或者暴露出平常连自己都不愿或不敢面对的丑恶。坡以丰富的想象力和对人类心灵的执着探索，写下了不少非凡的作品，但他的这种侧重心理描写的写作方式在美国文学史上并不多见，可谓是异峰突起，而且他似乎与任何年代或运动都不存在着什么关系。威尔逊并不赞成这种观点，他敏锐地发现了这位作家与其他作家的联系，在仔细地考察了 1800 至 1850 年这一时期的文学状况之后，他指出坡其实只是这一时期的文学界中最为典型的人物之一而已。在将坡与柯勒律治（Coleridge）、雪莱（Shelley）、济慈、德·昆西（De Quincey）、盖因（Maurice de Guérin）、夏多布里昂（Chateaubriand）以及拜伦等人进行比较之后，他找到了他们之间的隐秘关联。可见，对文学史的研究在威尔逊的上述两篇文章中都显得至关重要。他接下来还考察了坡的《威廉·威尔逊》(*William Wilson*)、《丽姬娅》(*Ligeia*)、《莫瑞娜》(*Morella*)、《莫斯肯漩涡沉浮记》(*Descent into the Maelstrom*)以及《瓦尔德马先生的病例》(*The Case of M. Valdemar*)等作品。他认为坡的小说的典型特征是表现人的反抗、意志和理想的绝境，但他并没有像别的批评家那样从坡的作品中推论出某种寓意出来,而是试图通过对作家个人的生活经历以及所处的社会、文学和文化背景的分析来帮助读者理解坡的小说。

众所周知,威尔逊对诗歌的关注远低于小说。在《以斯拉·庞德的拼缀物》(*Ezra Pound's Patchwork*,《新共和》,1922 年)中,他除了讨论了庞德的《拉斯却》(*Lustra*)以及一些早期诗歌之外,也讨论了诗人在"有艺术天赋的美国人逃往欧洲"这个问题上所表现出的高度自觉。他说庞德几乎只在文学上与别人保持交往,是一个大大的失败者,而且其写作上也存在着经验和感觉上的欠缺。

在关于肯明斯的文章《史蒂文斯与肯明斯》(Wallace Stevens and E. E. Cummings,《新共和》,1924 年)中,威尔逊批评了肯明斯的《郁金香和烟囱》(*Tulips and Chimneys*)中的一些诗歌,他说相对于雪莱和艾略特的节制,肯明斯对长元音"i:"使用到了肆无忌惮的地步。事实上,肯明斯的这种异于寻常的文学品质与他在抒情诗上的天才是一致的,它符合二十年代美国人的乐观精神,但威尔逊认为这种抒情才能与战后美国总体的社会和文化氛围是相对立的。这种认知上的差异在他写作《阿克瑟尔的城堡》的过程中得到了发展,在《尤金·奥尼尔和自然主义者》(Eugene O'Neill and Naturalists)这篇文章中就已经显露出来了。奥尼尔远离客观、机械的话语,选择了一种他在《毛猿》(*The Hairy Ape*)和《上帝的儿女都有翅膀》(*All God's Chillun Got Wings*)中创造的富于表现主义的诗意的方言来进行创作,于是,威尔逊把这种改变放置在了欧洲的表现主义的发展及对现实主义文学的反叛的语境当中加以论述。他还讨论了萧伯纳、易卜生、高尔斯华绥、斯达克·杨(Stark Young)、布拉克(Georges Braque)以及毕加索(Picasso)等人,对这个世纪早期主要的国际性美学流派和力量作了一次出色的且对后来的文学、艺术研究影响显著的综述。

　　在二十年代的美国文学史上，威尔逊因为经常能够发现新出的有才华的年轻作家而获得尊敬，其中以他与海明威的交往更是传为佳话。海明威在刚出道时备受冷遇，慧眼识珠的威尔逊向他伸出了援助之手，在 1924 年写给当时影响力很大的月刊杂志《罗盘》（Dial）的编辑埃利斯·格利戈里（Alyse Gregory）的一封信中，他说，"我希望你能尽快找个时间发表我关于海明威的一篇短评，如果你能这样做的话，他将因此而受益匪浅……"①而他之所以能够如此，还与另外一位评论家伯顿·拉斯科（Burton Rascoe）有关，此人曾在《纽约论坛报》（New York Tribune）的一篇专栏中说，有一次他去拜访威尔逊，后者提醒他注意一位叫海明威的青年作家已经发表在《小型文艺批评杂志》（Little Revies）这份刊物上的六篇散文小品，这些作品很有趣，至少可以用来打发时间。但拉斯科在当时表现得兴趣索然，把海明威的作品放在一边，根本没有去阅读它们。年轻的海明威在看到了这篇专栏文章之后，马上给威尔逊写了一封毕恭毕敬的信，在信中他自称无名之辈，抱怨无人理睬他的写作。事实确实如此，当时在美国文坛还从未有一位评论家为海明威写过一篇书评，哪怕是"简评"都没有。在法国，除了斯泰因（Gertrude Stein）告诉他已经为他写了一篇评论之外，也没有其他什么人关注他，而且他甚至还不知道篇文章发表于何处。

　　海明威还给威尔逊寄去了自己的作品——《三个短篇小说和十首诗》（Three Stories and Ten Poems），并请求这位从未谋面

---

① Edmund Wilson. *Letters On Literature and Politics*，1912 - 1972. New York：Farrar, Straus and Giroux，1977，p.114.

的评论家为他撰写书评，①威尔逊欣然回信应允，这样就有了他后来为海明威所写的书评以及与之有关的大量新颖的观点。他关于海明威的文章——《海明威的干点直刻法》（*Mr. Hemingway's Dry Points*）发表于 1924 年的《罗盘》（*Dial*）之上，这是美国国内第一篇评论海明威的文章，在被收录到《光明的彼岸》之后，改名为《海明威的崛起》（*Emergence of Ernest Hemingway*），这是他在二十年代所写的最有名的评论文章之一。

关于海明威的《在我们的时代》，威尔逊说，"我倾向于认为这本小书在艺术上的高贵性，超过任何一位其他美国作家对这一战争时期的描写。"他还声称海明威的作品具有"引人注目的原创性"，并且他的散文是"第一流的"。可以说，威尔逊对海明威的这种热情褒奖是任何一位作家都梦寐以求的。对于这些称赞，海明威都欣然接受并深表感谢。在当年 10 月他回复给威尔逊的信中，他说后者的评论具有冷静、清晰的思想，得体、客观、容易让人产生共鸣，如果有什么书是他读过或有所了解并又获得某种评论的话，在写作评论的人当中威尔逊是唯一一位他会去阅读的。

在另一方面，威尔逊认为《在密歇根》这篇小说本应该算得上是一篇杰作，但"在处理粗暴和未开化的人物时，仍将他们描写得相当阴暗"，因而暴露出一些古怪的缺陷。敏感的海明威当时没有对这样的评论表示生气，实在是有点出乎意料。威尔逊还探讨了海明威与美国当代作家的关系，他说海明威与安德森

---

① Edmund Wilson. Edmund Wilson. *The Shores of Light：A Literary Chronicle of the 1920s and 1930s*. New York：Farrar，Straus and Giroux，1952，pp. 115 - 119. 还可参见 贝克·卡洛斯：《欧内斯特·海明威传》，陈安全等译，香港：生活·读书·新知三联书店香港分店，1985 年，第 73—74 页，以及季进：《当代作家评论》，2005 年第 4 期，第 34 至35 页。

都曾受到过斯泰因的名作《三生》(*Three Lives*)的影响,[1]并且他还认为:

> 事实上,斯泰因小姐、安德森先生和海明威先生现在可以说已经自成一派。这个流派的特色是其写作语言的纯朴、天真(a naivete of language),具有口语的性质,它们实际上传达出了深刻的情感和复杂的精神状态。这是一种美国特色在散文中的发展——而不只是美国人在传统风格的英文散文写作中取得的或多或少的成就——在艺术上它已经证明了自己的最佳状态。[2]

威尔逊在这里将这三位作家作为一个流派来加以评述,显现出了敏锐的观察力和独特的视野。他还认为海明威几乎创造出了一种只属于他自己的文学类型,即通过一系列简单的语句来表达深刻的道德和价值观念。在他看来,处决罪犯、斗牛、警察的杀戮以及战争的暴行等都构成了《在我们的时代里》中的重要主题,而这部作品的冷静、客观的风格可以被认为与这个时代是同构的,因为在这种风格的背后是作者对所生活的时代中的各种残暴行为的令人痛苦的记录。他对海明威的批评其实是以自己在战争中的切身体会为基础的,在当时的美国文坛中,像海明威这样以战争为题材且又有品格的写作实在是太过罕见了,这或许是他如此热情洋溢地称赞海明威的原因之一吧!

另外值得一提的是,威尔逊还是第一位准确地描述了海明威的写作风格的批评家,他称海明威的写作风格类似于绘画中

---

① Kenneth Schuyler Lynn. Hemingway. Harvard University Press, 1987, p. 268.

② Edmund Wilson. *The Shores of Light: A Literary Chronicle of the 1920s and 1930s*. New York: Farrar, Straus and Giroux, 1952, pp. 119 – 120.

的"干点直刻法"(dry-points)①,剔除了所有带修辞色彩的夸大和说教,就像西班牙画家戈雅(Goya)的石版画一样有着某种特殊的"冷淡和优雅","一位骄傲的艺术家不会委屈自己去迎合那些已经成为习惯的伪装,他向你展示了生活应该是怎样的"。②

在 1927 年的时候,此时的海明威已经在极短的时间内就获得了巨大的名声,但与此同时也招致很多人的贬损。一些评论家,如 Joseph Wood Krutch 和 Lee Wilson Dodd 等人认为海明威描写的对象都是些粗俗、落魄的人物,如斗牛士、拳击手、密探、枪手、士兵、妓女、酒鬼……而内容则多是这些人物所遭遇的灾变甚至彻底的失败,因此没有多少文化、美学和道德上的价值。威尔逊希望能够纠正这些关于海明威的错误判断,于是,他在 1927 年 12 月的《新共和》上发表了另一篇评论海明威的文章——《运动员的悲剧》(*The Sportsman's Tragedy*)。

威尔逊指出海明威在短篇小说集《在我们的时代里》(*In Our Time*)里塑造的尼克·亚当斯(Nick Adams)和《太阳照常升起》中的杰克·巴恩斯(Jake Barnes)同样具有现代文明的品质,只是这种品质比较复杂而已。海明威笔下的人物都显得朴实无华,他们所说的句子虽然简短,但在事实上却完美地表达了他们内心的真实想法③:

　　显然,海明威的世界并非完全如 Mr. Krutch 或 Mr.

---

① 所谓"干点直刻法"是指铜板画中最单纯、简便的一种技法,方法是直接在金属版面以尖锐的针、铁笔等刻画出线条、痕迹,然后将油墨涂于痕迹里面,覆盖以湿版画纸压印而成。这种制版法在欧洲于十五六世纪时,就已被运用。

② Edmund Wilson. *The Shores of Light*: *A Literary Chronicle of the 1920s and 1930s*. New York: Farrar, Straus and Giroux, 1952, p.121.

③ Edmund Wilson. "The Sportsman's Tragedy". In *The Shores of Light*: *A Literary Chronicle of the 1920s and 1930s*. New York: Farrar, Straus and Giroux, 1952, p.340.

Dodd 所声称的那样落后。即使是他所描写的原始类型，他所描写的戏剧性事件几乎总是开启一些关于勇气、怜悯和荣誉的原则——简而言之，一种运动员的精神（sportsmanship），在其最大的人类意义上——他总是能在他们的身上发现这些。我并不是说海明威先生所描绘的这个世界不是，总体上而言，一个坏的世界；诚然，这是一个坏的世界，一个无数人正在受苦受难的世界。海明威先生对于这个世界的感受，他对正在这个世界上所发生的一切的批评采用的是一种实事求是的风格，它简单而不是微妙和复杂，以致让人产生误解，但是，对于我而言，他已经清晰地阐明了他努力想要传达出来的观念与情绪。[①]

至于一些评论家认为海明威描写的只是些落魄潦倒的小人物所遭遇的生活灾难，威尔逊，这个在战地医院中洗尽了铅华和虚荣并在战后岁月中成长起来的年轻人指出，不要指望人类在二十世纪所经历的痛苦会受到十九世纪的浪漫主义那样的颂扬。因为，无论是对于威尔逊还是海明威，或是对于那整整一代的美国青年而言，第一次世界大战都不是一次拜伦式的异国之旅。他说海明威在《阿尔卑斯山牧歌》（*An Alpine Idyl*）、《追逐赛》（*A Pursuit Race*）以及《简单的询问》（*A Simple Inquiry*）这三部短篇小说中所表达的主题和情感是与二十世纪的各种野蛮暴行联系在一起的。这些小说都真实地体现了那个时代的特征，而海明威的第一部长篇小说《太阳照常升起》（*The Sun Also Rises*）更是与当时的整个西方世界存在着某种内在的深刻关联。

---

① Edmund Wilson. *The Shores of Light：A Literary Chronicle of the 1920s and 1930s*. New York：Farrar，Straus and Giroux，1952，pp.341-342.

第一次世界大战整整毁灭了一代年轻人，同时也将威尔逊和海明威这样的美国青年深深地卷入了欧洲生活。了解威尔逊作为一名一战退伍军人对"迷惘的一代"的认同，以及他在战争爆发和结束之后对各种社会运动所持的立场，会有助于我们对此的理解。威尔逊说海明威遭受过人类的真正痛苦，他最后只好听天由命，他是一位对着我们"露齿而笑并诅咒失去了比赛机会的运动员"。① 此外，在威尔逊的眼中，海明威的精确、简洁以及直接是他当时最为看重的一种艺术品质。他的这篇文章在批评各种拘泥于传统的保守看法的同时，也将读者们从各种陈词滥调中解放了出来。

在《光明的彼岸》中，另一篇关于海明威的较重要的评论是《写信给俄国人介绍海明威》(*Letter to the Russians about Hemingway*)，它首先发表在 1935 年年末的《新共和》上，次年又重新发表在苏联的《国际文学》(*International Literature*)这份刊物上。这篇评论是理查德·蔡司(Richard Chase)所说的威尔逊的"特有的叙述性批评"的又一个典范，他认为这种叙述性批评是很有价值的，因为它能更好地描绘一位作家、一部文学作品或一种文化的特色和风貌，同时它可以作为理解文学背景的一种出色的方法。② 此文也是威尔逊对自己旅行苏联期间的所见所闻的一次生动的描述，他说自己写作这篇文章的动机和缘起就是 1935 年在俄罗斯的那次文学和政治的"朝圣"之旅。

与先前不同，此时的威尔逊对海明威已经颇有微词，他一开始就对后者带有自传色彩的作品——《非洲的青山》(*The Green Hills of Africa*)表示出极度的失望，认为"此书显然是他[海明

---

① Edmund Wilson. *The Shores of Light：A Literary Chronicle of the 1920s and 1930s*. New York：Farrar, Straus and Giroux, 1952, p.344.

② Richard Chase. "Rev. Of *the Shores of Light*". *Partisan Review*, no.20, 1953, p.113.

威]最差的一本书"，并且是"我所阅读过的唯一一部使得非洲和它的动物变得毫无吸引力的书"，其原因在于海明威过于追求娱乐效果而丧失了以往的特色。因此，他同意苏联批评家卡什金（I. Kashkin）的观点，与写作《在我们的时代》时的海明威相比，"当海明威越来越远离这个时代的重大社会问题的时候，他就相应地变得越来越枯燥乏味"。[①]　在后来的《伤与弓》中，威尔逊甚至认为，《非洲的青山》一书其实已经暗示了三十年代中期的海明威对他的同代人甚至自己都失去了兴趣。

　　尽管如此，威尔逊在很大程度上与苏联的现实主义文学批评是不一致的，因为他并不赞同卡什金关于此书的一种基本观点，即认为海明威的真正创作主题是要表现美国的阶级斗争。在他看来，《非洲的青山》的上述不足仅仅只是一种写作上的失误。威尔逊坚信海明威的作品具有一种"个人的悲剧意识"，并且，在这位作家的其他作品中同样也可以找到这种对现实和自我的思考。而海明威的另一部作品——《赢者通吃》（*Winner Take Nothing*）中的一些故事则表达了一种道德责任的重要性，但苏联的马克思主义批评家们，如卡什金，似乎都忽视了这一点：

　　　　即使海明威自己表示他要去写关于社会冲突的故事，我们也没有理由认为他的故事不会继续去描写在那些发生的事件中人物的个人悲剧……事实是，正如卡什金所说，尽管海明威非常喜欢描写事物的终结，但他所写的文字所产生的影响中令人振奋的东西多于令人沮丧的东西……的

①　Edmund Wilson. *The Shores of Light: A Literary Chronicle of the 1920s and 1930s*. New York: Farrar, Straus and Giroux, 1952, p.620.

确,海明威会描写堕落,但也总会去描写别的与堕落对立的事物。的确,他描写死亡,但为了更有效地描写死亡,你必须在你自己身上拥有生命的法则。①

可见,威尔逊并不像马克思主义批评者那样容易陷入一种僵化的批评模式当中,他对此有着清醒的认识:

我认为苏联的批评家,和别的地方的马克思主义者一样,有些时候低估了现代的那些非马克思主义大师的积极品质。像卡什金这样的作家可能会说,在今天唯一积极的力量是那些为摧毁腐朽、陈旧的资本主义世界而努力奋斗的人,是那些通过社会主义来解放不健全的并处处受到限制的人类力量而努力奋斗的人。②

事实上,他认为普鲁斯特意义上的"艺术家的责任感"已经被深深包含进了列宁主义的传统当中,浸透于苏联社会的各个角落,激发着每一个个体就像临终前的普鲁斯特那样,为了艺术理想而努力地工作。因此,"只有傻子才对它们视而不见"。③所以,阿尔弗雷德·卡津后来说威尔逊在一份苏联杂志上发表了一篇论文来提醒俄罗斯人——唯有拥有"道义上的责任感才能使得人们奋不顾身"④,谈论的就是威尔逊的这篇文章。理查

---

① Edmund Wilson. *The Shores of Light*: *A Literary Chronicle of the 1920s and 1930s*. New York: Farrar, Straus and Giroux, 1952, pp. 622 - 623.

② Ibid., pp. 624 - 625.

③ Edmund Wilson. *The Shores of Light*: *A Literary Chronicle of the 1920s and 1930s*. New York: Farrar, Straus and Giroux, 1952, p. 625.

④ Alfred Kazin. "The Critic and the Age." *The New Yorker*, no. 15 Nov., 1952, p. 185.

德·蔡司也指出威尔逊并不是一位教条的马克思主义者。[①]

威尔逊在《阶级斗争的文学》(*The Literary Class War*,《新共和》,1932 年)中坦言马克思主义的文学价值与政治价值之间存在着张力,他的这种观点其实贯穿于《光明的彼岸》的大部分章节当中。他在二十年代后期发表的一些评论,如《桑顿·怀尔德》(*Thornton Wilder*,《新共和》,1928 年)、《多斯·帕索斯和社会革命》(*Dos Passos and the Social Revolution*,《新共和》,1929 年)以及《艾略特和英国的基督教》(*T. S. Eliot and the Church of England*,《新共和》,1929 年)中表现出了非常明显的进步主义价值观。这种一战后主流的价值观在《关于怀尔德的经济解释》(*The Economic Interpretation of Wilder*,《新共和》,1930 年)、《向进步分子呼吁》(*An Appeal to Progressives*,《新共和》,1931 年)以及《外籍人士的黄昏》(*Twilight of the Expatriates*,《新共和》,1938 年)等文章中逐渐减弱,并最终成为他所批判的意识形态。

威尔逊在与卡什金关于是什么构成了海明威特有的艺术才华的争论中所表达的观点,在他的《门肯的民主党人》(*Mencken's Democratic Man*,《新共和》,1926 年)一文中就有所预示。他说门肯的写作就文学而言是糟糕的,但在政治上却是成功的。在 1929 年的《多斯·帕索斯和社会革命》中,他像往常一样讨论了整个二三十年代复杂的文学语境。蔡司曾经指出威尔逊的批评在当时似乎过于看重广义的历史而不是文学史,布莱克默也对《三重思想家》发表过类似有保留的批评,认为它作为文学批评的价值还是不够的。[②] 事实上,威尔逊的批评风格

---

① Richard Chase. "Rev. Of *the Shores of Light*". *Partisan Review*, no. 20, 1953, p. 114.
② R. P. Blackmur. "In Our Ends are Our Beginnings". *Virginia Quarterly Review*, no. 14, 1938, pp. 449－450.

不是修辞性的而是论述性的，它的特点不在于说服而在于其广度和严谨。在不同的评论文章中，他都煞费苦心地去寻找各种政治和文学问题的答案，当他以娴熟的技巧深入到各种社会、政治和历史语境当中的时候，仍然不会放弃对文学意义的把握，并避免陷入意识形态的泥淖之中。

威尔逊曾称赞多斯·帕索斯的戏剧《航空公司》(Airways, Inc.)是一部卓越的文学作品，帕索斯没有让这部戏剧沦落为某种严肃的写实主义作品或轻浮的歌舞杂耍，而是成为了一部关于当代美国的戏剧史诗。在他看来，这部戏剧在戏剧、社会、经济和政治等不同语境中具有不同的典型意义，并与当代美国存在着历史的联系。他还将《航空公司》与帕索斯的小说《曼哈顿中转站》(Manhattan Transfer)进行了比较，认为《航空公司》可能比他的任何其他作品都要更少地去修辞感受和堆积无意义的描述。然而，不止于此，威尔逊认为帕索斯的政治思想也必须加以考虑，作为一位社会革命家，他曾相信在美国就像在其他地方一样，当前的资本主义制度将注定被具有阶级觉悟的无产阶级推翻。威尔逊细致地考察了帕索斯的政治观点和艺术效果之间的联系，最后得出的结论是——在这位小说家的政治思想和他攻击社会的作品之间并不存在着简单的因果关系。此时正是威尔逊写作《阿克瑟尔的城堡》之前的一段时期，虽然他称赞帕索斯是少有的几位曾严肃、认真地考虑过"社会有机体论"的知识分子之一，但却无法完全认同此人的革命观点。他的根据是自己对美国中产阶级的观察——对于普通人而言，浴室和福特汽车可能比任何社会预言都要更加实惠。

威尔逊在《艾略特和英国的基督教》中对文学的背景进行了更加详尽的阐述，我们因此会发现激进和保守立场之间的差距其实非常小，甚至是很相似的。他研究了庞德、艾略特、帕索斯和门肯等作家,批评了他们对当代美国的意识形态问题的回避。艾略特 1928 年在《献给兰斯洛特·安德鲁斯》的"序言"中说他总的观点可以描述为文学上的古典主义,政治上的保皇派,宗教上的英国国教徒,威尔逊批评了这一立场,并对诗人的美国文学背景做了进一步的阐述,①但也赞同诗人的一种观点,即美国文学需要一种高层次的精神和智识上的协调,并提醒美国的"文学阶层"(literary class)有保持清醒的责任。

在《关于怀尔德的经济解释》中,他对文学这种职业做了更为充分的阐述。他基于文学写作的相对独立性而反对迈克尔·金(Michael Gold)对怀尔德的批评。几年之后,他在《马克思主义与文学》一文中调整了他的"文学阶层"的观念,以配合他关于"上层建筑"的解释。然而,问题在于他一直有意识地将文学文化与传统的完整性当作一个重要的批评原则,文学环境的重要性从未远离他对各色各样的作者的探讨和研究。然而,在这篇关于怀尔德的评论中,他转而声称不可取消的社会性因素存在于每一种人类思想的成果中。他接着讨论了怀尔德的小说《卡巴拉》(The Cabala)并发现自己的一些观点与金是一致的,于是,他称这部小说是给病入膏肓的美国人注射的一支镇静剂,而这两者其实都是同一环境的产物。

他继续讨论了迈克尔·金与怀尔德之间的争论。怀尔德当时的写作主题已经转向美国,而迈克尔·金的小说《没有钱的犹太人》(Jew Without Money)则受到了来自文学和政治方面的严厉批评,因为他过分专注于描写传统意义上的主人公而无法符合无产阶级文学的要求。经济问题渗透到了当时的意识形态的争论当中,从而促使文学圈日益分化。到此时为止,威尔逊在

---

① 可参见本书第一章第一节的相关论述。

《向进步分子呼吁》这篇文章当中发出了最为强劲的社会主义论调,敦促"激进和进步的"美国人去"共产主义者那里夺走共产主义"。① 作为批评家,他可以被认为是跟随了时代的经济、政治和意识形态的发展而发展,但对文学仍然有着一种坚定不移的看法。他可能确实没有投入足够的时间去处理美学和文本的具体问题,但也正如戈尔·维达尔(Gore Vidal)所说的,"威尔逊的特别天才在于他能够比那个时代的其他批评家们在文本与社会之间寻找到更多的联系"。② 他当时的很多文章都讨论了批评家因为其传统、身份和能力而负有的重要责任,即要成为文学事业的守护者。事实上,到了二十年代末期威尔逊在写作与现代主义文学有关的文章时,已经独自发展出了一种他作为文学批评家的工作理念,这使得他可以出入不同的意识形态领域。

在萨科和万泽蒂被审判期间,美国社会中的暴力和混乱正在增加,年轻的批评家威尔逊独自坐在格林威治村的一家意大利餐馆里用餐,同时沉思着历史的不连续性、进步、文学自觉以及意大利烹饪等诸如此类的问题,这些也是他的《写给佩尔西乌斯的序言》(A Preface to Persiu)中的主要内容。在这篇文章中,他令人信服地表达了自己对艾略特所称的"传统与个人才能"的关系的理解,但与艾略特不同的是,他在这里探讨的是批评家的必要性问题。斯蒂芬·马克斯菲尔德·帕里什(Stephen Maxfield Parrish)因此而认为这体现了威尔逊对当代美国以及西方古典文化的深刻理解,"他的批评才智使得他成为了那一代

① 参见本书第二章第一节"从自由到激进"的相关内容。
② Gore Vidal. "Edmund Wilson: This Critic and this Gin and these Shores". In *The Second American Revolution and Other Essays* (1976–1982), 25–35. New York: Vintage, 1983, p. 35.

人的艺术良知",①尽管这不是关于威尔逊的最新颖的评价,但在实际上是与二十年代美国的社会环境、文化氛围相匹配的。谢尔曼·保罗曾经敏锐地指出陷入沉思的威尔逊在这篇评论中所采取的立场是"边缘和孤独的"。②

社会的分崩离析只有借助知识和教育的力量才能恢复过去的价值观,这样,文明的进步才能得以保持。因此,威尔逊坚定地相信批评家有其必要性和作用。他认为无论文明如何变迁兴衰,当代的批评家们也应该能够像他那样从阅读威廉·杜伦孟德(William Drummond)在18世纪编撰的罗马作家佩尔西乌斯的著作中获得乐趣和益处。也就是说批评家应该与"逝者"结盟,"当灾祸降临到诗人的身上时,他们的诗篇都会变得怪异……在那里,他[批评家]有足够的能力来给读者指出,诗人努力想要以什么样的形式来传达什么样的意义"。③

威尔逊在普林斯顿上大学的时候就阅读过亨利·詹姆斯的作品,颇为激赏,并且还为此写过评论性的文章。④《亨利·詹姆斯的朝圣》(*The Pilgrimage of Henry James*, 1925)是他早期的一篇很重要的文章,此文其实是他关于范·魏克·布鲁克斯的评论,重点讨论了布鲁克斯的同名作品——《亨利·詹姆斯的朝圣》⑤。他从一开始就提出了这样一个问题,即社会历史学家与文学批评家的区别。布鲁克斯论述了詹姆斯离开美国并定居

---

① Stephen Maxfield Parrish, "Critics, Academic and Lay". *Virginia Quarterly Review*, no. 29, 1953, p. 160.

② Sherman Paul. *Edmund Wilson: A Study of Literary Vocation in Our Time*. Urbana: University of Illinois Press, 1967, p. 76.

③ Edmund Wilson. *The Shores of Light: A Literary Chronicle of the 1920s and 1930s*. New York: Farrar, Straus and Giroux, 1952, pp. 267-273.

④ 参见本书第三章第一节"创作与心理创伤"的相关内容。

⑤ Van Wyck Brooks. *The Pilgrimage of Henry James*. New York: E. P. Dutton & Company, 1925.

欧洲之后与美国社会的关系，以及他所处的社会环境与他的作品之间的关系，因此其批评具有某种"永恒的价值"。然而，这只是一种社会历史学家的成就，就其本身而言并不具有充分的文学意义，而且布鲁克斯没有认识到詹姆斯的艺术创作的真正本质和发展过程。

布鲁克斯在《亨利·詹姆斯的朝圣》中还比较了詹姆斯与巴尔扎克、托尔斯泰、狄更斯以及哈代等人的作品。威尔逊认为这样的比较是不适宜的，因为所有的比较并不是基于对"呈现道德之间的冲突"的艺术作品的理解，只有将詹姆斯与拉辛（Racine）、莫里哀（Moliere）甚至莎士比亚进行比较才更为合适。当然，他也承认詹姆斯也为观察当代生活提供了一些卓越的古典主义观点。此外，他再次强调布鲁克斯因为侧重于对社会问题的分析，而没有在阅读詹姆斯的小说的同时把它们当作一个艺术整体来看待。布鲁克斯的作品其实是表达了作者本人对当代美国的文学和文化之衰落的失望情绪，从某种意义上说，这篇评论体现了布鲁克斯和威尔逊的批评之间的差异，威尔逊显然更关注詹姆斯和他的作品与社会的关系：

> 亨利·詹姆斯并不是一位胆怯和偏离正轨的艺术家，而是一位既理解自己也理解他所生活的社会的作家，他能够以文学的手段表达自己对国家和人类的理解。但对于布鲁克斯先生来说，要他告诉我们任何与詹姆斯有关但詹姆斯本人却从未告诉过我们的事情是困难的。①

---

① Edmund Wilson. *The Shores of Light：A Literary Chronicle of the 1920s and 1930s*. New York：Farrar, Straus and Giroux, 1952, p.227.

这种分析生动地说明,威尔逊作为一位重要的文学批评家的特别之处在于——他能够正视那些被其他历史批评家或马克思主义批评家不予考虑的作者或作品中有关社会、政治和历史的内容。

布鲁克斯在批评上的不足被他认为是美国文化的一种重大缺陷的外在表现,这种缺陷就是在美国不存在严肃的文学批评。在《不存在的评论家》(*The Critic Who Does Not Exist*,《新共和》,1928 年)这篇文章中,他更进一步提出建立一种既非艾略特式也非布鲁克斯式的文学批评的设想,他相信这种文学批评对于文学的繁荣来说是至关重要的。他系统地阐述了自己对这样一种文学批评的理解,他试图把自己塑造成一位像威廉·杜伦孟德这样遵守某种传统的批评家,并且表示美国作家如果想要在个人以及整体的美国文学这两个方面都在国际上获得成功的话,这样做是必不可少的。

威尔逊认为尽管美国像法国一样有着各种各样的文学团体,但法国人掌握着自己的批评语言,因此,法国的知识分子完全能够认识到艺术家正在从事的工作和它的意义。相反,在美国文学界,"观念和想法没有真正的流通",原因在于"这里的文学批评没有指导者",像舍伍德·安德森和奥尼尔这样重要的作家都具有杰出的才能,但他们在智识上几乎都陷入了完全孤立的处境当中。所以,他想要建立一种与法国类似的美国文学批评,他以尊重而不是自负的口吻进一步确定了作家的责任,并把他们放置在一个正在崛起的民族文学的重要位置上加以考量。在他的观念当中,优秀的文学批评家应该结合了作家的艺术才能和历史学家对传统的理解,这样一种批评家的缺失是美国文学尚处于初级阶段的标志。同样,如果以此种观点来品评今日中国之文学批评界,不可谓没有切中肯綮。

传统在文学批评中占据着重要地位是文学研究中一个老生常谈的观点。就像他之前和之后的很多批评家和评论家那样，威尔逊在各种各样的写作中都会求助于传统，他认为传统在美国二十年代的文学发展中起到了构成性作用。但是，他对美国文学传统的理解是不断发展、变化的。《关于白璧德和莫尔的评论》(*Notes on Babbitt and More*，《新共和》，1930 年)，是他在三十年代初发表的一篇评论，在此文中他进一步阐述了传统在文学批评中的作用，也使我们看到了莫尔，这位一流的文学学者的局限性，尤其是就其对传统的重视程度而言。

关注社会问题的文学批评家一般会集中精力于讨论社会、经济或政治的力量对文学的影响，而往往忽视文学传统的意义。威尔逊认为莫尔是神学、道德和哲学批评家的代表，常常从自己对哲学本体论的理解出发来论述文学问题，但却不太考虑作家在某个特殊的历史阶段中所身处的文学环境。莫尔曾经批评十九世纪末的"为艺术而艺术"文学运动是"没有责任感的艺术原则"的体现。威尔逊大致同意这种观点，但对莫尔评估文学的基本原则有所保留，因为"莫尔不认可那些不明确地指向道德自律的艺术作品"。莫尔完全忽视了文学艺术家所面临的现实，以及他们在上升的工商社会中被侵蚀的社会地位。

威尔逊还首次从历史和社会的角度来论述文学批评家——这个已经或正在瓦解的文化群体的艺术理念：

> 他们发誓，只要他们还一息尚存，即使没有人需要他们的产品，他们也要努力工作、精益求精……在这种情况下，对审美价值保持信心，对艺术执着坚守，常常需要英雄式的

忍耐力和自我牺牲的品质。[①]

　　这一评论其实代表了威尔逊在整部《光明的彼岸》中所采取的总的立场。卡津指出了这部文集的评论特色——威尔逊总是急切地想去捕捉已经逝去的时光,总是试图去把握某个时代中的作家的整体形象,并找出在一个作家的身上究竟有什么东西即使是在受到了时代的种种冲击之后也会保持不变。[②]

　　威尔逊从对莫尔的批评回到了他在《写给佩尔西乌斯的序言》中肯定的古典传统。当然,在《关于白璧德和莫尔的评论》的开始部分,他批评白璧德为了让索福克勒斯(Sophocles)能够适应一种与莫尔的观点类似的人文主义思想,而歪曲了这位古希腊诗人的原意。索福克勒斯是公元前 3 世纪,即古希腊后期的一位诗人,他与十九、二十世纪的那些背井离乡的作家们,如亨利·詹姆斯、艾略特、庞德、斯泰因等人存在着相似之处,都曾经拒绝或被拒绝参与一个伟大社会的生活,但却让一种伟大的诗歌传统保持了生机。这样一种看待传统以及传统之于尚未成熟的民族文学的重要性的观点,一直在他后期的诸多评论中占据着重要地位。

二　文学的个人记忆

(一) 三十年的杂记

　　威尔逊去世之后,他的笔记、日记以及其他一些新的材料陆续获得了出版,我们对他的生活的细节越来越清楚,但这个人物的整体形象却似乎越来越模糊。他从六十年代就开始整理自己

---

① Edmund Wilson. *The Shores of Light*: *A Literary Chronicle of the 1920s and 1930s*. New York: Farrar, Straus and Giroux, 1952, p.460.

② Alfred Kazin. "The Critic and the Age". *The New Yorker*, no.15 Nov.1952, p.181.

的笔记和日记,并在后来把它们转交给了亨利·詹姆斯的传记主编里昂·埃德尔(Leon Edel)。第一卷《二十年代》(*The Twenties：From Notebooks and Diaries of the Period*)在 1975 年出版了,此后陆续出版了《三十年代》(*The Thirties*, 1980)、《四十年代》(*The Forties*, 1983)等日记和笔记集。他并没有活到这些文集出版的时候,因此也就无法对它们作适当的修改,但在某种程度上,这些保留下来的文件反而使读者对这位批评家关于文学的个人记忆有了更加直接的了解。

在《二十年代》(*The Twenties*, 1975 年)这本笔记中,他的忠实记录让他的朋友、爱人和他本人都出尽了洋相。他收集了当时的各种名言警句,以及那些具有相同经历、信仰、态度的一代人的习惯用语。在同代作家当中,威尔逊提及最多的是多斯·帕索斯并对他的一些说法常常深信不疑,后者认为美国人应该说自己的话,于是,在《二十年代》中就记录了大量来自流行音乐、广告标语中的俚语、俗语。他在当时认为这些就代表着美国人说的语言,但事实上很可能即使是帕索斯都会嘲笑这种做法。他还记录了身边各种人物所遭遇的各种意外事故或灾难,可以说他的笔记就是这个时代的一个个性的剧场,读者就像观众一样可以自己去整理意义。在这十年的大部分时间里,他都居住和工作在格林威治村,对这里的文学人士也似乎没有太多的好感,当然,埃德娜·米莱夫人除外①。他对这位女诗人有着深深的爱恋,总之,美国二十年代的那些最了不起的文学人物们并没

---

① 保罗·约翰逊在《知识分子》(南京:江苏人民出版社,1999 年)中曾提及了威尔逊和米莱以及另外一位诗人毕肖普之间荒唐的性爱故事(第 349—350 页),而莫里斯·迪克斯坦则在《途中的镜子》(第 106 页)中关于威尔逊的章节一开始就不无恶俗地调侃了威尔逊古怪的性爱倾向,但也认为这种倾向与这位批评家本人的批评工作并没有多少关联。

有在他的日记中留下过多少痕迹。他甚至很少会提及自己担任过记者的《新共和》,可他对很多作家的批评几乎都发表在这份刊物上,但我们可以看出他对普通美国人的生活是非常关注的。

因为文献材料太过分散,所以,收集、整理这些文献资料也是极其困难的一件工作,这种困难还因为他在美国文化史上的重要地位而变得更加复杂。总的来说,《二十年代》的内容冗长、琐碎,整体也是平淡乏味的,它很少有注释,这些正是他本人所藐视的东西,于是就留下了很多意义模糊或无法解释的内容。它读起来就好像是威尔逊试图要完成一项不可完成的任务,那就是通过记下自己能够回忆起来的每一件事情来征服过去。

如果说《二十年代》低于我们的预期的话,那么《三十年代》(*The Thirties*:*From Notebooks and Diaries of the Period*,1980)似乎就是专门为图书馆和学术研究出版的。在某种程度上说,这是由日记的本质决定的,这种写作是面向作家私人的,展露内心的目的是想要在未来的某一时刻复活个人的记忆。如果一堆笔记被放置在一起而没有一个主题的话,想必除了作者本人以及其他对此人的生活和工作有足够兴趣的研究者之外,没有多少人会去阅读这样的笔记,更何况这些笔记中有不少内容还是些没有意义的废话。威尔逊的第四任妻子埃琳娜(Elena)曾经将他的书信编辑成册,这些书信反而引起了读者的兴趣,而且也反映了他是如何像一位斗志旺盛的法官那样,不断地在书籍和观念的世界中发号施令。但是,像《三十年代》这样的书籍只对那些他一生都在激烈批评的学院派学者们有价值。

一位小说家或许会将这些材料中的一部分转变为令人难忘的小说。但说来也奇怪,威尔逊似乎被他自己的经历给囚禁了。三十年代本是他创造力最为旺盛的十年。在这十年里,他写作出版了《阿克瑟尔的城堡》、《美国人的不安》、《旅行在两种民主制度之间》、《三重思想家》等重要的批评著作,以及一些戏剧和诗歌作品。

但是,我们很难将这些作品与他写于此时期的日记联系起来。他曾经以令人动容的笔触记叙了他经常在梦中见到自己已经死去的妻子玛格丽特·坎比。然而,除了这些段落之外,我们在他的日记中找不到更多了。并不是说他在自己的无数篇日记和笔记中忘记了整个外部世界,只是他的态度看上去总是显得相当的呆板,或者说是冷淡。他还记录了自己大量的性爱经历,但同样机械和超然,他在自己的小说《赫卡特回忆录》(1946年)中也有露骨的性描写,这些描写似乎是为了说明——一个只顾挣钱的社会,在性爱上也会变得贪得无厌。但他对自己的风流韵事的描写也显得单调重复,他以一种写实的态度来记录自己的性经历。这样做的目的可能是想避免被读者认为这是纯粹的色情描写,可当时的大部分读者就是这样想的。可以说,他几乎就是在以一种生物学的方式来记录自己的各种性冒险,但这样做不但缺乏艺术感染力,而且也不令人敬佩,甚至也不会让人对他本人以及那些与他有瓜葛的女人产生一丝怜悯。

在他此时的其他一些日记中,他也会描写那一代美国人的疑惑、这个国家的力量正在衰弱以及他前往苏联的激动人心的访问等诸如此类的内容,这些对我们理解这个时代和他本人还是有一定的价值。但还是不能回避一个事实,那就是他的日记根本无法吸引普通的读者,甚至从某种意义上说,他的日记损害了他作为一位文人的崇高地位,但对学者和文学史家来说可能会有一些用处。

在编辑完《二十年代》、《三十年代》之后,埃德尔继续编辑了《四十年代》(The Forties,1983),尽管他尽职尽责,但仍然不能改善这些由威尔逊写于几十年前的笔记的粗糙之处。不得不否认，日记中的威尔逊仍然显得粗陋、呆板甚至冷酷，甚至给人留下遇事推诿、态度暧昧的印象。在四十年代的时候，我们可以感觉到某种无形的压力似乎正在挫伤他在文学上的敏锐洞察力，他不厌其烦地一页接着一页地记录一些细枝末节的事务，诚挚但并不有趣地描写各种各样的人、事和场景，以及他与一些自己似乎并不关心的人的交谈。当然，他记叙他在米莱的生命后期去探望这位年轻时期的恋人的段落是个例外，但还是不如他在《光明的彼岸》中对她的记述那么完整和温情。

《四十年代》主要包含了以下两个方面的内容：一是威尔逊为逃避压力而外出旅游的游记，内容包括自然风光、气象以及从普罗温斯敦到罗马的一些内容驳杂的笔记；其二还记录了他的一些性爱经历，其中很多内容与他的第四任也是最后一任妻子埃琳娜有关。值得注意的是，这些笔记中的部分内容后来确实被整理成册加以出版，它们分别是游记《欧洲没有旅行指南》（*Europe Without Baedecker*）和关于祖尼人（Zuni）和海地（Haiti）的《红、黑、金黄和橄榄色》，后者是一部内容冗长的书，但在比较文学或比较文化研究上具有一定的意义，而关于欧洲的笔记则因其冷淡的态度和空洞的内容，以及夹杂其中的狭隘的爱国主义而让一些读者感到恼火。我们从他在《欧洲没有旅行指南》中的那些不加掩饰的表述中得不到什么，但我们也可能在《四十年代》的私人笔记中获得一些有价值的发现，无论如何，这些发现将有助于这位批评家的形象在读者的心目变得更为完整，或许更为模糊。

在他去世前几年，他曾经写过一篇名为《六十岁的作者》（*The Author at Sixty*）的文章，他说："真正重要的是已经完成了的作品，它才是作者准备奉献给读者的东西"。这真是一句至理名言，其实我们也可以用这句话来描述他写于早期的日记和未完成的笔记,可以说他的二三十和四十年代的生活和事业真正"完成"于他在这近三十年中奉献给读者的几部重要作品,而不是这些杂记当中。

读者如果想要知道更多一些他在这三十年间的生活、工作情况的话,就得去其他地方寻找才行。比如他与弗拉基米尔·纳博科夫(Vladimir Nabokov)的友情故事在这些日记中是无法找到的,但却可以在西蒙·卡林斯基(Simon Karlinsky)编的《纳博科夫与威尔逊通信集》(*The Nabokov-Wilson Letters*,1979)中看到。同时,尽管这些笔记也谈及过他与帕索斯的友谊,但更多的这类与不同作家之间的文学交往,在《文学与政治书信集》(*Letters on Literature and Politics*:1912—1972,1977年出版)才有更完整的记载,此书就是由他的妻子埃琳娜整理、编校的。

(二) 早中期的书信

"这些天才作家的通信和记录是我们唯一拥有的去发现生命是如何真实地生活在一个特定的时间和地点的途径",[1]这是威尔逊在记述女诗人米莱时说的话,但这段文字其实更加符合他自己保留下来的各种书信。埃琳娜在他去世之后整理和编辑了这些信件,最后结集成《文学与政治书信集》(*Letters on Literature and Politics*:1912—1972)一书出版。尽管这种做法有点不太符合传统,但埃琳娜非常值得称赞,她花费了极大的精力去搜集这些信件,因为威尔逊当初并没有保存这些信函的复件。她根据时间的先后秩序和主题将这些信件加以分类,这样读者就可以去观察威尔逊在某一个具体的历史时期是如何与别人讨论各种文学、知识和品味问题的。这部文集相比之前的杂记要

---

① Edmund Wilson. *Letters on Literature and Politics*,1912 – 1972. New York: Farrar, Straus and Giroux, 1977, p.70.

成功得多，它可以更好地帮助我们了解威尔逊那非凡的思想在过去的几十年间，是如何与其他思想碰撞和交流的，它也比他之前任何单一的批评作品都要更好地为之后的研究者和批评家们提供一条了解他的途径。

我们在阅读这部书信集的时候会在不经意间受到其他一些与威尔逊的个人生活有关的材料的影响，尽管如此，它仍然是一部有价值的书，它的内容限制在文学与政治方面的通信上，所以它所提供的材料并不会让我们从文学和政治的议题上分心。从二十年代到他去世的七十年代，在他写于每一个时代的不同书信之中，都存在着可以感觉到的基调上的差异。那些写于二十年代的书信中充满了各种富有文学意味的嘲弄；在三十年代早期，他的笔下则弥漫了战士的沉重呼吸声——他用文字与他的朋友们不停地讨论着马克思主义的利与弊；到了三十年代后期，他已经丧失了革命的热情，但仍然是一个乐观、自尊的文人，发誓抛弃党派主义的政治观，为的是给读者提供一种富有责任心的关于社会和知识分子问题的思考，他认为这正是知识分子的首要职责；到了四十年代，这种乐观主义日渐缩减为一种带有敌意的坚忍和自制，但也经常放射出幽默的闪电。他的《书信集》真是令人耳目一新，任何一个对文学感兴趣的人都可借此去探寻它与威尔逊的心灵之间究竟会有多少联系。

在威尔逊生前公开发表的作品当中我常常会感受到他的傲慢与自大，而恰恰相反，他的信件却反映了他总是热切地渴望从别人那里获得精神上的启发和观点上的修正。中国学者王佐良先生对威尔逊的书信曾大加赞赏：

　　　书信是一种亲切的体裁，只是有些文人写信也是着眼发表的，因此不免有故作姿态之处。威尔逊的信却不属此类。他往往是执笔疾书,直抒胸怀,因此写得随便,亲切,有时候也直率,甚至愤怒。总之露出了真性情,这样也就更值一读。……他对朋友极热情,但对他们的行为、作品之类敢说真话,如果称赞,也常伴有批评,甚至指出错误。……但威尔逊并不总是同人争论的,在多数情况下,他对朋友是温暖的阳光,所追寻的是一场开心的讨论,一场充满智慧和风趣的谈话。①

从他写给帕索斯的信中我们可以看到如何去做对朋友有用的事情并保持这种友谊,需要通过与这位朋友的最糟糕的自我进行艰苦的智识上的抗争,并又不至于伤害这位朋友的才艺与潜力。

正如我们所读到的,这些书信是威尔逊关于知识分子的随笔集。他很早就认为自己比其他人要更能引导美国人的知识生活,这应该与他在普林斯顿接受过很好的欧洲语言和文学教育有关。他精通拉丁文,尤其熟悉古典文学和法国文学,从某种意义上说,法国文学的传统给他提供了"一个可靠而完美的标准",从而使他获得了一种观察美国的文学生活的立场和出发点,但也因此让他常常陷入某种自负当中,我们从他在一战期间的巴黎与菲茨杰拉德的通信中就可以发现这一点。② 在战争结束并返回纽约之后,他意识到他想成为那个时代的批评家的努力受到了强有力的威胁:

> 我对纽约的文学人士非常厌恶。我们失去了那种全身

---

① 王佐良:《中楼集》,沈阳:辽宁教育出版社,1995 年,第 26、29 页。

② Edmund Wilson. *Letters on Literature and Politics*, 1912 – 1972. New York: Farrar, Straus and Giroux, 1977, p.64

心都投入到文学事业而不是把文学当作一种职业的人，我的意思是说文学现在变成了一种像制造披风和套服那样的职业……这是一个需要喋喋不休的职业，它的从业者除了从事这种职业的工作之外，一般都无法再有能力从事其他的工作。[①]

从他的这种立场来看，学院研究其实只是另一项制造披风和套服的事业罢了，他的这种对专业的尤其是学院内的文学研究者的不屑态度在这以后从来没有减弱过。在二十年代的时候，威尔逊加入了《新共和》并同时为其他左派报刊写稿。但他与那些激进的同僚们也是有区别的，因为他拒绝采用抽象的概念来概括事物，"我本人对具体的观念非常感兴趣"，他说。[②] 我们可以从他给麦兹纳（Arthur Mizener）的告诫中来理解这句话的实际意思：

你不能把你的任何独特的主题视作理所当然而对读者不予理睬。你必须向他们详细地介绍这些，这样他们才能一步一步地理解它们，你必须建立你的角色、背景和场所，就像你希望从小说中看到的那样。《肯扬评论》（The Kenyon Review）和其他的刊物并不是学习这些的好学校，因为它们总是间接提到作者、运动和书籍，而没有将它们解释给读者（很多情况下读者并不十分了解这些）。他们假定读者将会像他们一样读同一本书作同样的假设。[③]

---

① Edmund Wilson. *Letters on Literature and Politics*, 1912 - 1972. New York: Farrar, Straus and Giroux, 1977, p.127.

② Ibid., p.198.

③ Ibid., p.479.

同时,在有才智的读者身上,他也意识到了思想、文体明晰的必要性,当他编辑其他人的文章时也会坚持这种要求。一些作家虽然才华横溢,但对读者缺乏了解,以至于他们认为阅读文学评论的行为类似于某种宗教仪式。我们在很多的批评家身上会发现这样的问题,他们把文学批评封闭起来不向民众共同关注的问题开放。但他很早就已经有意识地将萧伯纳和门肯当作自己追随的偶像并学习他们的写作风格,他的书信的特色其实也是他的评论文章的特色:直接、有力而清晰。

即使是在一些篇幅较短的评论中表达自己对通俗的报刊和好莱坞电影的态度时,威尔逊都保持着高标准,他会一步一步地以其独特而有趣的叙述方式为读者给出具体的解释。他因此拥有了一个广泛的读者群。事实上,他后来的失落感在很大程度上是与此联系在一起的;随着那种可以教育读者如何去认识自己的声音的消失,一个庞大、理性、爱好严肃文学的读者群也就似乎土崩瓦解了。今天,这样的读者越来越少了,其中的一部分只会阅读投其所好的杂志,还有部分读者从一些时髦的刊物中得到满足,但大部分人已经不再关心文学,成为了电视、电影以及网络的拥趸。

威尔逊一生都相信进步,但并不相信人类社会能够实现十八世纪的思想家们所宣称的乌托邦,而是相信社会合作、技术工艺将获得更高的提升,同时人类的精神领域也将得到扩展。这样一种信念一直支持着他将文学与政治联系起来,并纪实地描述二十世纪美国知识生活中最为重要的一段历史,从而使得他的书信成为了这个世纪的无与伦比的记录。在某种意义上说,他为后人留下了无数与二十世纪的美国作家有关的最具可读性的书信,而且,它们仍然具有威尔逊的正式文章中那种与众不同的可读性。可以说,除了专业的学者之外,任何对一个时代中最有智慧的思想感兴趣的人，都可以饶有兴趣地去阅读这些通信。我们会发现，某个人、某位作家就以这样一种方式存在于威尔逊的世界当中。

　　一位对威尔逊的作品熟悉的读者将会再一次注意到，在某种程度上，他是他所属阶级的孩子，一个他在晚年常常歌颂的旧日美国的产物。但也正是这种与现代世界格格不入的意识赋予了他的作品一种深刻、敏锐的品格，他以一种骄傲，甚至几乎是轻蔑的态度看待这个世纪和它的产物，而作为一位作家，他最初的成名却是因为他帮助读者理解了他们先前感到陌生的现代主义。他感觉自己是这个现代世界的"异类"，这种感觉在后来变得越来越强烈，事实上我们在他一战以前也就是大学时期写给自己的朋友的一些信件中就能发现这种迹象。1917 年的时候，他还在法国当兵，给一位普林斯顿的同学写了一封信：

　　　　民族主义的幻觉、政客们的私人利益和大多数正在参与战争的人的无知和愚蠢共同制造了这样一种完美的理想，据说它就是这场战争的目的，可它看上去与之前所有战争中已经被证明是虚伪的理想一样可疑。[1]

　　人们同样会在这本《书信集》中发现他的这种独断的性格，但它在以后的岁月里逐渐得到了减弱。

　　威尔逊始终坚持用自己的而不是他人的眼睛来观看这个世界，这使得他的缺点也同样明显。他可以草率地认为托尔金（Tolkien）"糟透了"，也能正确地指出毕加索（Picasso）的作品和

---

[1] Wilson, Edmund. *Letters On Literature and Politics*, 1912 - 1972. New York: Farrar, Straus and Giroux, 1977, p.36.

生活都"相当的粗俗、下流"。对于他本人来说，必须做出某种判决同样是棘手的，我们可以在《阿克瑟尔的城堡》中他关于乔伊斯的杰出篇章中发现这一点，他当时是极少数几位能够对《尤利西斯》发表看法的批评家之一，但他也说乔伊斯试图把太多的东西塞进这本书里。"我一点儿都不了解托马斯·曼（Thomas Mann），"他在给汉密尔顿·巴索（Hamilton Basso）的信中说，"除了几个短篇之外，我再也没有读过他的任何其他作品"。可事实上，一些连自己国家的人都很少阅读的外国作品他都会涉猎，如海地文学和加拿大的法语文学，他似乎还颇为得意自己对德国和西班牙文学不屑一顾。

从一开始，威尔逊就矢志要成为一位"文人"（man of letters），在这一点上他的表现是如此的出色，因而受到了无数人的称赞。他经历了美国生活中的浮华和粗俗，在遭受了无数次足以让他放弃文学事业的打击之后，他仍然坚持了下来。在美国的文学史当中，可能没有比威尔逊更好的例子来说明一个作家是如何拒绝服从这个世界的各种要求的。《文学与政治书信集》是一本美妙的书，一部个人的历史文献，通过它我们可以寻找到美国20世纪文学史上每一位重要的作家和他的时代。

结　语

　　埃德蒙·威尔逊被很多人认为是美国最重要的文人以及他所在时代的文学品味的塑造者。他接近一部作品的方法是无法仿效的,他会坚持不懈地全面探求那些使一部作品成其为作品的社会、心理和历史的各种因素,因为他从来都不认为文学作品是一个完全独立的结构。他主张文学研究就应该打破各种封闭自足的系统,通过积极引入历史、艺术、哲学、传记、精神分析等其他领域的成果和理论视角来获得观念上的启发和更新。因此,今天的我们可能无法从他的身上学到什么系统的理论或方法。但是,没有人会怀疑当他们阅读威尔逊的文章时,他们不是在阅读一个时代中最好的批评作品。

　　威尔逊自小深受担任过法官的父亲的影响,一直将父亲视为自己从事文学事业的楷模,在近三代美国人的文学阅读史中,他自己也成了一位类似"法官"的角色。让文学生活变得更有魅力,也更加传统,在这一点上他做得比同辈的作家要多得多。当然,他会选择性地忽视整个现代德国文学,也可以有意为一些默默无闻的作家撰写长篇大论,直到去世,他在文学界都是一位"勇士",尽管这个领域正日益被一群群追名逐利的"精英们"支配着。

　　丹尼尔·艾伦曾经在他为威尔逊的《文学与政治书信集》撰

写的序文中称威尔逊"是他那个时代的道德和学术良心"。[①] 威尔逊的名文《海明威：斗志的标尺》是证明他是一位有良心的批评家的好例子，如果换掉以下这段文字中的人名的话，其实可以用来评判很多今日的作家：

> 现在，他[海明威]的故事中的人物也相应地不再坚忍不拔，也不再逞强好胜了，他进入了这样一个阶段，只忙于去建立自己在公众心目的形象。他已经成为了一个传奇，就像二十年代的门肯那样；他成了照片上那位有着运动员般的黝黑皮肤和迷人微笑的英俊的海明威……而不幸的是——这只是对于一位美国人来说——他一有机会就开始利用这种公众身份来攫取个人利益……[②]

　　文学史在经过反复折射之后，把过去投影到了现在，留下了斑驳的重影，给人一种似曾相识的印象。在今天，要找到一位将文学视作神圣事业的作家是困难的，同样，要成为一位正直的批评家也比以往要更为困难。认为他们时时刻刻都应该与现实生活中的不正常现象进行抗争的想法也是不切实际的，因为他们中的绝大多数就像绝大多数普通人一样，都是一心想着如何才能生得更好，或在工作中获得更多的好处，但威尔逊绝不会允许自己如此轻易地逃避现实。

　　当然，即使不把威尔逊当作是文学道德的标尺，我们也没有任何理由否认此人的主要优点。他的文学批评在风格上完全不

---

① Daniel Aaron. Introudction, Edmund Wilson. *Letters On Literature and Politics*, *1912 - 1972*. New York: Farrar, Straus and Giroux, 1977, p. XV.

② Edmund Wilson. "Hemingway: Gauge of Morale". In *The Wound and the Bow*, New York: Oxford University Press, 1965, p. 183.

同于严格的文学史或关于文学史的批评，他认为历史、哲学和道德虽然有着与文学不一样的观念，但它们同样是构成文学语境的重要成分；此外，他的作品中具有一种与众不同的可读性。他很早就有意识地将萧伯纳和门肯当作自己追随的偶像，所以，他自始至终地追求着这样一种风格的散文：直接、有力而清晰。他的写作具有一种鲜明的文学品质，常常在不经意中以生动的故事性叙述，展现文学人物与事件所能带给读者的历史和文化的思考。迪克斯坦称之为"不仅仅重述故事，而且以非常精细的解释、反讽和评判来表达，从而成为崭新的创作，这种改编本身即是小说"。①《阿克瑟尔的城堡》、《走向芬兰车站》以及后来的《爱国者之血》都是这种批评叙事的典范，他是仅有的几位既是文章好手又是批评家中的一位。威尔逊那一代的批评家中，除了他之外，没有哪一个人的文学批评在艺术水准上可以与其研究对象相媲美。

在威尔逊的批评生涯当中，他曾被指责作为一位批评家，却只不过笼统地概括了一些小说的故事情节，并提供了一些与他的研究对象有关的有限的生平信息而已。对于任何熟悉他的作品的人而言，这种指责显然是荒谬的。他有能力像我们所知的学院派批评家那样进行周密的文本分析，但他并不以为这样的分析应该成为文学批评的主要功能，在他看来，只有当文学批评能够有助于普通的读者去了解一位伟大的作者或阅读一部优秀的作品时，它的重要性才能体现出来。就像小说家和诗人一样，批评家也应是一位精通文学并擅长写作的创作者。他往往会从历史的角度来批评文学，因为在他的观念当中，优秀的文学批评

---

① 莫里斯·迪克斯坦：《途中的镜子：文学与现实世界》，刘玉宇译，上海：上海三联书店，2008年，第108页。

家应该结合了作家的艺术才能和历史学家对传统的理解。

　　蔡司曾经指出威尔逊的批评似乎过于看重广义的历史而不是文学史,布莱克默也对他的《三重思想家》发表过类似的有保留的批评,认为这部著作作为文学批评的价值还是不够的。[①]但威尔逊作为一位重要的文学批评家的特别之处在于,他能够正视那些被其他历史批评家或马克思主义批评家不予考虑的作者的作品中有关社会、政治和历史的内容。他的批评风格不是修辞性的而是论述性的,它的特点不在于说服而在于其广度和严谨。在不同主题的评论文章中,他都会煞费苦心地去寻找各种政治和文学问题的答案,事实上,当他以娴熟的技巧深入到各种社会、政治和历史语境当中的时候,他仍然不会放弃对文学意义的把握,并避免陷入任何极端的立场泥淖之中。尽管他的批评不成体系,但却像小说作品一样包含了对角色的丰富理解,他有能力通过解释一位作者的特殊甚至狭隘的写作目的来再现过去知识界的氛围。为了让一位不同寻常的作家或一次特殊的文学运动可以让普通读者接受,批评家必须首先抓住"时代的精神",在这一方面,没有人可以胜过埃德蒙·威尔逊。

---

① R. P. Blackmur. "In Our Ends are Our Beginnings". *Virginia Quarterly Review*, no. 14, 1938, pp. 449 – 450.

附　录

威尔逊生平大事及重要作品年表

(1895—1972)

1895 年　5 月 8 日小埃德蒙·威尔逊出生于新泽西洲的红岸镇（Red Bank），父亲是埃德蒙·威尔逊（Edmund Wilson），母亲是海伦·马瑟·威尔逊（Helen Mather ［Kimball］Wilson）。

1908 年　游历欧洲。进入宾夕凡尼亚州的波茨敦（Pottstown）的希尔学校（Hill School）学习；在校期间为《希尔记录》（*Hill Record*）撰稿；开始跟随老师阿尔弗雷德·罗尔夫（Alfred Rolfe）学习希腊语和希腊文学。

1912 年　从希尔学校毕业；进入普林斯顿大学；跟随老师克里斯汀·高斯（Christian Gauss）学习法国和意大利文学；与菲茨杰拉德（F. Scott Fitzgerald）和毕肖普（John Peale Bishop）建立了友谊；为《纳索文学杂志》（*Nassau Literary Magazine*）撰稿。

1916 年　从普林斯顿毕业；这一年的夏天参加了位于纽约州东北部的普拉茨堡（Plattsburgh）的军事预备营（military preparedness camp）。不久之后成为纽约《太阳晚报》

（*Evening Sun*）的通讯员。

1917 年　在军方的医院服役；在法国的孚日（Vosges）照顾
　　　　伤员。

1918 年　通过父亲的影响力，被调换到肖蒙堡（Chaumont）的
　　　　情报部队服役。

1919 年　复员后返回纽约；做自由撰稿人。

1920 年　担任《名利场》（*Vanity Fair*）杂志的主编；结识女诗人
　　　　埃德娜·米莱（Edna Millay）。

1921 年　这一年 2 月，开始担任《新共和》（*New Republic*）杂志
　　　　的主编；这一年 3 月赴欧洲旅游。

1922 年　与毕肖普共同创作并出版《殡葬员的花环》（*The
　　　　Undertaker's Garland*）；返回《名利场》，从这一年 7 月
　　　　到 1923 年 5 月，重新担任该杂志的主编。

1923 年　与女演员玛丽·布莱尔（Mary Blair）结婚；第一个孩
　　　　子，罗莎琳德（Rosalind），出生。

1024 年　普罗温斯敦剧团（Provincetown Players）上演了《吹哨
　　　　人 的 房 间 里 的 罪 行》（*The Crime in the Whistler
　　　　Room*），玛丽·布莱尔在该剧中表现出色。

1925 年　与玛丽·布莱尔分居。

1926 年　《不和谐的际遇》（*Discordant Encounters*）出版。

1927 年　整个夏天都呆在普罗温斯敦①和波士顿；开始写作《阿
　　　　克瑟尔的城堡》。

1928 年　写作《我想起了黛茜》（*I Thought of Daisy*）和《阿克瑟
　　　　尔的城堡》。

1929 年　《我想起了黛茜》和《再见，诗人！》（*Poets, Farewell！*）

———————————

① 普罗温斯敦是马萨诸塞州的避暑胜地。

出版。在这一年 3 月遭受精神崩溃，去位于纽约的克利夫顿（Clifton Springs）的一处疗养院修养。

1930 年　在政治上越来越偏左；与加利福尼亚州人玛格丽特·坎比（Margaret Canby）结婚。

1931 年　《阿克瑟尔的城堡》出版；开始写作一本关于美国的危机的书。

1932 年　《美国人的不安》（*The American Jitters*），此书后来成为《美国的地震》（*The American Earthquake*）一书中名为"地震"（"*The Earthquake*"）的一章；玛格丽特·坎比在加利福尼亚因意外从高处坠落而亡。

1933 年　开始在《新共和》工作。

1934 年　开始研读马克思和维楚柯（Vico）；继续在《新共和》的工作；发表了《走向芬兰车站》（*To the Finland Station*）的第一章。

1935 年　获得古根海姆研究基金会（Guggenheim Fellowship）的资助，从 5 月到 10 月在俄罗斯旅行。

1936 年　《旅行在两种民主制度之间》（*Travels in Two Democracies*）出版，其中关于美国的内容发表在后来的《美国的地震》一书中。

1937 年　戏剧集《房间、杜松子酒和三明治》（*This Room and This Gin and These Sandwiches*）出版。

1938 年　《三重思想家》（第一版）出版；4 月，与玛丽·麦卡锡（Mary McCarthy）结婚；儿子 Reuel Kimball Wilson 在这一年的圣诞节出生；开始写作《伤与弓》（*The Wound and the Bow*）。

1939 年　在芝加哥大学教授暑期课程。

1940 年　《走向芬兰车站》出版；开始与弗拉基米尔·纳博科夫

（Vladimir Nabokov）通信。

1941 年　《后面房间里的男孩》（*The Boys in the Back Room*）出版；这一年春天，因为关于战争问题的意见分歧，他停止了自己在《新共和》的工作；《伤与弓》出版。

1942 年　《夜晚的笔记》（*Notebooks of Night*）出版；在史密斯学院（Smith College）开设讲座。

1943—1944 年　担任《纽约客》杂志的书评撰稿人。

1945 年　接受《纽约客》的派遣赴欧洲采访。

1946 年　《赫卡特回忆录》（*Memoirs of Hecate County*）出版；与玛丽·麦卡锡离婚；与埃琳娜·桑德·玛姆（Elena Thornton Mumm）结婚。

1947 年　《不带旅行指南行走欧洲》（*Europe Without Baedeker*）出版；受《纽约客》的派遣赴新墨西哥州。

1948 年　第三个孩子海伦·米兰达·威尔逊（Helen Miranda Wilson）在 2 月出生。

1949 年　《记者报》（*The Reporter*）派遣威尔逊去海地。

1950 年　《经典与商业作品》（*Classics and Commercials*）出版；这一年的夏天在一个叫塔尔科塔维（Talcottville）的小镇度过。

1951 年　威尔逊的母亲在 3 月去世；4 月，《微蓝的光》（*The Little Blue Light*）在 ANTA（全国戏剧研究院，American National Theatre and Academ）上演。

1952 年　《光明的彼岸》（*The Shores of Light*）出版。

1954 年　《戏剧五部》（*Five Plays*）出版；《纽约客》派遣威尔逊赴以色列。

1955 年　《来自死海的古卷》（*The Scrolls from the Dead Sea*）出版，不久之后以希伯来语言出版；获得美国艺术与文学学院（American Academy of Arts and Letters）颁发的金质奖章。

1956 年　获得普林斯顿大学的荣誉学位；试图开始对付税收问题；《红、黑、金黄和橄榄色》（*Red，Black，Blond and Olive*）和《一点想法》（*A Piece of Mind*）出版。

1957 年　为《纽约客》撰写关于易洛魁人（Iroquois）的文章。

1958 年　《美国的地震》（*The American Earthquake*）出版。

1959—1960 年　接受哈佛大学的洛厄尔讲师教职（Lowell lectureship），开始收集、整理与美国内战有关的资料。

1960 年　《向易洛魁人致歉》（*Apologies to the Iroquois*）出版。

1961 年　《夜思》（*Night Thoughts*）出版。

1962 年　《爱国者之血》（*Patriotic Gore*）出版；在加拿大旅行，研究加拿大文学。

1963 年　《冷战与所得税》（*The Cold War and the Income Tax*）出版；接受美国总统自由勋章（Presidential Medal of Freedom）。

1964 年　获得爱德华·麦克道威尔奖章（Edward McDowell Medal）；开始在卫斯理大学的高级研究中心工作（the Center for Advanced Study，Wesleyan University）。

1965 年　《啊，加拿大》（*O Canada*）出版；《生活的羁绊》（*The Bit Between My Teeth*）出版。

1966 年　获得美国艺术与科学学院（American Academy of Arts and Sciences）的"爱默生－梭罗奖章"（Emerson-Thoreau Medal），以及"美国国家文学奖"（National Medal for Literature）。

1967 年　这一年春天返回以色列，修改他的《死海古卷》。

1968 年　《现代语言协会的成果》(*The Fruits of the MLA*)发表
　　　　　在《纽约书评》(*The New York Review of Books*)上。

1969 年　修订后的《死海古卷》出版;《巴勒莫公爵及其他戏剧》
　　　　　(*Duke of Palermo and Other Plays*)出版。

1970 年　遭受轻微中风。

1971 年　《纽约州北部》(*Upstate*)出版;撰写关于俄罗斯的
　　　　　文章。

1972 年　这一年春天,又一次遭受轻微中风;6 月 12 日,在塔尔
　　　　　科塔维的旧石头房中去世。

参考文献

中文文献

1. 埃德蒙·威尔逊:《文学评论精选》,蔡伸章译,台北:志文出版社,1977年;

2. 埃德蒙·威尔逊:《爱国者之血:美国南北战争时期的文学》,胡曙中等译,上海:上海外语教育出版社出版,1993年;

3. 埃德蒙·威尔逊:《走向芬兰车站:马克思主义的起源及发展》,刘森尧译,台北:麦田出版社,2000年;

4. 埃德蒙·威尔逊:《阿克瑟尔的城堡》,黄念欣译,南京:江苏教育出版社,2006年;

5. 马修·阿诺德:《文化与无政府状态》(修订版),韩敏中译,北京:生活·读书·新知三联书店,2008年;

6. 阿伦特:《论革命》,陈周旺译,南京:译林出版社,2007年;

7. 理查德·霍夫施塔特:《美国的政治传统及其缔造者》,崔永禄、王忠和译,北京:商务印书馆,1994年;

8. 路易斯·梅南德:《哲学俱乐部:美国观念的故事》,肖凡等译,南京:江苏人民出版社,2006年;

9. 雅克·巴尔赞:《从黎明到衰落:西方文化生活五百年》,林华译,北京:世界知识出版社,2002年;

10. 斯特龙伯格:《西方现代思想史》,刘北成、赵国新译,北京:中央编译出版社,2005 年;

11. 威廉·曼彻斯特:《光荣与梦想》,广州外国语学院美英问题研究室翻译组、朱协译,海口:海南出版社、三环出版社,2006 年;

12. 刘绪贻、杨生茂主编:《美国通史》(1—6 卷),北京:人民出版社,2005 年;

13. 威廉·J.本内特:《美国通史》(上、下),刘军等译,南昌:江西人民出版社,2009 年;

14. 雅各布·尼德曼:《美国理想:一部文明的历史》,王聪译,北京:华夏出版社,2004 年;

15. 加里·B.纳什等编著:《美国人民:创建一个国家和一种社会》(英文影印版),北京:北京大学出版社,2009 年;

16. 丹尼尔·贝尔:《资本主义文化矛盾》,赵一凡等译,北京:生活·读书·新知三联书店,1989 年;

17. 贝尔:《资本主义文化矛盾》,严蓓雯译,南京:江苏人民出版社,2007 年;

18. 安东尼·亚瑟:《反目:百年著名文学论战,从马克吐温到沃尔夫》,台北:日报文化,2008 年;

19. 雷纳·韦勒克:《近代文学批评史》(中文修订版·第 1、2、3、4、5、6、7、8 卷),杨自伍译,上海:上海译文出版社,2009 年;

20. 萨克文·伯科维奇主编:《剑桥美国文学史》,北京:中央编译出版社;

21. ——第一卷(1590 年至 1820 年),康学坤等译,2008 年;

22. ——第二卷(散文作品:1820 至 1865 年),史志康等译,2008 年;

23. ——第五卷(诗歌与批评:1910 年至 1950 年),马睿等译,

2009 年；

24. ——第六卷（散文作品：1910 年至 1950 年），张宏杰等译，
2009 年；

25. ——第七卷（散文作品：1940 年至 1990 年），孙宏主译，2005
年；

26. ——第八卷（诗歌和文学批评：1940 年至 1995 年），杨仁敬
等译，2008 年；

27. D.H. 劳伦斯：《劳伦斯论美国名著》，黑马译，上海：上海三
联书店，2006 年；

28. 贝克·卡洛斯：《欧内斯特·海明威传》，陈安全等译，香港：
生活·读书·新知三联书店香港分店，1985 年；

29. 海明威：《流动的盛宴》，汤永宽译，上海：上海译文出版社，
2009 年；

30. 马尔科姆·考利：《流放者的归来：二十年代的文学流浪生
涯》，张承谟译，上海：上海外语教育出版社，1986 年；

31. 哈兰德：《从柏拉图到巴特的文学理论》（英美文学文库），北
京：外语教学与研究出版社，2005 年；

32. 伊格尔顿：《文学理论导论》（英美文学文库），外语教学与研
究出版社，2004 年；

33. 威尔弗雷德·古尔灵等：《文学批评方法手册》（英美文学文
库），北京：外语教学与研究出版社，2004 年；

34. 布赖斯勒：《文学批评》（影印版），北京：高等教育出版社，
2004 年；

35. 弗雷德里克·R. 卡尔：《现代与现代主义：艺术家的主权
1885—1925》，陈永国、傅景川译，北京：中国人民大学出版
社，2004 年；

36. 安托瓦纳·贡巴尼翁：《反现代派：从约瑟夫·德·迈斯特

到罗兰·巴特》,北京:生活·读书·新知三联书店,
2009 年;

37. 韦伯:《韦伯作品集 I:学术与政治》,钱永祥等译,桂林:广西
师范大学出版社,2004 年;

38. ——《韦伯论大学》,希尔斯编,孙传钊译,南京:江苏人民出
版社,2006 年;

39. 理查德·波斯纳:《公共知识分子:衰落之研究》,徐昕译,北
京:中国政治大学出版社,2002 年;

40. 弗兰克·富里迪:《知识分子都到哪里去了》,戴从容译,南
京:江苏人民出版社,2005 年;

41. 马克·里拉:《当知识分子遇到政治》,邓晓菁、王笑红译,北
京:新星出版社,2005 年;

42. 爱德华·萨义德:《知识分子论》,单德兴译,北京:生活·读
书·新知三联书店,2002 年;

43. ——《人文主义与民主批评》,朱生坚译,北京:新星出版社,
2006 年;

44. ——《权力、政治与文化:萨义德访谈录》,单德兴译,北京:
生活·读书·新知三联书店,2006 年;

45. ——《世界·文本·批评家》,李自修译,北京:生活·读书·
新知三联书店,2009 年;

46. 戈德法布:《"民主"社会中的知识分子》,杨信彰等译,沈阳:
辽宁教育出版社,2002 年;

47. 拉塞尔·雅各比:《最后的知识分子》,洪洁译,南京:江苏人
民出版社,2006 年;

48. 保罗·博维:《权力中的知识分子:批判性人文主义的谱
系》,萧莎译,南京:江苏人民出版社,2005 年;

49. 维也纳·桑巴特:《为什么美国没有社会主义》,北京:社会

科学文献出版社,2003 年;

50. 路易斯·门德:《历史的浪漫:爱德蒙·威尔逊的共产主义之旅》,王一梁译,《书城》,2004 年第 04 期;

51. 弗雷德里克·詹姆逊:《政治无意识:作为社会象征行为的叙事》,王逢振、陈永国译,北京:中国社会科学出版社,1999 年;

52. 克罗利:《美国生活的希望:政府在实现国家目标中的作用》,王军英等译,南京:江苏人民出版社,2006 年;

53. 罗纳德·斯蒂尔:《李普曼传》,于滨、陈小平、谈锋译,北京:新华出版社,1982 年;

54. 范怀克·布鲁克斯:《华盛顿·欧文的世界》,林晓帆译,上海:上海外语教育出版社,1993 年;

55. 莫里斯·迪克斯坦:《途中的镜子:文学与现实世界》,刘玉宇译,上海:上海三联书店,2008 年;

56. 以赛亚·伯林:《苏联的心灵:共产主义时代的俄国文化》,潘永强、刘北成译,南京:译林出版社,2010 年;

57. 陆建德:《思想背后的利益:文化政治评论集》,桂林:广西师范大学出版社,2005 年;

58. ——《破碎思想体系的残编:英美文学与思想史论稿》,北京:北京大学出版社,2000 年;

59. 毛信德:《美国小说史纲》,北京:北京出版社,1988 年;

60. 盛宁:《二十世纪美国文论》,北京:北京大学出版社,1993 年;

61. 赵一凡:《美国文化批评集:哈佛读书札记(一)》,北京:生活·读书·新知三联书店,1994 年;

62. 方汉文:《西方文艺心理学史》,西安:陕西人民出版社,1999 年;

63. 朱通伯编选:《英美现代文论选》,上海:上海译文出版社,
　　1991 年;

64. 刘海平、王守仁主编:《新编美国文学史》,上海:上海外语教
　　育出版社;

65. ——第一卷(起始—1860),张冲主撰,2000 年;

66. ——第二卷(1860—1914),朱刚主撰,2002 年;

67. ——第三卷(1914—1945),杨金才主撰,2002 年;

68. ——第四卷(1945—2000),王守仁主撰,2002 年;

69. 董鼎山:《美国作家与作品》,北京:光明日报出版社,
　　1988 年;

70. 王佐良:《中楼集》,沈阳:辽宁教育出版社,1995 年;

71. 任军锋主编:《共和主义:古典与现代》,上海:上海人民出版
　　社,2006 年;

72. 张隆溪:《比较文学研究入门》,上海:复旦大学出版社,
　　2009 年;

73. 威廉·范·俄康纳编:《美国现代七大小说家》,张爱玲等
　　译,北京:生活·读书·新知三联书店,1988 年;

74. 梯姆:《爱德蒙·威尔逊:一位道地 intellectual 的写照》,《读
　　书》,1989 年 07 期;

75. 刘素娟:《别一种文学史:读〈爱国者之血〉》,《外国文学研
　　究》,1994 年 03 期;

76. 仲子:《三十年的文学笔记》,《读书》,1988 年 01 期。

英文文献

1. Aaron, Daniel. "Some Unpublished Letters of Edmund
　　Wilson." *New Republic* 171, no. 22, November 30, 1974.

2. Adams, Phoebe. "A Window on Russia, Book." *Atlantic*

Monthly）230，no.3，September 1972.

3.　Allen，Bruce. "The literary worker." *Kirkus Reviews* 75，no.19,October 2007.

4.　Anderson，Quentin. "Wilson's Canadian Junket." *New Republic* 152，no.22，May 29，1965.

5.　Arbez，Edward P. "Much is still obscure." *New Republic* 134，no.15，April 9,1956.

6.　Arnold，Matthew. *Culture and Anarchy*. New York：Oxford University Press，2006.

7.　Arvin，Newton. "American Men of Letters." *Nation* 157，no.3，July 17,1943.

8.　Atlas，James. "In Praise Of Dispraise." *Atlantic*，no.2，August 1981.

9.　Atlas，James. "Mia at the MLA." *New Republic* 196，no.4，January 26,1987.

10.　Bailey，William L. "Travels in Two Democracies,Book." *American Sociological Review* 2，no.3，June 1937.

11.　Baker，William. "F.R and Q D Leavis A Retrospect." *Papers on Language & Literature* 19，no.4，Fall 1983.

12.　Barnes，Julian. "International books of the year." *TLS* no.4783，December 2,1994.

13.　Baumann，Paul. "An unlikely believer." *Commonweal* 124，no.22，December 19,1997.

14.　Baym，Nina ed. *The Norton Anthology of American Literature*（A.B.C.D.E）. New York · London：W. W. Norton & Company,Inc.，2003.

15.　Benfey，Christopher. "The Judge，Cover story." *New Republic*

237, no. 11, December 10, 2007.

16. Beran, Michael Knox. "No More Wise Men." *National Review* 52, no. 16, August 28, 2000.

17. Berman, Paul. "Edmund's Castle." *New Republic* 214, no. 23, June 3, 1996.

18. Bermel, Albert. "Closet Openings." *Nation* 209, no. 5, August 25, 1969.

19. Berthoff, Warner. "From High Modernism To Middlebrow Culture." *Sewanee Review* 117, no. 1, Winter 2009.

20. Berthoff, Warner. "Skirmishing with Edmund Wilson." *Sewanee Review* 107, no. 1, Winter 1999.

21. Birkerts, Sven. "Modernism and Mastery." *American Scholar* 73, no. 4, September 2004.

22. Biscari, Caterina. "Engines of Discovery." *Physics Today* 61, no. 9, September 2008.

23. Brandon, Henry. "A Conversation with Edmund Wilson We Don't Know Where We Are". *New Republic* 140, no. 13, March 30, 1959.

24. Brightman, Carol. "Never Trust Anyone Under 80." *Nation* 258, no. 2, January 17, 1994.

25. Brooks, Van Wyck. *The Pilgrimage of Henry James*. New York: E. P. Dutton & Company, 1925.

26. Bruton, Ben. "Edmund Wilson: A Life in Literature." *Library Journal* 130, no. 12, July 2005.

27. Buffington, Robert. "Campaigning For Poetry." 345 – 364. University of the South, 2005.

28. Burke, Kenneth. "Field Work in Bohemia." *Nation* 145,

no. 5, July 31, 1937.

29. Cannon, Harold. "Latter-day curmudgeon." *Humanities* 16, no. 5, September 1995.

30. Cantwell, Robert. "Wilson as Journalist." *Nation* 186, no. 8, February 22, 1958.

31. Carlos, Fuentes. "A Despot, Now And Forever." *New York Times Book Review*, April 6, 1986.

32. Castronovo, David. "A singular American." *Commonweal* 120, no. 18, October 22, 1993.

33. ——"An eye for detail." *Commonweal* 126, no. 2, January 29, 1999.

34. —— "Edmund Wilson's 1920s." *New England Review*, no. 4, Fall 2000.

35. ——Ed. *Edmund Wilson: the Man in Letters*. Ohio: Ohio University Press, 2001.

36. ——*Edmund Wilson Revisited*. New York: Twayne Publishers, 1998.

37. Cathy, Horyn. "Does the Shoe Fit?." *New York Times Magazine*, February 25, 2007.

38. Chase, Edward T.. "The last of a precious species." *New Leader* 76, no. 11, September 6, 1993.

39. Chase, Richard. "Wilson as Critic." *Nation* 186, no. 8, February 22, 1958.

40. Chefdor, Monique and others eds. *Modernism: Challenges and Perspectives*. Urbana and Chicago: University of Illinois Press, 1986.

41. Christopher, Lehmann-Haupt. "Books of The Times; Edmund

Wilson, Curmudgeon Untamed by Time." *New York Times*, July 19,1993.

42. Colm, Toibin. "American Critic." *New York Times Book Review*, September 4,2005.

43. Cooney, Terry A.. *The Rise of the New York Intellectuals: Partisan Review and Its Circle*. Madison: The University of Wisconsin Press, 1986.

44. Cowley, Malcolm. "Edmund Wilson on the New Republic." *New Republic* 167, no.1, July 1972.

45. Cowley, Malcolm. "The Lucky Generation." *Atlantic Monthly*, no.6, December 1972.

46. Curtiss, Mina. "… the Poison They Name." *Nation* 153, no.5, August 2,1941.

47. Dabney, Lewis M.. "Edmund Wilson, Jr." *Sewanee Review* 103, no.2, Spring 1995.

48. —— "Isaiah Berlin on Edmund Wilson." *Wilson Quarterly* 23, no.1, Winter 1999.

49. ——*Edmund Wilson: A life in Literature*. New York: Farrar, Straus and Giroux, 2005.

50. —— "Edmund Wilson: The Early Years." Ph.D., Columbia University, 1968.

51. ——*The Edmund Wilson Reader*. New York: Da Capo Press, 1997.

52. ——*The Twenties: From Notebooks and Diaries of the Period*. New York: Bantam Books, 1975.

53. ——ed. *Edmund Wilson: Centennial Reflections*. Princeton: The Mercantile Library of New York in association with

Princeton University Press，1997.

54. Dabney, Lewis M.. "The shy little scholar of Holder Court." *American Scholar* 59, no.3, Summer 1990.

55. Dardis, Tom. "The Myth That Won't Go Away: Selling Out in Hollywood." *Journal of Popular Film & Television* 11, no.4, Winter 1984.

56. Deacon, Desley. "Cruel and Barbarous Teatment: the Marriage of Mary McCarthy and Edmund Wilson." *Australian Feminist Studies* 19, no.43, March 2004.

57. Deirdre Carmody, Special to the New York Times. "MARY MCCARTHY, '33, SENDS PAPERS TO VASSAR." *New York Times*, May 1985.

58. Dickstein, Morris. "Cover Art." *TLS* no.5370, March 3, 2006.

59. —— "Edmund Wilson: Three phases." *Partisan Review* 64, no.4, Fall 1997.

60. —— "The human interest." *TLS* no. 5370, March 3, 2006.

61. Diggins, John Patrick. "On the Road to Nowhere: Tom Stoppard's Russian intellectuals take a wrong turn with Hegel, just as Edmund Wilson once did with Marx." *American Scholar* 77, no.1, Winter 2008.

62. Dillingham, William B.. "Rudyard Kipling and Bereavement: 'The Gardener'." *English Language Notes* 39, no. 4, June 2002.

63. Dinitia, Smith. "A Vision for Books That Exults in Happenstance." *New York Times*, January 13, 2001.

64. Doctorow, E. L.. "Arcades." *Nation* 263, no. 9, September 30, 1996.

65. Donoghue, Denis. "Castle adamant." *New Criterion* 26, no. 4, December 2007.

66. Douglas, Brenner. "A Tale of Two Cities." *New York Times Magazine*, September 28, 2008.

67. Douglas, George H.. "Edmund Wilson, Great Democrat of Letters." *Nation* 215, no. 3, August 7, 1972.

68. Edel, Leon. "… Am I, Then, in a Pocket of the Past?" *New Republic* 135, no. 25, December 17, 1956.

69. Edel, Leon. "Edmund Wilson in the 1930s." *New Republic* 182, no. 18, May 3, 1980.

70. —— "The Nabokov-Wilson Letters: Correspondence between Vladimir Nabokov and Edmund Wilson, 1940 – 1971." *New Republic* 180, no. 21, May 26, 1979.

71. Epstein, Jason. "The man with qualities, Cover story." *New York Review of Books* 42, no. 10, June 8, 1995.

72. Epstein, Joseph. "Bye-bye, bunny." *Hudson Review* 47, no. 2, Summer 1994.

73. ——"Forgetting Edmund Wilson." *Commentary* 120, no. 5, December 2005.

74. Auerbach, Erich. "Mimesis: The Representation of Reality in Western Literature.", edited by Willard R. Trask. Princeton: Princeton University Press, 1953.

75. Eric Homberger. *American Writers and Radical Politics, 1900 – 39*, New York: St. Martin's Press, 1986

76. Exley, Frederick. "Good-Bye, Edmund Wilson." *Atlantic*

Monthly，no. 3，March 1974.

77. Farginoli，Joseph. "Zuni and Iroquois: Edmund Wilson's People's History'." *Clio* 25，no. 1，Fall 1995.

78. —— "Edmund Wilson and the Sociology of Literature."，Ph. D.，University of Rhode Island，1985.

79. Farrelly，John. "Edmund Wilson of the 'New Yorker'." *Scrutiny*，no. 18，1951.

80. Flower，Dean. "Justice to Edmund Wilson." *Hudson Review* 59，no. 3，Fall 2006.

81. Frank，Kermode. "'I Shall Presently Be Extinguished'." *New York Times Book Review*，August 8，1993.

82. French，S.. "Diary." *New Statesman & Society* 5，no. 187，January 31，1992.

83. Fussell，Paul. "Unreconstructed American." *New Republic* 188，no. 13，April 4，1983.

84. Gager，John C.. "Scholarship as Moral Vision." *Jewish Quarterly Review* 95，no. 1，Winter 2005.

85. Groth，Janet. Edmund Wilson A Critic of Our Time. Ohio: Ohio University Press，1989.

86. Geismar，Maxwell. "Apostles of the Rational Mind." *Nation* 183，no. 23，December 8，1956.

87. Gessen，Keith. "The Smartest Guy in the Room." *New York* 38，no. 29，August 22，2005.

88. Giddins，Gary. "Why I Write ..." *Publishers Weekly* 256，no. 36，September 7，2009.

89. Gilman，Richard. "Edmund Wilson，Then and Now." *New Republic* 155，no. 1，July 2，1966.

90. ——"The Critic as Taxpayer." *New Republic* 149, no. 22, November 30,1963.

91. Goodwin, Donald W.. "Book forum: Literature." *American Journal of Psychiatry* 151, no. 12, December 1994.1823.

92. Goodwin, Saul. "The Portable Edmund Wilson." *National Review* 36, no. 13, July 13,1984.

93. Grace, Glueck. "So Commonplace, And Yet, Surreal." *New York Times*, October 04,1996.

94. Graff, Gerald. *Literature Against Itself: Literary Ideas in Modern Society*, Chicago and London: The University of Chicago Press, 1979.

95. Graves, Robert. "Edmund Wilson, a Protestant Abroad." *New Republic* 134, no. 18, April 30,1956.

96. Gross, John. *The Rise and Fall of the Man of Letters: A Study of the Idiosyncratic and the Humane in Modern Literature*, New York: The Macmillan Company, 1969.

97. ——"A literary life." *Commentary* 100, no. 4, October 1995.

98. Groth, Janet. "Wilson in Dishabille, Book Review." *American Scholar* 53, no. 3, Summer 1984.

99. Grumbach, Doris. "Fine Print." *New Republic* 169, no. 23, December 8,1973.

100. Habib, Rafey. *A History of Literary Criticism*, *From Plato to the Present*, Malden, Oxford, Carlton: Blackwell Publishing, 2005.

101. Haggin, B. H.. "Music." *Nation* 166, no. 9, February

28，1948.

102. Halper，Nathan. "Conversations with Edmund Wilson." *Journal of Modern Literature* 7，no.3，September 1979.

103. Hamilton，Ian. "The wound，the bow and the glory." *TLS* no. 4830，October 27，1995.

104. Hardwick，Elizabeth. "A lion at his desk." *New Yorker* 71，no.11，May 8，1995.

105. Hart，Jeffrey. "Edmund Wilson，At Last." *National Review* 57，no.16，September 12，2005.

106. ——"Five Best." *Wall Street Journal-Eastern Edition* 249，no.140，June 16，2007.

107. Hazlitt，Henry. "Edmund Wilson." *Nation* 132，no. 3426，March 4，1931.

108. Heinegg，Peter. "The Last Great Littérateur?" *America* 194，no.1，January 2，2006.

109. Herbert，Muschamp. "Art/Architecture；Imaginative Leaps Into the Real World." *New York Times*，February 25，2001.

110. Herron，Jerry. "The Haunted Man And The Two Scrooges." *Studies in Short Fiction* 19，no.1，Winter 1982.

111. Hill Jr.，Robert W.. "A Counterclockwise Turn in James's 'The Turn of the Screw'." *Twentieth Century Literature* 27，no.1，Spring 1981.

112. Hoffman，Frederick J.. "In Search of Edmund Wilson." *Nation* 202，no.3，January 17，1966.

113. Horgan，Paul. "Paul Horgan：Edmund Wilson at Wesleyan." *American Poetry Review* 22，no.5，September 1993.

114. Hounion，Morris A.．"Edmund Wilson，the Man in Letters，Book Review." *Library Journal* 126，no. 19，November 15，2001．

115. ——"Critic in Love：A Romantic Biography of Edmund Wilson." *Library Journal* 130，no.16，October 2005.

116. ——"Edmund Wilson：Literary Essays and Reviews of the 1930s & 1940s." *Library Journal* 132，no. 17，October 15，2007.

117. Howb，Irving. "Edmund Wilson：A Reexamination." *Nation* 167，no.16，October 16，1948.

118. ——"The Burden Of Civilization." *New Republic* 186，no.6，February 10，1982.

119. Isaiah Berlin. "Edmund Wilson Among The 'Despicable English'." *New York Times Book Review*，April 12，1987.

120. Jacob，Weisberg. "For The Sake Of Argument." *New York Times Magazine*，November 5，2000.

121. Jeremy，Mccarter. "Theater；In Search of a Lost Love：Making a Musical Out of Proust." *New York Times*，March 09，2003.

122. John，Gross. "Books Of The Times." *New York Times*，February 12，1985.

123. Johnson，Denise. "Book reviews：Arts & humanities." *Library Journal* 120，no.14，September 1995.

124. Johnson，Paul. Intellectuals. New York：Harper & Row，Publishers，1988.

125. Johnston，George Sim. "The Last Man of Letters." *Wall Street Journal -Eastern Edition* 250，no. 75，September

28,2007.

126. Johnston, Paul K.. "Grumpy Good Samaritan." *Commonweal* 133, no.18, October 20,2006.

127. Johnston, Paul. "The vexations of modernism." *American Scholar* 58, no.1, Winter 1989.

128. Jones Jr., Malcolm, and Laura Shapiro. "A summer book bag." *Newsweek* 122, no.1, July 5,1993.

129. Jones, Malcolm. "Death Becomes Them." *Newsweek* 154, no.6/7, August 10,2009.

130. Kaiser, Jo Ellen Green. "Disciplining The Waste Land, or how to lead critics into temptation." *Twentieth Century Literature* 44, no.1, Spring 1998.

131. Karl, Frederick R.. *Modern and Modernism: The Sovereignty of the Artist 1885-1925*. New York: Atheneum, 1985.

132. Karlinsky, Simon, Dan Bawly, and Frederick C. Thayer. "Correspondence." *New Republic* 181, no.3/4, July 21, 1979.

133. Kauffmann, Stanley. "Stanley Kauffmann on films." *New Republic* 170, no.15, April 13,1974.

134. Kazin, Alfred. "Edmund Wilson: His Life and Books." *Atlantic*, no.1, July 1967.

135. Kazin, Alfred. "The New Republic: A Personal View." *New Republic* 201, no.19, November 6,1989.

136. ——"Zeal For The Hidden Detail." *Atlantic*, no.4, April 1983.

137. ——"The Critic and the Age." *The New Yorker*, no.15 Nov. 1952.

138. Kieft, Ruth M. Vande. "Testament of a Myth-Shrinker." *Nation* 209, no. 10, September 29, 1969.

139. King, Daniel Patrick. "World literature in review: English." *World Literature Today* 70, no. 4, September 1996.

140. Kipen, David. "Easier Said Than Done." *Atlantic Monthly*, no. 1, January 2005.

141. Koenig, Rhoda. "Doctor knows best." *New York* 22, no. 45, November 20, 1989.

142. ——"The curmudgeonly Mr. Wilson." *New York* 26, no. 28, July 19, 1993.

143. Kramer, Hilton. "Critical Lapses." *Wall Street Journal-Eastern Edition* 246, no. 40, August 26, 2005.

144. Kramer, Hilton. "The Edmund Wilson centenary." *New Criterion* 13, no. 9, May 1995.

145. Kriegel, Leonard. "Affairs and Landscapes." *Nation* 231, no. 10, October 4, 1980.

146. —— "The Man Of Letters In The Modern World." *Sewanee Review* 113, no. 4, Fall 2005.

147. Kriegel, Leonard. "The Self-Sufficient Mind." *Nation* 225, no. 14, October 29, 1977.

148. Lamott, Kenneth. "Edmund Wilson in California: A Reappraisal." *Nation* 226, no. 3, January 28, 1978.

149. Lanchester, John. "Short Cuts." *London Review of Books* 30, no. 12, June 19, 2008.

150. Lawrence Van, Gelder. "William Slater Brown, 100, Writer of the Lost Generation." *New York Times*, June 28, 1997.

151. LeStage, Gregory. "The maddening genius." *Times Higher Education Supplement* no. 1253, November 8, 1996.

152. Levenson, Gabriel H., et al. "Letters to the Editors." *Nation* 145, no. 23, December 4, 1937.

153. Lewis M., Dabney. "Bookend; The Philosopher and the Critic." *New York Times Book Review*, November 29, 1998.

154. Lingeman, Richard. "She Took a Village." *Nation* 267, no. 16, November 16, 1998.

155. Long, Robert Emmet. "The Decade of Axel's Castle." *Nation* 215, no. 9, October 2, 1972.

156. Lodge, David, ed. 20Th Century Literary Criticism. New York: Longman Group Limited, 1972.

157. Lynn, Kenneth S.. "Starting Out in the Twenties." *American Scholar* 44, no. 4, September 1975.

158. —— "The Right to Secede from History." *New Republic* 146, no. 26, June 25, 1962.

159. M. S., and Suzanne Mantell. "Wilson's lit crit ´60s." *Publishers Weekly* 240, no. 17, April 26, 1993.

160. Maclay, Catherine. "Jeffrey Meyers: A big book every year." *Publishers Weekly* 242, no. 21, May 22, 1995.

161. Malcolm, Donald. "Substitutes for Conversation." *New Republic* 136, no. 10, March 11, 1957.

162. March, Thomas. "Wilson's The Jumping-Off Place." *Explicator* 57, no. 2, Winter 1999.

163. Margo, Jefferson. "Books Of The Times; Characters 'Laboring to Maladjust'." *New York Times*, October 19,

1994.

164. Marshall, Margaret. "Drama." *Nation* 172, no. 19, May 12, 1951.

165. Marshall, Margaret. "The Moral Top of the World." *Nation* 142, no. 3703, June 24, 1936.

166. Marty, Martin E.. "The Wilson syndrome." *Christian Century* 111, no. 2, January 19, 1994.

167. Mary B. W., Tabor. "Book Notes." *New York Times*, May 17, 1995.

168. Mary, Gordon. "Rediscoveries; The Angel of Malignity: The Cold Beauty of Katherine Anne Porter." *New York Times Book Review*, April 16, 1995.

169. Matthew, Price. "Books In Brief: Nonfiction." *New York Times Book Review*, February 10, 2002.

170. Maxfield Parrish, Stephen. "Critics, Academic and Lay." *Virginia Quarterly Review*, no. 29, 1953.

171. McCabe, Bernard. "What Cyril Thought." *Nation* 238, no. 15, April 21, 1984.

172. McCann, William. "Cultural Record." *Progressive* 51, no. 2, February 1987.

173. McCarthy, Mary. "Edmund Wilson." *Paris Review* 33, no. 119, Summer 1991.

174. McCollum, John W., and Don W. Kleine. "Letters." *Nation* 210, no. 19, May 18, 1970.

175. McGrath, Charles. "A Shaper of the Canon Gets His Place in It." *New York Times*, October 07, 2007.

176. Mead, Walter Russell. "Literary Essays and Reviews of

the 1920s and 30s: "The Shores of Light," "Axel's Castle," "Uncollected Reviews." *Foreign Affairs* 87, no. 3, May 2008.

177. Meade, Norah. "Greenwich Villagers." *Nation* 130, no. 3365, January 1930.

178. Mel, Gussow. "Stage View: Another Major Novel Eludes Its Adapter." *New York Times*, September 29, 1985.

179. Meltzer, Milton. "The Thirties, Book Review." *Library Journal* 105, no. 12, June 15, 1980.

180. Menand, Louis. "Edmund Wilson's Vanished World." *New York Review of Books* 51, no. 14, September 23, 2004.

181. Menand, Louis. "Missionary." *New Yorker* 81, no. 23, August 8, 2005.

182. —— "The Historical Romance." *New Yorker* 79, no. 5, March 24, 2003.

183. ——"The Lion In Autumn." *New Republic* 195, no. 22, December 1986.

184. Meyers, Jeffrey. "Scott Fitzgerald and Edmund Wilson: A troubled friendship." *American Scholar* 61, no. 3, Summer 1992.

185. ——"The bulldog and the butterfly." *American Scholar* 63, no. 3, Summer 1994.

186. —— "Priapic polymath." *New Criterion* 12, no. 1, September 1993.

187. ——*Edmund Wilson: A Biography*. Boston, New York: Houghton Mifflin Company, 1995.

188. Michaels, Leonard. "The Odd Couple." *Nation* 228, no. 23, June 16,1979.

189. Miller, Perry. "Essays and Asides: A Passion for Literature." *Nation* 172, no.4, January 27,1951.

190. Mimken, Judy. "Book reviews: Arts & humanities." *Library Journal* 120, no.3, February 15,1995.

191. Miner, Brad. "Random Notes." *National Review* 43, no. 3, February 25,1991.

192. Mishra, Pankaj. "The Unquiet American." *New York Review of Books* 53, no.1, January 12,2006.

193. Mitgang, Herbert. "Carl Sandburg." *New Republic* 178, no.2, January 14,1978.

194. Mizener, Arthur. "Arthur Mizener: Edmund Wilson's New Republic." *New Republic* 162, no.19, May 9,1970.

195. Morrison, Sarah R.. "Of woman borne: Male experience and feminine truth in Jane Austen's novels." *Studies in the Novel* 26, no.4, Winter 1994.

196. Moss, Robert F.. "Winner And Still Champion." *Yale Review* 94, no.4, October 2006.

197. Nabokov, Vladimir. "A Letter To Edmund Wilson." *Kenyon Review* 1, no.1, Winter 1979.

198. Nathan, Paul. "But not forgotten." *Publishers Weekly* 242, no.28, July 10,1995.

199. Nevius, Blake. "Pussie Jones's Verses: A Bibliographical Note On Edith Wharton." *American Literature* 23, no.4, January 1952.

200. Niebuhr, Reinhold. "The Goddess History." *Nation* 151,

no. 13, September 28, 1940.

201. Nussbaum, Martha C.. "Preface to the Revised Edition." In *The Fragility of Goodness*, London: Cambridge University Press, 2001.

202. O'hagan, Andrew. "Back to The Blitz." *New York Times*, October 16, 2008.

203. Page, Tim. "Letters by Dawn Powell to Edmund Wilson." *New Criterion* 18, no. 1, September 1999.

204. Paul, Sherman. *Edmund Wilson: A Study of Literary Vocation in Our Time*. Springfield: University of Illinois Press, 1967.

205. Pasternak, Boris. "Interpretation." *New Yorker* 72, no. 17, June 24, 1996.

206. Pearl K. Bell' Pearl K.. Bell is a freelance critic in Cambridge, Mass. "Life Without Father." *New York Times Book Review*, December 10, 1989.

207. Peck, David. "Edmund Wilson: A Biography." *Magill Book Reviews*, September 1995.

208. Peretz, Martin. "Mr. Wilson Balks." *Nation* 197, no. 18, November 30, 1963.

209. Perl, Jed. "A Cool Heat." *Harper's Magazine* 311, no. 1864, September 2005.

210. —— "Wilson's eye." *Modern Painters* 9, no. 4, Winter 1996.

211. Perluck, Herbert A. , Harold R. Hogstrom, and Jack D. Douglas. "Correspondence." *New Republic* 155, no. 6/7, August 13, 1966.

212. Pickard, Zachariah. "The Morality of Aesthetic Action: Elizabeth Bishop, Randall Jarrell, and the Politics of Poetry." *American Literature* 79, no. 2, June 2007.

213. Platowsky, Elihu L., et al. "Letters to the Editors." *Nation* 148, no. 3, January 14, 1939. 76.

214. Plotz, John. "Virtually Being There." *Southwest Review* 87, no. 1, January 2002.

215. Podhoretz, Norman. "On reading for pleasure again." *Commentary* 94, no. 6, December 1992.

216. Polan, Dana. "Last Intellectual, Lapsed Intellectual?: The Ends of Edmund Wilson." *boundary 2* 21, no. 3, Fall 1994.

217. Pritchard, William H.. "Edmund Wilson's Clear Light: The lucid prose and inclusive views of the last great critic in the English line." *American Scholar* 74, no. 4, September 2005.

218. Pritchard, William H.. "Edmund Wilson's Permanent Criticism: 1920 – 1950." *Hudson Review* 61, no. 1, Spring 2008.

219. Pritchett, V.S.. "Books: Edmund Wilson." *New Yorker* 62, no. 46, January 5, 1987.

220. Quinn, Terry. "Dear Bunny, Dear Volodya: The Friendship and the Freud." *Paris Review* 42, no. 157, 2001 2000.

221. R. D. M.. "Delany as a Postmodern Edmund Wilson." *Science Fiction Studies* 24, no. 1, March 1997.

222. Raffel, Burton. "From the Uncollected Edmond Wilson." *Literary Review* 39, no. 3, Spring 1996.

223. Richard, Gilman. "Dos Passos and the Many Lives of 'U. S. A.'." *New York Times Book Review*, March 16,1997.

224. Richard, Gilman. "Edmund's Castle." *New York Times Book Review*, December 31,1995.

225. Richards, Eliza. "US Civil War Print Culture and Popular Imagination." *American Literary History* 17, no. 2, Summer 2005.

226. Richter, David H. Ed. *The Critical Tradition: Classic Texts and Contemporary Trends*. New York: Bedford/St. Martin's, 1980.

227. Rifkind, D.. "Daddy dearest." *Commentary* 89, no. 5, May 1990.

228. Robin, Finn. "Public Lives; The, Mostly Late) Greats, in New Circulation." *New York Times*, July 10,2001.

229. Rodden, John. "Memorial for a Revolutionist: Dwight Macdonald, A Critical American." *Society* 44, no. 5, July 2007.

230. Roger, Kimball. "And Now for Something Completely Offensive." *New York Times Book Review*, October 22, 1995.

231. ——"Classic returns." *Library Journal* 116, no. 19, November 15,1991.

232. ——"Axel's Castle: A Study of the Imaginative Literature of 1870 – 1930." *Library Journal* 130, no. 1, January 2005.

233. —— "King of the Delawares: Teedyuscung/Upstate: Records and Recollections of Northern New York, Book."

Library Journal 115, no. 16, October 1990.

234. ——"Memoirs of Hecate County." *Library Journal* 130, no. 2, February 2005.

235. Rogers, Michael, and Barbara Hoffert. "Book reviews: Classic returns." *Library Journal* 123, no. 2, February 1998.

236. Romano, Carlin. "Edmund's Castle." *Nation* 260, no. 23, June 12, 1995.

237. Rosenblatt, Roger. "Edmund Wilson: Letters on Literature and Politics 1912 – 1972." *New Republic* 177, no. 16, October 15, 1977.

238. Rubin Jr., Louis D.. "Canon Fodder." *New Republic* 172, no. 21, May 24, 1975.

239. Rubin Jr., Louis D.. "The grand panjandrum of Wellfleet." *Sewanee Review* 102, no. 3, Summer 1994.

240. Rubin, Merle. "Critic Wilson held high intellectual, but not personal standards." *Christian Science Monitor* 87, no. 138, June 13, 1995.

241. Samuels, David. "Edmund Wilson and the public intellectuals." *Wilson Quarterly* 20, no. 1, Winter 1996.

242. Sandle, Mark. *A Short History of Soviet Socialism*. London: University College London (UCL) Press, 1999.

243. Sandra Salmans, Special to the New York Times. "Remembering Rogues and Heroes." *New York Times*, August 08, 1985.

244. Sarah, Bayliss. "Art/Architecture; An Image Welded to the Skyline." *New York Times*, July 07, 2002.

245. Sarah, Lyall. "V. S. Pritchett, Master of the Short Story And Literary Criticism, Is Dead at 96." *New York Times*, March 22,1997.

246. Schiffman, Lawrence H.. "Inverting Reality: The Dead Sea Scrolls in the Popular Media." *Dead Sea Discoveries* 12, no.1, March 2005.

247. Schlesinger, Arthur M. ... [et al.], ed. *Paths of American Thought*. Boston: Houghton Mifflin Company, 1970.

248. Schwarz, Benjamin. "Elements of Style." *Atlantic Monthly*, no.1, July 2005.

249. Scott, Veale. "New & Noteworthy Paperbacks." *New York Times Book Review*, February 11,2001.

250. Scott, W. B.. "Old Friends, Book Ends." *American Scholar* 48, no.4, September 1979.

251. Shapiro, Herbert E.. "Edmund Wilson, Book Review." *Library Journal* 103, no.18, October 15,1978.

252. Shechner, Mark. "Three Honest Men: Edmund Wilson, F.R. Leavis, Lionel Trilling, Book." *New Republic* 186, no.7, February 17,1982.

253. Sicker, Philip. "Pale Fire and Lyrical Ballads: The dynamics of collaboration." *Papers on Language & Literature* 28, no.3, Summer 1992.

254. Silver, John. "A Note on the Freudian Reading of The Turn of the Screw." *American Literature* 29, no.2, May 1957.

255. Simms Jr., L. Moody. "Edmund Wilson: A Biography ,

Book." *History*：*Reviews of New Books* 32， no. 2，
Winter 2004.

256. Sissman，L. E.. "Innocent Bystander." *Atlantic Monthly*，
no. 3，September 1972.

257. Smith， G. S.. " The Nabokov-Wilson Letters.
Correspondence between Vladimir Nabokov and Edmund
Wilson 1940 – 1971." *Modern Language Review* 76，no. 1，
January 1981.

258. Smith，Starr E.. "The Fifties，Book." *Library Journal*
111，no. 14，September 1986.

259. ——"The Forties，Book." *Library Journal* 108，no. 7，
April 1983.

260. Smol，Anna. "Oh … Oh … Frodo!：Readings of Male
Intimacy in The Lord of the Rings." *Modern Fiction
Studies* 50，no. 4，Winter 2004.

261. Sorel，Nancy Caldwell. "Mary McCarthy and Edmund
Wilson." *Atlantic*，no. 5，May 1993.

262. Spender，Stephen. "Wilson Among the Ruins." *Nation*
165，no. 22，November 29，1947.

263. Spiller，Robert E.. " Edmund Wilson：Letters on
Literature and Politics，1921 – 1972，Book." *American
Literature* 50，no. 3，November 1978.

264. ——"The Influence of Edmund Wilson." *Nation* 186，
no. 8，February 22，1958.

265. —— "The Intent Of The Artist/The Intent Of The Critic，
Book." *American Literature* 14，no. 1，March 1942.

266. Star，Alexander. "A Man of Good Reading." *New York*

Times, August 23, 2009.

267. Steloff, Frances. "Edmund Wilson." *Journal of Modern Literature* 4, no. 4, April 1975.

268. Stone, Edward. "Edition Architecture And 'The Turn Of The Screw'." *Studies in Short Fiction* 13, no. 1, Winter 1976.

269. Stout, Daniel A.. "Review of Lewis M. Dabney's Edmund Wilson: A Life in Literature." *Journal of Media & Religion* 5, no. 2, April 2006.

270. Strout, Cushing. "A kinder and gentler Edmund Wilson." *Reviews in American History* 23, no. 3, September 1995.

271. Suiler, Victor P.. "Engines of Discovery, A Century of Particle Accelerators." *Journal of Synchrotron Radiation* 15, no. 1, January 2008.

272. Sykes, Gerald. "Books. The Writer Fights Back." *Nation* 186, no. 4, January 25, 1958. Tayler, Christopher.

273. "The cocktail set." *TLS* no. 4996, January 1999.

274. Teachout, Terry, et al. "Books In Brief." *National Review* 33, no. 24, December 11, 1981.

275. ——"Edmund Wilson's America." *National Review* 37, no. 1, January 11, 1985.

276. Terdiman, Richard. *Present Past: Modernity and the Memory Crisis*, Ithaca and London: Cornell University Press, 1993.

277. Thorp, Willard. "Edmund Wilson: A Study of Literary Vocation in Our Time, Book." *American Literature* 38, no. 3, November 1966.

278. Thorp, Willard. "Patriotic Gore: Studies in the Literature of the American Civil War, Book." *American Literature* 34, no. 4, January 1963.

279. Toomre, Joyce S.. "The Nabokov-Wilson Letters, Book." *Library Journal* 104, no. 8, April 15, 1979.

280. Touster, Saul. "Patriotic Gore: Studies In The Literature Of The American Civil War, Book." *Harvard Law Review* 76, no. 2, December 1962.

281. Trilling, Diana. "Fiction in Review." *Nation* 162, no. 13, March 30, 1946.

282. Updike, John. "Reconsideration: Memoirs of Hecate County." *New Republic* 174, no. 3, January 17, 1976.

283. ——"The critic in winter." *New Yorker* 69, no. 40, November 29, 1993.

284. Valiunas, Algis. "Sister Sontag." *American Spectator* 36, no. 4, August 2003.

285. Versluys, Kristiaan. "Edmund Wilson, Book." *English Studies* 60, no. 6, December 1979.

286. Vidal, Gore. "Edmund Wilson: This Critic and this Gin and these Shores." In *The Second American Revolution and Other Essays* (1976 – 1982), 25 – 35. New York: Vintage, 1983.

287. Von Baeyer, Hans C.. "Book Reviews." *American Journal of Physics* 77, no. 3, March 2009.

288. Wagwnknecht, Edward. "The Wound and the Bow, Seven Studies in Literature, Book." *Modern Language Quarterly* 3, no. 1, March 1942.

289. Wain, John. "Edmund Wilson: the Critic as Novelist." *New Republic* 142, no.3, January 18, 1960.

290. Walter, Goodman. "Critic's Notebook; Mystery of Mysteries: Whodunits and How They Did." *New York Times*, February 16, 2000.

291. Walton, Eda Lou. "Critic as Poet; Poet as Critic." *Nation* 130, no.3378, April 2, 1930.

292. Warren, Robert Penn. "Asides and Diversions." *Nation* 155, no.23, December 5, 1942.

293. Westbrook, Robert. "Critical Mass." *Commonweal* 135, no.8, April 25, 2008.

294. Willcox, Christopher. "Man of letters." *New Criterion* 24, no.2, October 2005.

295. Williamson Jr., Chilton. "Loner Among The Literati." *National Review* 27, no.35, September 12, 1975.

296. ——"Why is This Man Scowling?" *National Review* 29, no.46, November 25, 1977.

297. —— "Edmund Wilson And The Great Tradition." *National Review* 41, no.16, September 1989.

298. Wilson, Edmund. *Axel's Castle: A study in the Imaginative Literature of* 1870 – 1930. New York: Charles Scribner's Sons, 1969.

299. ——*Classics and Commercials: A Literary Chronicle of the Forties*. New York: Farrar, Straus and Giroux, 1950.

300. ——*Galahad & I Thought of Daisy*. New York: Farrar, Straus and Giroux, 1967.

301. —— *The American Earthquake: A Documentary of the Jazz*

Age, *the Great Depression*, *and the New Deal*. New York: Doubleday & Company, Inc., 1964.

302. —— *The Bit Between My Teeth*. New York: Farrar, Straus and Giroux, 1965.

303. —— *The Fruits of the MLA*. New York: A New York Review Book, 1968.

304. —— *The Higher Jazz*. Iowa: University of Iowa Press, 1988.

305. —— *The Scrolls From the Dead Sea*. New York: Oxford University Press, 1956.

306. —— *The Shock of Recognition*. New York: Doubleday, Doran and Company, Inc., 1943.

307. —— *The Shores of Light*: *A Literary Chronicle of the 1920s and 1930s*. New York: Farrar, Straus and Giroux, 1952.

308. —— *The Triple Thinker*: *Twelve Essays on Literary Subjects*. New York: Farrar, Straus and Giroux, 1976.

309. —— *A Literary Chronicle*: *1920 - 1950*. New York: Doubleday Company, Inc., 1952.

310. —— *A Piece of My Mind*: *Reflections at Sixty*. New York: Doubleday & Company, Inc., 1958.

311. —— *A Prelude*. New York: Farrar Straus and Giroux, 1967.

312. —— *Memoirs of Hecate County*. Boston: Nonpareil Books, 1980.

313. —— *Night Thoughts*. New York: Noonday Press, 1964.

314. —— *To the Finland Station*. New York: New York, 2003.

315. —— *The Wound and the Bow*,. New York: Oxford University

Press，1965.

316. Wilson，Elena，ed. *Edmund Wilson*：*Letters on Literature and Politics 1912 － 1972*. New York：Farrar，Straus and Giroux，1977.

317. Wilson，Reuel　K.. "Edmund　Wilson's　Cape　Cod Landscape." 100 － 113. *Virginia Quarterly Review*，2004.

318. —— "Growing　up　with　Edmund　Wilson　and　Mary McCarthy." *Paris Review* 41，no.153，2000 1999.

319. Wood，James. "Mr. Literature." *New Republic* 233，no. 13，September 26，2005.

320. Woolbert，Robert Gale. "Recent Books On International Relations." *Foreign Affairs* 19，no.3，April 1941.

321. Ziff，Larzer. "Letters on Literature and Politics，1912 － 1972." *Modern Language Review* 75，no.1，January 1980.

后　记

终于到了要写后记的时候。此时,过去几年的悲与欢在脑海中飞闪而过,无以名状。感伤的词还是少说为好,这里应该写下的是我的感谢。

首先感谢在我的学习过程中给予过我无私帮助的所有老师。如果没有博士生导师季进教授所给予的机会,我到今天也可能会一事无成。此书最初的灵感、构思,再到写作和修改都凝聚着他的心血和关爱。学生愚钝,只能借夫子的话来献给他:"仰之弥高,钻之弥坚,瞻之在前,忽焉在后。夫子循循然善诱人,博我以文,约我以礼,欲罢不能,既竭吾才,如有所立卓尔。虽欲从之,末由也已。"同时,也要感谢苏州大学的王尧教授、朱建刚副教授、华东师大的朱国华教授、上海外国语大学的宋炳辉教授等人在我的学习、答辩期间所给予的珍贵指导。借此机会,还要感谢我的硕士生导师、深圳大学的张晓红教授,她是我学术之路的引导者,为我开启了一扇思考的大门,得以一窥精彩的思想世界。阮炜教授、景海峰教授、吴俊忠教授、赵东明副教授以及上海交通大学的葛岩教授,在我学术起步的时候给予过莫大的帮助。还要感谢香港城市大学的张隆溪教授,我过去三年所取得的一些成绩离不开他的大力提携;我从香港中文大学李欧梵教授的文章中获得了对威尔逊的最初认知,后来在苏州有幸与这位可爱可亲的长者见面并获得指教,都受益匪浅。

　　此书的出版得到了海南师范大学文学院阮忠教授、韩捷进教授、房福贤教授、毛明博士的大力支持。感谢上海三联书店的黄韬先生,他的宽容、大度以及专业精神使得此书顺利出版。

　　其次感谢我的朋友,如果没有北京大学的毛爱宏先生、香港浸会大学的何俊涛博士、中山大学的陈椰博士为我搜集各种资料的话,我几乎寸步难行。另外,朋友白宇西身为一位成功的建筑设计师却酷爱文学与玄思,其越界的洞见让我自叹弗如,他和张觅哲、朱鹏杰、邹欣星等好友在此书的写作过程中给予了我非常多的精神鼓励,谢谢!

　　最后感谢我的家人对我的全力支持,爱人章颜与我在这几年里一起在困惑中求索、一起在失落中共勉,所有这一切都是我们生活的见证、成长的财富。她同时还是我在学术上的同路人,她的聪颖和敏锐常常给我极大的启发,感谢她的一路相伴、相助。这里特别感谢我的姐姐、哥哥以及其他家人,正是他们的爱的守护,我才能坚持到现在。

　　此书献给我刚刚去世的母亲,在我开始写作此书时,她还健在,半年不到,却已经乘鹤而去。感谢她和早已去世的父亲给予我的一切!

梁建东

2012 年 4 月于海南海口

图书在版编目(CIP)数据

埃德蒙·威尔逊的城堡/梁建东,章颜著.—上海:上海三联书店,2012.7

ISBN 978 - 7 - 5426 - 3939 - 4

Ⅰ.①埃…　Ⅱ.①梁…②章…　Ⅲ.①威尔逊,E.(1895～1972)—人物研究　Ⅳ.①K837.125.6

中国版本图书馆 CIP 数据核字(2012)第 188908 号

埃德蒙·威尔逊的城堡

著　　者／梁建东　章　颜

责任编辑／黄　韬
装帧设计／鲁继德
监　　制／任中伟
责任校对／张大伟

出版发行／上海三联书店

　　　　　(201199)中国上海市都市路 4855 号 2 座 10 楼
网　　址／www.sjpc1932.com
邮购电话／021 - 24175971
印　　刷／上海展强印刷有限公司

版　　次／2012 年 7 月第 1 版
印　　次／2012 年 7 月第 1 次印刷
开　　本／890×1240　1/32
字　　数／200 千字
印　　张／8.5
书　　号／ISBN 978 - 7 - 5426 - 3939 - 4/I·625
定　　价／28.00 元